DuMont's Kriminal-Bibliothek

Timothy Holme (1928–1987) lebte seit seiner Hochzeit in Italien, der Heimat seiner Frau Bianca. Der britische Journalist, Autor zahlreicher Englisch-Sprachbücher und einer Biographie über Carlo Goldoni wählte als Schauplatz seines dritten Kriminalromans Assisi, die Stadt des heiligen Franziskus und Hochburg der christlichen Wallfahrt. Von Timothy Holme sind in der DuMont's Kriminal-Bibliothek erschienen: »Tod in Verona« (Band 1030), »Satan und das Dolce Vita« (Band 1039) und »Der See des plötzlichen Todes« (Band 1054).

Herausgegeben von Volker Neuhaus

Timothy Holme

Morde in Assisi

DUMONT

Für Maria Grazia in Liebe

Umschlagmotiv von Pellegrino Ritter
Aus dem Englischen von Ulrike Wasel und Klaus Timmermann

2. Auflage 1997

Die der Übersetzung zugrundeliegende englischsprachige Originalausgabe erschien 1985 unter dem Titel »The Assisi Murders« bei Macmillan London Ltd
Satz: Boss-Druck, Kleve
Druck und buchbinderische Verarbeitung: Clausen & Bosse, Leck

Printed in Germany ISBN 3-7701-2454-5

Kapitel 1

Als Polizist war *Commissario* Achille Peroni daran gewöhnt, früh aufzustehen, obwohl es seiner Natur nicht ganz entsprach. Die Vorstellung, sich aus dem Bett zu quälen, wenn man eigentlich nicht mußte, hatte für ihn etwas Widernatürliches, und das Weckerklingeln um vier Uhr früh, weil er um fünf Uhr früh mit dem Bus irgendwo hinfahren sollte, wo er eigentlich überhaupt nicht hinwollte, hatte ihn in extrem schlechte Stimmung versetzt.

Noch dunkel draußen. Vage und lauernd die Umrisse von Gebäuden und Bäumen, als der Bus an ihnen vorbeifuhr. Das übrige Verona teilte offenbar Peronis Meinung über die frühen Morgenstunden; die Stadt demonstrierte Schlaf, und selbst die Ampeln, die allerorten gelb blinkten, waren noch nicht im Dienst.

Dunkelheit verhüllte die übrigen Insassen des Busses, was, soweit es Peroni anging, nur gut war. Er war der festen Überzeugung, daß die Abneigung gegen frühes Aufstehen das einzige war, was er möglicherweise mit ihnen gemein hatte.

»Du könntest wenigstens so tun, als ob es dir Spaß macht, Achille.« Peronis Schwester, Assunta. Die Ursache des ganzen Ärgers.

»Es macht mir aber keinen Spaß, warum sollte ich also so tun als ob?«

Der Bus hielt an, während der Fahrer an der Mautstelle ein Ticket zog, dann rollte er auf die Auffahrt zur *autostrada.*

Was machte er überhaupt hier? Das Ganze war das Ergebnis einer unbedeutenden und offensichtlich sinnlosen Episode. Ganz gegen seinen Willen war Peroni durch einen Informanten in eine ausgedehnte Ermittlung geraten, die sich mit den Aktivitäten der Camorra in Venedig, wo er stationiert war, beschäftigte. Die

Camorra ist die neapolitanische Version der Mafia, und Peroni wußte sich nicht zu erklären, warum man ausgerechnet ihn - der er selbst Neapolitaner war - auserkoren hatte, diese spezielle Ermittlung zu leiten. »Die wollen den Teufel mit dem Beelzebub austreiben«, hatte ein Kollege gemutmaßt. Peroni hatte das nicht witzig gefunden.

Die Ermittlungen zogen sich jetzt schon über Monate hin. Man war davon ausgegangen, daß die Camorra dabei war, ihre Aktivitäten auf den Norden Italiens auszudehnen, besonders auf Venedig und den Veneto. Diese Ausdehnung wurde durch einen unbekannten Camorra-Boß von einem geheimen Hauptquartier aus geschickt gesteuert. Ziel der Ermittlungen war es, den Mann und den Ort ausfindig zu machen, aber unter all den Informationen, die Peroni und seine beiden Assistenten zusammengetragen hatten, gab es nicht den geringsten Hinweis, der sie diesem Ziel bislang auch nur einen Schritt näher gebracht hätte.

So hatte sich die Lage vor drei Tagen dargestellt, als Peroni - der beim Anblick der venezianischen Schönheiten allmählich in Fahrt gekommen war - in eine stille *calle* in der Nähe von San Zaccaria bog und buchstäblich in Spaghetti hineingelaufen war.

Spaghetti nannte man ihn, weil seine Arme und Beine so lang und dünn waren, daß sie an besagtes Nationalgericht erinnerten. Er gehörte keinesfalls zu den besseren Kreisen der Camorra, sondern war eher ein Botenjunge, aber als solcher wußte er über allerhand Bescheid, und Peroni hatte sich schon längst einmal mit ihm unterhalten wollen.

»Spaghetti!« Peroni begrüßte ihn wie einen alten Freund, was er in gewisser Weise auch war. Aber Spaghetti war offenbar nicht in freundschaftlicher Stimmung. Er starrte ihn einen Augenblick an, dann drehte er sich um und rannte davon.

Für gewöhnlich reagierten Ganoven auf die Polizei, indem sie anfingen, Süßholz zu raspeln und zu verhandeln, die plötzliche Flucht jedoch überraschte. Spaghetti, so dachte er, als er die Verfolgung aufnahm, mußte wirklich sehr heiße Ware bei sich tragen.

In diesen langen, dünnen Beinen steckte erstaunlich viel Kraft, und Spaghetti lief mit einem beträchtlichen Vorsprung in Richtung San Marco.

Erste Touristen, die Kameras schwenkten und im Geiste Lira in ihre jeweilige Landeswährungen umrechneten, sprangen zur Seite, und man sah ihnen an, daß sie innerlich *»Italia, Italia!«* seufzten, als der langgliedrige Komparse der Camorra vorbeikeuchte, den Rudolfo Valentino der italienischen Polizei auf den Fersen.

Die beiden Männer überquerten einen Kanal, was ihnen die Gelegenheit bot, die großartige Aussicht auf die Seufzerbrücke zu ihrer Linken zu genießen, doch keiner von beiden nutzte sie.

Je näher sie an San Marco herankamen, desto dichter wurde das Gedränge, und ihre Hetzjagd verkümmerte zu einer Folge von Ausweichmanövern, Sprüngen und Sprints, aber allmählich gelang es Peroni, den Abstand zu verringern.

Als sie die Piazza San Marco erreicht hatten, rannte Spaghetti schnurstracks auf die *Mercerie* zu, und Peroni rechnete damit, ihn zu fassen, ehe er noch dort ankam.

Das hätte er wohl auch, wenn Spaghetti nicht eine Pistole gezogen und auf ihn geschossen hätte.

Einen Augenblick lang lähmte der Schock den Schmerz. Profis wie Spaghetti schießen nicht auf Polizisten.

Dann erst hatte Peroni registriert, wie ein heftiger Schlag gegen seine linke Hand ihn herumwirbelte wie einen Kinderkreisel. Falls Spaghetti in der Absicht geschossen hatte, ihn zu töten, so hatte er sein Ziel verfehlt. Dennoch, das Blut quoll beeindruckend.

Plötzlich, als er aufhörte, sich zu drehen, wurde Peroni klar, wieviel Aufsehen sie erregt hatten. Das kleine Orchester vor dem *Caffè* Florian hatte sein *Hello Dolly* mittendrin abgebrochen; die Tauben flatterten in einer dunklen Wolke himmelwärts; Menschen stoben in Panik auseinander.

Und Spaghetti war von der Bildfläche verschwunden.

An weitere Verfolgung war nicht zu denken; Peroni verlor zuviel Blut. Er stillte den steten Fluß mit einem Taschentuch und betrat die nächste Bar, wo er einen Chivas Regal bestellte und darum bat, das Polizeipräsidium anzurufen.

Die Wunde war nicht sehr ernst, aber sie mußte täglich versorgt, der Verband regelmäßig gewechselt werden, deshalb entschied man, Peroni für eine Woche vom Dienst zu befreien.

Zuerst war er nichts als begeistert; er konnte sich kaum noch erinnern, wann er zuletzt so lange dienstfrei gehabt hatte. Dann kam die Ernüchterung. Was sollte er mit all der Zeit anfangen?

Schließlich beschloß er, ein paar Tage nach Verona zu fahren, um seine Schwester Assunta und deren Familie zu besuchen. Er und sie teilten Erinnerungen an eine turbulente Kindheit in Neapel.

Außerdem mochte er ihren Gatten Giorgio, ein leutseliger Architekt aus dem Norden, und ihre beiden Kinder, Anna Maria und Stefano. Und er freute sich darauf, ein paar Ausflüge an den Gardasee zu unternehmen, Valpolicella zu trinken und Polenta mit Salami zu esssen. Aber dann kam es anders.

»Am Dienstag«, sagte Assunta, »mache ich eine Wallfahrt nach Assisi. Zum 1. Mai. Komm doch mit.«

»Eine Wallfahrt?« Peronis Vorstellungen von Wallfahrten hinkten um sechs Jahrhunderte nach. »Da reicht ja nicht mal eine Woche Urlaub, wenn wir zu Fuß nach Assisi laufen.«

»Sei nicht albern, Achille. Wir nehmen den Bus. Das Ganze wird von der Gemeinde organisiert, und ich weiß, daß noch ein paar Plätze frei sind. Es wird dir guttun, und es wird dir bestimmt gefallen.«

Peroni war so frei, das zu bezweifeln. »Ich bin nicht gerade der geborene Wallfahrer.«

»Unsinn – es gibt nicht *den* Wallfahrer. Da fahren alle möglichen Leute mit.«

»Trotzdem, ich bleibe lieber hier.«

»Na schön«, entgegnete seine Schwester. Er war ebenso erfreut wie verblüfft angesichts dieser unerwarteten Kapitulation; normalerweise gab Assunta niemals eine Flause auf, die sie sich einmal in den Kopf gesetzt hatte. »Die Kinder können sich um dich kümmern. Sie bleiben hier bei Giorgio. Sie meinten, es wäre eine prima Gelegenheit, Parties mit ihren Freunden zu feiern.«

»Parties mit ihren Freunden?«

»Genau. Sie können sich nie richtig austoben, wenn ich hier bin. Dauernd funke ich dazwischen und sorge dafür, daß sie die Musik leiser stellen. Also dachten wir, die Gelegenheit wäre günstig. Giorgio spielt den Anstandswauwau. Ihm macht es nichts aus, wenn im ganzen Haus Teenager herumtanzen und laute Musik hören.«

»Vielleicht wäre es ja doch ganz nett, mit nach Assisi zu kommen.«

»Ich hab' mir schon gedacht, daß du noch Lust bekommen würdest. Wir fahren Dienstag morgen pünktlich um fünf Uhr los.«

Kapitel 2

»Du arbeitest im Urlaub?«

Peroni blickte von dem Aktenstapel auf, den er studierte, während der Bus wallfahrend über die *autostrada* brauste. So, dachte Assunta, könnte Agnelli aussehen, wenn er auf dem Weg ins Büro bei der Durchsicht der internationalen Aktienkurse in seinem kugelsicheren Wagen gestört wird.

»Diese Camorra-Geschichte ist außerordentlich verwickelt. Ich kann es mir nicht leisten, nicht auf dem laufenden zu bleiben.«

Diese Gewissenhaftigkeit wird sich unbedingt noch legen müssen, dachte Assunta. Ihre Motive, an dieser Wallfahrt teilzunehmen waren weder so rein noch so religiös, wie ihre Familie glaubte. Schon seit geraumer Zeit hatte sie bei sich alarmierende Symptome festgestellt. Sie nickte vor dem Fernseher ein, nörgelte gnadenlos an den Kindern herum, und es machte ihr überhaupt nichts mehr aus, wenn Giorgio sie mit Lockenwicklern im Haar sah.

Auch bei Achille hatte sich eine gewisse Gesetztheit breitgemacht. Bislang war Assunta stets die erste gewesen, die den neapolitanischen Gassenjungen mißbilligte, der in ihrem Bruder schlummerte und jede Gelegenheit ergriff, sich dem Laster hinzugeben. Jetzt jedoch entwickelten sich die Dinge allzu sehr in die entgegengesetzte Richtung. Der *scugnizzo* lief Gefahr, völlig in Vergessenheit zu geraten, wenn er das nicht bereits war; übriggeblieben war der *Commissario*: gewissenhaft, norditalienisch, selbstgefällig und, seien wir ehrlich, langweilig.

Assunta hatte zwar die Absicht, gegen diese Situation etwas zu unternehmen, aber sie gab sich keinen Illusionen hin. Ihr war klar, daß eine von der Gemeinde veranstaltete Wallfahrt nicht gerade der ideale Anlaß war, eine aufregende Vergangenheit wiederzubeleben; aber in der Not frißt der Teufel Fliegen, und wenn sie diese Chance vertat, wer weiß, ob sich je eine zweite böte.

Sie hatte also nur eine Woche, um ein zweifaches Wunder zu bewirken, und unter den gegebenen Umständen war sie bereit, selbst nach dem kleinsten Strohhalm zu greifen.

Der Bus bog auf den großen Parkplatz einer Raststätte ein, die quer über der Autobahn erbaut worden war. Vorn im Bus erhob sich ihr Pfarrer Don Sereno, dessen ausgemergeltes Gesicht große Sanftmut ausstrahlte, und flüsterte ins Mikrofon: »Eine Viertelstunde Kaffeepause, meine Damen und Herren.« Bei ihm klang es wie eine Segnung.

Die Pilger standen nach und nach auf, manche gähnten und reckten sich, und alle sahen sie leicht zerzaust aus. Es gab eine Menge älterer Frauen, die Hüte von der Sorte trugen, deren Form die Frage nahelegt, ob ihre Designer von einem sadistischen Humor getrieben worden waren, und eine Minderheit von Männern, die aussahen, als ob sie nicht genau wüßten, was sie eigentlich hier zu suchen hatten. Keine sonderlich vielversprechenden Beobachtungsobjekte.

Dann bemerkte Assunta, daß ihr Bruder mit einem Ausdruck, den sie nur allzu gut kannte, den Gang entlangschaute. Sie folgte seinem Blick und stellte fest, daß seine Aufmerksamkeit von einer Frau in einem lindgrünen Mantel gefesselt wurde. Kein Wunder, denn die Frau war zweifellos hübsch, eine wahrhafte Ausnahmeerscheinung in dieser Gesellschaft. Ein bißchen puppenhaft, wenn man besonders kleinlich sein wollte. Porzellanblaue Augen, die sich eigentlich mit der Farbe des Mantels hätten beißen müssen, es aber aus unerfindlichen Gründen nicht taten. Blondes Haar, frisch vom Friseur. Niedliche Stupsnase.

Sollte das die Rettung sein? Achille hatte nie sein Interesse an Frauen verloren, aber Assunta sah darin mittlerweile kaum mehr als die letzten Zuckungen einer Leiche. Trotzdem sollte man nicht zu früh resignieren. Sie würde die Frau im lindgrünen Mantel im Auge behalten. Wenn sie es nicht tat, würde Achille das offensichtlich für sie übernehmen.

»Wo guckst du hin?«

Früher hätte ihr das ein unanständiges Grinsen eingebracht; jetzt nicht mehr. »Och, nirgendwohin.«

Als sie aus dem Bus stiegen und auf das Hauptgebäude zugingen, beobachtete er sie weiterhin verstohlen. Dieser lindgrüne Mantel mußte eine Kleinigkeit gekostet haben, dachte Assunta. Übrigens hatte sie schöne Beine und Knöchel wie aus chinesischem

Porzellan. Was hatte eine Frau wie diese auf einer Wallfahrt verloren? Ohne Begleitung. Assunta konnte sich nicht entsinnen, sie schon einmal in der Kirche gesehen zu haben.

Sie folgten ihr in den Selbstbedienungsladen im Erdgeschoß unter dem Restaurant. Mit seinen Weinen aus der Region, den formschönen Käselaibern, den Schinken und Salamiwürsten, den Unmengen von überflüssigem Spielzeug war der Laden ein El Dorado des Konsums. Selbst der dröhnende Lärm der *autostrada* war respektvoll gedämpft. Sie fuhren mit dem Lift hinauf ins Restaurant; Achille betrachtete die Beine der Frau.

»Ich nehme einen Cappuccino«, sagte Assunta, nachdem sie oben angekommen waren, »und ein Päckchen Marlboro.«

»Aber du rauchst doch gar nicht.«

»Ich *habe* nicht geraucht.« Bevor er etwas entgegnen konnte, verschwand sie in Richtung Damentoilette.

Als sie zurückkam, pirschte sich Achille gerade an die Frau heran, die an einem der Fenster saß. Der lindgrüne Mantel war jetzt geöffnet und ließ einen weißen Kaschmir-Pullover und einen grauen Faltenrock sehen. Glücklich die Frau, die so enge Sachen tragen kann, dachte Assunta.

Achille ging mit der Unaufdringlichkeit eines erfahrenen Jägers vor, und Assunta fragte sich, wie wohl seine Eröffnung aussehen würde. »Ist das Ihre erste Wallfahrt nach Assisi?« Aber vielleicht brachte ihn das Gefühl, von seiner Schwester beobachtet zu werden, aus dem Konzept, denn im letzten Moment schien er es sich anders zu überlegen und gesellte sich zu ihr an die Bar.

»Deine Zigaretten«, sagte er und reichte ihr das Päckchen. Ein Anflug von Mißbilligung? Dann bestellte er einen Cappuccino für sie und einen Espresso für sich selbst und begann, mit den Fingern auf die Bar zu trommeln, nicht ohne dabei der Frau im lindgrünen Mantel weiter verstohlene Blicke zuzuwerfen. Assunta konnte förmlich sehen, wie in ihm eine Frage aufstieg, einem Schluchzen gleich. Sie zündete sich eine Marlboro an und wartete ab.

»Assunta?«

»Mhm?« Da war sie auch schon.

»Siehst du die Frau da drüben?«

»Welche meinst du?«

»Die in dem grünen Mantel.«

»Ach die. Hab' ich noch gar nicht bemerkt. Wer ist das?«

»Das - äh - wollte ich dich eigentlich fragen.«

»Die hab' ich noch nie gesehen.«

»Aber sie ist in unserer Gruppe, also muß sie zu deiner Gemeinde gehören.«

»Die Gemeinde ist ziemlich groß.«

»Trotzdem seltsam, daß du sie noch nie gesehen haben willst.«

»Weshalb bist du so neugierig?«

»Och, sagen wir, aus beruflichem Interesse.«

Wenn das keine Lüge ist, habe ich noch keine gehört, dachte Assunta. Und dann kam ihr der Gedanke, daß vielleicht doch ein Körnchen Wahrheit darin stecken mochte.

»Was macht sie überhaupt hier?« fuhr ihr Bruder fort. »So allein.«

»Sie macht eine Wallfahrt nach Assisi, wie wir alle.«

»Aber wieso?«

»Wieso fahren die anderen? Du, zum Beispiel.«

»Das meine ich ja gerade. Ich habe ein ungewöhnliches Motiv, mitzufahren. Und ich nehme an, ihr Motiv, hier dabeizusein, muß auch ziemlich ungewöhnlich sein.«

Assunta trank ihren Cappucino aus und löffelte nachdenklich den verbliebenen sahnigen Schaum aus. »Achille«, sagte sie, »du willst doch wohl hoffentlich nicht andeuten, daß da irgendwas - nicht stimmt?«

Er dachte über den Gedanken nach. »Das weiß ich eben nicht«, erwiderte er.

»Ausgerechnet auf einer Wallfahrt!« sagte Assunta. Sie schlug einen angemessen schockierten Ton an, gleichwohl fand sie, daß diese Wallfahrt sich gar nicht so übel anließ.

Peronis Interesse an der Frau war, so kalkulierte er, ungefähr zu drei Vierteln amouröser, im übrigen professioneller Natur. Zweifellos versprach sie, die Wallfahrt angenehmer zu gestalten, und für eine Weile gab er sich Tagträumen über mögliche Begegnungen hin. Dann jedoch rief ihn der *Commissario* in sich entschieden zur Ordnung, und er verbrachte den Rest der Fahrt damit, seine Akten über die Camorra zu studieren.

Schließlich rollte der Bus am späten Vormittag rumpelnd über die belebten mittelalterlichen Straßen Assisis und stoppte vor einem der zahllosen Hotels. Von seinem Sitz aus beobachtete Peroni, wie sie aufstand und den Gang entlang auf den Ausstieg zuhielt; ein grünbemänteltes, hübsches Fragezeichen. Dann stand er auf und ging ihr nach.

Als er jedoch aus dem Bus stieg, erfaßte ihn das Gefühl, in die Vergangenheit hineinzutauchen. Das Überwältigende ließ ihn die Frau für Augenblicke vergessen.

So lange er denken konnte, hatte Peroni stets die Fähigkeit besessen, sich in die Vergangenheit hineinzuträumen, jedoch fand er diese Fähigkeit sowohl peinlich als auch ein wenig beängstigend, und sobald ihn eine Anwandlung dieser Art überkam, suchte er nach der naheliegendsten vernünftigen Erklärung. Diesmal schob er es auf die Gebäude. Er war noch nie zuvor in Assisi gewesen und hatte nicht mit der außerordentlichen Macht der Architektur gerechnet, die ihn in die Vergangenheit zurückzerrte. Auch Venedig hatte seine alten Mauern, doch im Vergleich hierzu war das überhaupt nichts.

Aber leider lag es nicht nur an den Mauern. Es lag auch an einer Frau, die just im selben Augenblick vorbeiging. Sie hatte langes schwarzes Haar, das ihr über den Rücken fiel, und sie trug ein mittelalterliches Kostüm, ein rostbraunes Kleid mit einer angedeuteten Schleppe. Sie schien in den Straßen der Stadt umherzugehen, in der er ein Eindringling war. Es kam ihm vor, als ob sie ihn, falls sie sich umdrehte und in seine Richtung blickte, gar nicht wahrnehmen würde. Er war ein Geist in ihrer Welt. Und trotzdem hoffte er, daß sie sich umdrehen würde; er wollte ihr Gesicht sehen.

Statt dessen bog sie plötzlich um eine Ecke und war verschwunden. Peroni wurde von einer Welle der Erleichterung erfaßt, in die sich kaum merklich die Enttäuschung darüber mischte, daß er sich unter Pilgern des 20. Jahrhunderts befand, die eben aus dem Bus quollen.

Aber wo war sie hergekommen? Gerade als ein unbehagliches Fünkchen Furcht in ihm zu glimmen begann, kam ihm die logische Erklärung dafür in den Sinn. Zum 1. Mai trug jedermann in Assisi mittelalterliche Kostüme. Das war's also; er hatte gar keinen bösen Vergangenheitskoller gehabt.

Doch es war erst Dienstag, und die Feiern zum 1. Mai fanden erst am Samstag statt. Trug man wirklich schon so früh Kostüm?

Wieso eigentlich nicht? In Venedig war das ganze Jahr über Karneval.

Doch wie sauber diese Frau auch wegzuerklären sein mochte, ihr Bild ging Peroni nicht mehr aus dem Kopf.

»Gerade noch genug Zeit, uns im Hotel anzumelden und unser Gepäck loszuwerden, bevor wir die Basilika besichtigen«, verkündete ein übereifriger Pilger.

»Besichtigung vor dem Mittagessen?« stöhnte Peroni.

»Eine Wallfahrt ist kein Vergnügen«, sagte Assunta.

Sie meldeten sich an, und als Peroni seine Reisetasche auf sein Zimmer gebracht hatte und wieder hinaus auf den Flur trat, fiel sein Blick erneut auf die Frau im lindgrünen Mantel. *Sie* war real, daran bestand kein Zweifel. Sie stand oben an der Treppe, mit dem Rücken zu ihm, und wollte sich wohl gerade wieder auf dem Weg nach unten in die Eingangshalle machen. Vielleicht hatte sie ja Lust auf einen Campari Soda in der gemütlichen kleinen Bar, die er beim Hereinkommen bemerkt hatte. Er folgte ihr.

Die Art, wie sie die Treppe hinunterging, hatte etwas Sinnliches an sich, dachte Peroni, und das, obwohl sie keine Ahnung hatte, daß sie beobachtet wurde. Oder vielleicht doch, fragte er sich.

Die Gelegenheit schien ideal. Die Halle war verlassen, die Bar schimmerte einladend, die Pilger hatten sich noch nicht wieder versammelt. Er beschleunigte seinen Schritt.

Aber anstatt sich in einem Sessel niederzulassen oder die Bar zu betreten, strebte sie geradewegs auf die Rezeption zu und erkundigte sich bei dem glattrasierten Empfangschef nach irgend etwas. Er machte eine höflich sparsame Armbewegung, sie bedankte sich mit einem Nicken und ging in Richtung des ausgestreckten Arms. Eine Telefonzelle.

Nun ja, daran war nichts Ungewöhnliches. Natürlich wollte sie zu Hause anrufen, um Bescheid zu geben, daß sie wohlbehalten angekommen war. Mutter, Schwester. Gatte. Wem?

Ein wenig verstimmt, aber noch immer optimistisch nahm Peroni eine Position ein, von der aus er sie unauffällig beobachten konnte. Sie hob den Hörer ab, und er notierte im Geist erste Erkenntnisse, als er die verräterische Stelle bemerkte, wo sie normalerweise einen Ehering trug. Dann betrachtete er ihren rechten Zeigefinger mit dem blaßrosa lackierten Nagel, der sich über die Zahlentastatur bewegte.

Der Finger bewegte sich schnell, aber nicht so schnell, daß Peroni nicht mitbekommen hätte, wie viele Male er auf eine Zahl tippte. Fünfmal. Das war aufschlußreich, denn eine Nummer in Verona hätte samt Vorwahl mindestens acht Stellen gehabt. Also ein Ortsgespräch: Assisi oder die nähere Umgebung.

Peroni betrachtete die weiche Haut ihres Kiefers, der unbewegt blieb, während es am anderen Ende der Leitung klingelte. Einmal, zweimal, dreimal, viermal, fünfmal. Niemand da? Sechs-, siebenmal. Dann eine plötzliche Anspannung des Kiefers. Eine Bewegung, die zu *»Pronto«* paßte.

Sie redete schnell, nannte offensichtlich ihren Namen und wartete dann. Unmöglich festzustellen, ob sie mit Freund oder Feind sprach, Mann oder Frau, aber ganz gleich, mit wem, die Angelegenheit schien keinen Aufschub zu dulden.

Nach wenigen Sekunden fing sie wieder an zu reden. Diesmal länger, unterstrich vielleicht die Dringlichkeit ihres Anliegens. Dann lauschte sie wieder ein paar Sekunden, sprach erneut, kurz nur, und legte dann den Hörer auf.

Es war lediglich möglich, das letzte Wort von ihren Lippen abzulesen: *»Ciao.«* Was bedeutete, daß sie die Person, mit der sie gesprochen hatte, duzte. Was nicht gerade aufschlußreich war.

Sie verweilte noch einen Augenblick in der Telefonzelle. Das taten die meisten Frauen, wie Peroni herausgefunden hatte; wahrscheinlich, weil sie der Zeit bedurften, um ihre Gesichtszüge unter Kontrolle zu bringen. Endlich kam sie heraus.

Noch immer Zeit, einen Annäherungsversuch zu starten. Peroni trat auf sie zu.

»Sind alle soweit, jetzt die Basilika zu besichtigen?«

Peroni wandte sich um und sah Don Sereno, der sie beide milde anlächelte. Wenn der alte Priester nicht so augenscheinlich vor Gutmütigkeit gestrotzt hätte, wäre Peroni imstande gewesen, ihn zu erwürgen.

»Oh ja, natürlich«, sagte sie mit einer empörenden Unschuldsmiene. »Sofort. Ach, übrigens Pater, wann besichtigen wir denn die Neue Kirche? Ich habe gehört, sie soll besonders interessant sein.«

»Die Neue Kirche? Wollen mal sehen - ja, die steht auf unserem Nachmittagsprogramm.«

Sie ging mit Don Sereno von dannen, plappernd wie ein begeistertes Schulmädchen. Unmöglich zu sagen, ob sie nun Peronis gescheiterten Annäherungsversuch bemerkt hatte oder nicht.

Kapitel 3

»Während der grausamen Kämpfe, die im Mittelalter zwischen Gemeinden und Stadtstaaten wüteten, kam es nicht selten vor, daß die Gebeine von Heiligen bei bewaffneten Raubzügen entführt wurden ...«

In Don Serenos Stimme, die so leise war, daß Peroni Mühe hatte, etwas zu verstehen, kam das ganze Entsetzen zum Ausdruck, das ihn bei dem Gedanken an solche Raubzüge überkam.

»Aus Angst, die kostbaren sterblichen Überreste des heiligen Franz zu verlieren, wurde er auf Befehl des Stadtrats von Assisi von schwerbewaffneten Männern bewacht – sogar schon vor seinem Tod. Später dann, nachdem der Leichnam im Jahre 1230 von der Kirche San Giorgio hierher überführt worden war, ordnete Papst Eugen IV. an, ihn samt Sarg zu verstecken ...«

Peroni und seine Schwester, die Frau im lindgrünen Mantel und die übrigen Pilger aus Verona befanden sich in der Krypta, tief im felsigen Innern des Monte Subasio unter dem erdrückenden Gewicht der beiden Kirchen, der Ober- und Unterkirche, welche die Basilika des heiligen Franz bilden und wie eine riesige Galeone in der sattgrünen See der umbrischen Ebene treiben.

»Und das Versteck wurde so streng geheimgehalten, daß der Leichnam fast vier Jahrhunderte lang als verloren galt. Seine Wiederentdeckung und wissenschaftliche Anerkennung erfolgten erst im letzten Jahrhundert ...«

Die Krypta war bis auf den letzten Quadratmeter mit Pilgern gefüllt, deren Gebete so inbrünstig waren, daß eine fast greifbare Kraft von ihnen ausging, die in dem dichten Kerzenwald mit seinem flackernden Widerschein anschaulich wurde.

Genau in der Mitte dieser niedrigen schmucklosen Krypta befand sich ein großer grauer Steinblock, der von einem schmiedeeisernen Gitter umgeben war und oben an seiner Vorderseite eine

Art Zugang hatte, durch den man das Herzstück der ganzen gewaltigen Basilika erkennen konnte, den Sarkophag, der die zu Staub gewordenen sterblichen Überreste des kleinen Mannes aus Assisi enthielt.

»Du mußt wohl zugeben, daß wir Italiener eine etwas perverse Einstellung zu den Toten haben.« Peroni sprach leise, aber nicht so leise, daß die Person, die direkt hinter ihm stand und bei der es sich zufällig um die Frau im lindgrünen Mantel handelte, nicht mithören konnte, was er sagte. Da er bislang kein Glück bei ihr gehabt hatte, versuchte er nun, sie zu einer schockierten Reaktion zu provozieren.

»Wie kommst du denn darauf?« fragte Assunta.

»Weil wir entgegen dem im Ausland verbreiteten Bild von uns als heiteren Kindern der Sonne im Grunde eine Nation von Nekrophilen sind. Nimm doch bloß mal die Venezianer. Zwei Kaufleute aus Venedig machen eine Handelsreise nach Ägypten, und für welchen tollen Preis riskieren sie den entsetzlichen Foltertod? Für den Leichnam des heiligen Markus, den sie in einem Faß Schweinefleisch verstecken, damit die muslimischen Zöllner ihn nicht finden!«

»Reliquien sind was ganz anderes. Sie sollen eine Verherrlichung des Lebens darstellen, nicht des Todes.«

»Na schön - dann nehmen wir eben Dante. Nachdem man es nicht geschafft hatte, ihn bei lebendigem Leibe zu verbrennen, hat man ihn später ausgegraben und versucht, ihn tot zu verbrennen. Dann hat ein Mönch die Überreste gestohlen, um die Florentiner daran zu hindern. Und im Jahre 1800 und ein paar Gequetschte hat man ihn *wieder* ausgegraben, und irgendwer hat ein paar Stückchen davon geklaut und sie für horrende Summen verhökert.

Er warf einen verstohlenen Blick auf die Frau im lindgrünen Mantel. Sie zeigte sich wenig beeindruckt. Er beschloß, die Dosis zu steigern.

»Michelangelo - die Römer und die Florentiner haben sich ewig und drei Tage um seine Leiche gestritten, und auch die wurde gestohlen. Paganini. Jahrelang verschwand er in einem Seuchenkrankenhaus, weil man ihn für besessen hielt. Am Ende hat man auch ihn ausgegraben und in Parma beigesetzt. Und Christoph Columbus hat gleich zwei Gräber - niemand weiß, welches das richtige ist.«

Peroni schaute erneut über die Schulter und sah, daß die Frau sich entfernte. Er hätte sich das Ganze sparen können. Was sich wie der einzige Lichtblick der Tour angelassen hatte, entpuppte sich immer mehr als ein Ärgernis.

»In den Nischen, die Sie in den vier Ecken der Krypta bemerken, stehen die Urnen mit den sterblichen Überresten der vier engsten Anhänger des heiligen Franz - Leone, Rufino, Angelo und Masseo - die ihrem Herrn wie treue Hunde zu Füßen liegen . . .«

Peroni spürte, wie Wut in ihm aufstieg, auf die Frau, seine Schwester und die ganze Wallfahrt. Es war dumm von ihm gewesen, sich darauf einzulassen.

Er löste sich von der Veroneser Gruppe und ging auf die steineren Stufen zu, die nach oben und hinaus aus der Krypta führten. Dann blieb er genau an der Stelle, wo die Treppe sich gabelt, um weiter hinauf in die Unterkirche zu führen, vor einem kleinen Gitterwerk in der Mauer stehen, hinter dem ein rotes Licht brannte. Es war ihm auf dem Weg nach unten nicht aufgefallen. Aus irgendeinem unbestimmten Grund starrte er hinein, und während er noch starrte, überfiel ihn wieder die Vergangenheit. Er nahm seinen ganzen Verstand zusammen und versuchte, sich davon zu befreien, doch das Erlebnis hatte etwas gefährlich Betörendes, so als hätte er ein heimliches Stelldichein mit einer Frau.

Und dann bemerkte er mit Erstaunen, daß tatsächlich eine Frau im Spiel war, denn als er das Gitterwerk genauer betrachtete, erkannte er eine Inschrift: *»Hic requiescit Jacoba sancta nobilisque Romana.«*

Peroni konnte zwar kein Latein, doch er wußte, daß die ersten beiden Wörter »Hier ruht« bedeuteten. Da sie sich in einer Krypta befanden, war das kaum verwunderlich. Verblüffender war da schon der Name. Jacoba? Er endete auf a, somit mußte es sich um eine Frau handeln. Was hatte eine Frau in dieser ausschließlich männlichen Domäne zu suchen? Und überhaupt, was hatte jemand, ob Mann oder Frau, als Außenstehender in einer Grabstätte zu suchen, die dem innersten Kern der Franziskaner-Bewegung vorbehalten war - dem heiligen Franz selbst und seinen vier vertrautesten Anhängern?

Während er sich noch den Kopf darüber zerbrach, gewahrte er, daß seine Pilgergenossen, die inzwischen mit der Krypta fertig waren, nach oben stiegen, um sich einen anderen Teil der Basilika anzusehen. Er nutzte die Gelegenheit und unterbreitete Don Sereno das Problem.

»Ach ja«, sagte der alte Priester mit einem befremdend zärtlichen Lächen, »›Hier ruht Jacoba, eine fromme und noble Römerin.‹ Damit ist Jacopa, unter diesem Namen ist sie besser bekannt, de Settesoli gemeint, deren sterbliche Überreste hier aufbewahrt werden. Sie war eine recht ungewöhnliche Freundin des heiligen Franz, war sie doch eine Frau und überdies reich. Es ist wenig über sie bekannt. Sie gehörte der römischen Aristokratie an, und Franz nannte sie scherzhaft Bruder Jacopa.«

Recht ungewöhnlich. Peroni gefiel der Ausdruck, und einen Augenblick lang vergaß er die Frau im lindgrünen Mantel und machte sich auf die aussichtslose Jagd nach dieser anderen Frau, deren Gebeine hinter dem Eisengitter ruhten. Wie hatte sie wohl ausgesehen? Schlank? Groß? Dunkel? Welche Farbe hatten ihre Augen gehabt? Waren ihre Hände flink gewesen, wie die so vieler Frauen aus dem Süden, oder träge? War ihre Stimme sanft gewesen? Rein gefühlsmäßig konnte er sich nicht vorstellen, daß sie unattraktiv gewesen sein sollte. Sie war nicht einfach fremd, schien sie es sich doch nicht nehmen zu lassen, in ihre Fremdheit etwas Verlockendes zu legen.

Unvermittelt trat das Bild der Frau mit dem rostbraunen Kleid und dem langen schwarzen Haar, die er gesehen hatte, als er aus dem Bus ausgestiegen war, wieder vor sein geistiges Auge, und etwas, das stärker war als jede Vernunft, sagte ihm, daß sie und diese seit langem verstorbene Jacopa ein und dieselbe Frau waren.

Diese absonderlichen Gedanken wurde von einem verächtlichen und überaus vulgären Geräusch unterbrochen. Er wollte sich schon umschauen, woher es kam, als ihm aufging, daß es in seiner eigenen wirren Innenwelt verursacht worden war. Der Urheber war der *scugnizzo* in ihm, der sich in letzter Zeit so erstaunlich ruhig verhalten hatte. Gibt es nicht genug Weiber unter den Lebenden, flüsterte die unnachgiebige jung-alte Stimme, daß du ausgerechnet einer Toten nachstellen mußt?

Und wie um dem gesunden Menschenverstand zu Hilfe zu kommen, geriet ein lindgrüner Mantel in Peronis Blickfeld. Die Frau war auf dem Weg aus dem Grabgewölbe nach oben.

Er ging ihr nach.

Kapitel 4

Als sie aus der Unterkirche hinaus auf einen offenen Hof zwischen den beiden Hälften der Basilika traten und dort haltmachten, um in einer Art Supermarkt für Devotionalien einzukaufen, beobachtete Assunta, daß ihr Bruder wie eine Libelle auf Brautflug den lindgrünen Mantel umschwirrte. Eine passende Insektenfarbe, dachte sie.

Sie selbst war weit davon entfernt, die kleine Pforte zu finden, die in den Zaubergarten verlorener Jugend führt. Wahrscheinlich, so überlegte sie wehmütig, existierte er gar nicht, und die ganze Wallfahrt war alberne Zeitverschwendung, die lediglich Achille ein neues Abenteuer einbrachte.

Gleichgültig sah sie zu, wie er Anstalten machte, sich auf seine Beute zu stürzen. Doch genau in diesem Augenblick, als hätte sie es mit äußerster Präzision berechnet, entfernte sich die Beute unvermittelt. Wieder nicht, meine Libelle, dachte Assunta.

Die Gruppe hatte ihre Einkäufe erledigt und erklomm nun eine weitere Steintreppe, die in die Oberkirche hinaufführte, deren Wände, wie Assunta wußte, mit Giottos imposantem Freskenzyklus mit Szenen aus dem Leben des heiligen Franz bedeckt waren – nach Michelangelos Jüngstem Gericht das wahrscheinlich meist betrachtete Kunstwerk der Malerei in Italien. Daher stellte sie mit einiger Verwunderung fest, daß die Oberkirche eher einer Baustelle glich denn einer der herrlichsten Verneigungen der Kunst vor dem Sakralen.

Die berühmten Fresken waren noch immer auszumachen, allerdings nur durch verschachtelte Gerüstbauten hindurch, die hier und da mit Leinwand behängt waren, was die Sicht stark behinderte. Und in der Mitte des Bodens klaffte ein großes Loch, das mit Seilen abgesperrt war.

»Ach je«, ließ sich Don Serenos dünne Stimme vernehmen, »ich habe ganz vergessen zu erwähnen, daß die Betrachtung von

Giottos meisterhaftem Jugendwerk aufgrund von Restaurierungsarbeiten vorübergehend beeinträchtigt ist.«

»Restaurierungsarbeiten?« sagte ein mürisch dreinblickender Mann, den seine Frau auf die Wallfahrt mitgenommen hatte. »Sieht eher aus, als ob hier eine Bombe eingeschlagen wäre!«

»Die Fresken waren durch Erdbebenschäden ernstlich gefährdet«, erläuterte Don Sereno, als trüge er allein die Schuld, »und so mußten zu ihrer Sicherheit drastische Maßnahmen ergriffen werden. Zum Glück«, er betrachtete strahlend die ansehnlichere Seite, »sind große Teile noch sichtbar. Ich schlage vor, daß wir neben dem Eingang anfangen. Hier sehen wir den heiligen Franz ...«

Assunta, die sich nicht gern herumführen ließ, trat beiseite, um sich das Loch im Boden anzusehen. In dem Loch stand ein Mann und kehrte ihr den Rücken zu. Als sie ihn betrachtete, überkam sie das seltsame Gefühl, ihn irgendwo schon einmal gesehen zu haben. Und mit diesem Gefühl ging die irrationale, unheimlich erregende Ahnung einher, daß sich gleich etwas Bedeutsames ereignen würde.

Dann wandte der Mann sich um, und sie begriff. Viele Jahre waren vergangen, doch das unwiderstehlich häßliche Gesicht war unverkennbar. Es war ein Gesicht, das den Gedanken nahelegte, daß Unregelmäßigkeit viel interessanter sei als Ebenmaß. Das Feuer, das in diesen Augen loderte, so erinnerte sie sich, wirkte, als ob es in einer der wilderen Regionen der Hölle entzündet worden wäre. Das Gesicht war nun ein Labyrinth aus tief eingeschnittenen Linien, die unentwegt in Bewegung zu sein schienen, als würden sie seine Stimmungen widerspiegeln.

Sein Name war Rocco Palanca, und vor langer Zeit hatten er und Assunta und Achille die Elendsviertel von Neapel unsicher gemacht. Sie waren, so schien es damals, ein unzertrennliches Trio gewesen, und obwohl die beiden Jungen ständig miteinander im Clinch gelegen hatten, hielten die drei, wenn es drauf ankam, wie Pech und Schwefel zusammen; Verbündete, deren Motto, wäre es je in Worte gefaßt worden, so geklungen hätte: Einer für alle, alle für einen.

Von einer Sekunde auf die andere *war* sie durch die kleine Pforte in jenen Zaubergarten getreten. Und dort angekommen, stellte sie fest, daß sie bis über beide Ohren in Rocco verliebt war, genau wie damals mit vierzehn Jahren.

Sie hatte ihm ihre Liebe nie gestanden, und bis zu dem Augenblick, da ihre Wege sich trennten, hatte sie ihr Geheimnis bewahrt. Sie bewahrte es noch immer. Doch während sie sich mit vierzehn damit abgefunden hatte, verlangte sie nun zu wissen, ob er das gleiche für sie empfunden hatte. Ob er möglicherweise sogar noch immer so empfand.

»Rocco!« Es klang als hätte eine andere Frau den Namen ausgesprochen.

Er blickte mit höflichem Erstaunen hoch, doch ohne sie zu erkennen, und sie kam sich albern vor. »Ich fürchte, ich ...«, begann er und verstummte dann. »Assunta!« sagte er nach einer kurzen Pause. »Was für eine reizende Überraschung!«

Aber irgend etwas stimmte nicht.

Er kletterte aus dem Loch, schob sich unter dem Seil hindurch und gab ihr die Hand. Freundlicher Händedruck.

»Nach all den Jahren«, fuhr er fort. »So was! Und Achille?«

»Dort drüben – er versucht gerade, die Frau in dem grünen Mantel anzusprechen.«

»Immer noch ganz der Alte, wie ich sehe. Ich muß ihn sofort begrüßen.«

Während sie zusammen das Kirchenschiff durchquerten, ergriff Assunta immer stärker das Gefühl, daß irgend etwas ganz und gar nicht stimmte.

»Achille – wie schön, Sie zu sehen.«

»Rocco, du lieber Himmel – wo kommen Sie denn plötzlich her?«

Auch die Reaktion ihres Bruders, stellte sie fest, war nicht gerade so, wie man es von einem der drei Musketiere erwartet hätte, die sich nach langer Zeit wiedersehen.

»Das gleiche könnte ich Sie fragen.«

Entsetzt bemerkte Assunta, daß sie reines Italienisch sprachen und nicht den neapolitanischen Dialekt, der ihnen als Kinder eigen gewesen war. Aber noch schlimmer war, daß die beiden Idioten sich mit dem förmlichen *lei* ansprachen.

»Wir sind auf einer Wallfahrt«, sagte sie und hoffte, damit das Lachen zu ernten, das eine solche Bemerkung ihr in der guten alten Zeit eingebracht hätte.

»Ach wirklich?« entgegnete Rocco, der das völlig ernst nahm. »Woher?«

»Verona«, sagte Peroni und fuhr dann, seine bandagierte Hand vorweisend fort: »Ich bin eine Woche krank geschrieben. Ich hatte ein bißchen Ärger.«

»Ja, ich meine mich zu erinnern, daß ich irgend etwas über Sie gelesen habe. Der - äh - Clark Gable der italienischen Polizei, nicht wahr?«

Damit war klar, daß er sich verstellte, dachte Assunta. Ein solcher Lapsus konnte ihm einfach nicht unterlaufen sein. Als Jungs hatten er und Achille Rudolfo Valentino zu ihrem Idol erkoren. Er war der bitteren Armut im Süden entkommen und hatte es zu märchenhaftem Wohlstand und Ruhm gebracht, genauso wie sie es sich erträumten. Damals war er schon längst zur Legende geworden, doch für sie besaß er einen strahlenderen Glanz als jeder König, und wie besessen sammelten sie alles über ihn, was sie nur auftreiben konnten.

»Rudolfo Valentino«, berichtigte Peroni, und die beiden Männer nickten wie chinesische Mandarine dazu und nahmen auch das absolut ernst. »Und Sie?«

»Sie werden es nicht glauben, aber ich bin hier der Direktor des Amtes für Denkmalpflege.«

Assunta hatte den Eindruck, daß man die Großbuchstaben geradezu hören konnte.

»Tatsächlich?« erwiderte Peroni. »Stimmt, ich erinnere mich, daß Sie sich für Bilder und dergleichen interessiert haben.«

Assunta indes konnte sich nur erinnern, daß er sich für das Stehlen von Bildern und dergleichen interessiert hatte, aber sie hatte das Gefühl, es hätte die beiden allzu sehr schockiert, wenn sie das klargestellt hätte. Daher begnügte sie sich damit zu sagen: »Früher habt ihr euch mal geduzt.«

»Ja, stimmt.«

»Natürlich.«

Es entstand eine verlegene Pause, als würde es ihnen widerstreben, sich auch nur anzusprechen - aus Angst, die vertraute Anrede benutzen zu müssen.

Jetzt begriff Assunta, was nicht stimmte. Die beiden Männer litten an dem gleichen Unbehagen. Achille war *Commissario* der Polizei geworden, Rocco Direktor des Amtes für Denkmalpflege. Sie waren Amtspersonen.

»Tja«, sagte Rocco, »ich muß leider los. Wir erwarten Gäste zum Mittagessen, und meine Frau ist bestimmt schon ungeduldig.«

Das Wort Frau dröhnte Assunta in den Ohren wie das Läuten einer Grabglocke.

»Vielleicht treffen wir uns noch mal?« schlug er vor, wobei er sich nicht so anhörte, als ob ihm viel daran gelegen wäre. »Wie lange bleibt ihr?«

»Eine Woche«, sagte Peroni.

»Da muß ich mal eben in meinem Kalender nachsehen. Leider habe ich zur Zeit besonders viel zu tun, wegen all der Umbauten und was sonst noch so anfällt. Wollen mal sehen.« Sogar der Kalender mit seinem Goldstift, bemerkte Assunta, schickte sich für einen Direktor des Amtes für Denkmalpflege. »Ich fürchte, heute ist es ganz unmöglich, und morgen sieht es genauso schlecht aus. Donnerstag? Nein. Wie wär's mit Freitag? Ich könnte mich zum Mittagessen freimachen.«

»Das wäre großartig«, sagte Peroni mit dem Tonfall eines Menschen, der wahllos ein Abführmittel kauft, das ihm der Apotheker gerade empfohlen hat.

»Also, sagen wir ein Uhr? Es gibt da ein ganz passables Restaurant, wo ich oft bin. Es heißt Excelsior.« Bei dem Namen stöhnte Assunta innerlich auf. »Wenn ihr zur Santa Chiara geht, ist es ...«

»Ach, das finden wir schon«, sagte Peroni.

»Ja, sicher – ich vergaß – ein Polizei-*Commissario* hat bestimmt keine Mühe, ein Restaurant ausfindig zu machen, nicht wahr?« Die beiden Männer bleckten angesichts dieser geistreichen Bemerkung gehorsam die Zähne. »Also dann«, schloß Rocco, während er den beiden noch einmal die Hand gab. *»Arrivederci.«*

»Arrivederci«, sagte Peroni.

»Ciao«, sagte Assunta, doch ihr Herz war wie abgestorben, als sie das Wort aussprach, und genauso klang es auch.

Kapitel 5

Essen im Preis inbegriffen, zweifellos. Aufgewärmte Spaghetti mit spärlichen Klecksen Hackfleisch, um die Bezeichnung *alla bolognese* zu rechtfertigen, und nun, serviert mit der Lustlosigkeit einer Intercity-Bedienung, *Cotolette alla milanese,* die größte Stütze knausriger Gastronomen.

»Die Dame da drüben.« Peroni wandte sich mit der Unschuldsmiene gesellschaftlicher Verlegenheit an den alten Priester, der mit ihnen an einem Tisch saß. »Die direkt unter dem Fenster sitzt. Ich weiß, daß ich sie von irgendwoher kenne, aber ich kann mich nicht erinnern, wer sie ist. Können Sie mir da weiterhelfen, Don Sereno?«

Er bemerkte, daß Assunta hellhörig wurde, aber das machte ihm nichts aus.

»Ach, Sie meinen *Signora* Guidi.« Der Arme mühte sich mit seiner *Cotoletta* ab. »Die Frau von *Avv.* Guidi.«

»Ja natürlich - daher kenne ich sie!« Peroni blickte ungemein erleichtert drein. Tatsächlich war das nur halb gelogen, denn er erinnerte sich wirklich vage an diesen Rechtsanwalt; aus der Zeit, als er in Verona gewesen war. Ein langweiliges Mitglied der dortigen juristischen Szene und angeblich ein hervorragender Kenner des Mittelalters. »Ich wußte gar nicht, daß sie zu Ihrer Gemeinde gehören.«

»Nun ja, sie wohnen in der Gemeinde, doch ich habe sie leider nie in der Kirche gesehen.« Don Sereno machte ein betrübtes Gesicht.

»Und trotzdem macht sie diese Wallfahrt mit?«

»Ich muß zugeben, daß ich selbst ein wenig überrascht war, als sie sagte, daß sie uns begleiten wollte. Dann habe ich mir gedacht, daß sie dem heiligen Franz wohl besondere Verehrung entgegenbringen muß.« Diese Möglichkeit gab ihm beträchtlichen Auftrieb. »Das ist nämlich bei vielen Leuten so, die ansonsten keine praktizierenden Christen sind.«

»Ja, richtig«, sagte Peroni und dachte bei sich, daß sie genauso gut der höheren Mathematik eine besondere Verehrung entgegenbringen könnte.

Soeben war das Obst serviert worden - ein trauriger Apfel für jeden -, als er bemerken mußte, daß sie aufstand und ging. Er wartete ein paar Sekunden, entschuldigte sich dann, indem er etwas von einer Zigarette murmelte, und erhob sich ebenfalls.

Er schlängelte sich zwischen den Tischen hindurch, lächelte dabei mit dem professionellen Charme eines diplomatischen Monsignore und trat hinaus in die Hotelhalle, wo sie in einem Sessel saß und sich gerade eine Zigarette angezündet hatte. Irgend etwas war in ihrem Gesichtsausdruck zu lesen; wenn Peroni nur fähig gewesen wäre, es zu deuten.

»*Signora* Guidi?« Sie blickte auf, nicht sonderlich interessiert. »Verzeihen Sie die Störung. Ich wußte, daß ich Sie schon einmal gesehen habe, aber ich konnte mich nicht mehr erinnern, wo. Sie waren zusammen mit *Avv.* Guidi auf einem Fest in der Gran Guardia.«

Er improvisierte mit künstlerischem Schwung, denn er wußte, daß keine Rechtsanwaltsfrau in Verona ein Fest in der Gran Guardia hätte versäumen können. »Peroni«, fügte er hinzu und reichte ihr die Hand.

»*Piacere*«, sagte sie, während sie sie ergriff und dabei leicht verwirrt dreinblickte. Dann löste sich die Verwirrung. »Sie meinen Achille Peroni?«

»So ist es.« Er wartete auf den Begeisterungssturm, den der Name unfehlbar bei Frauen auslöste. Der blieb aus.

»Wie überaus interessant.« Drei Worte.

»Möchten Sie einen Kaffee?«

»Danke.« Anders hätte sie auch nicht reagiert, wenn er ihr ein Gläschen Zyanid angeboten hätte.

Er bestellte zwei Kaffee und unternahm einen neuen Anlauf. »Wie kommt es, daß Sie an einer Wallfahrt nach Assisi teilnehmen?«

»Ich hatte schon immer eine Schwäche für Umbrien. Als ich dann gesehen habe, daß die Gemeinde diese Wallfahrt organisiert, dachte ich, das ist genau richtig - keinerlei Umstände, keine Fahrerei und keine Planung von Besichtigungstouren.«

Peroni kannte den Tonfall; er hörte ihn gewöhnlich, wenn jemand schilderte, wie etwas von der Ladefläche eines Lastwagens gefallen war.

Sie trank hastig ihren Kaffee und stand dann auf. »Es war nett, Sie kennenzulernen. Danke für den Kaffee.« Sie gab ihm die Hand, dann wandte sie sich mit einem reizenden, aber mechanischen Lächeln ab und verschwand die Treppe hinauf.

Peroni starrte ihr nach. Hinter der zerstreuten Höflichkeit hatte er eine ungeheure innere Anspannung gespürt. Das Ganze war sowohl ärgerlich als auch verwirrend.

Es war außerdem äußerst interessant.

Sie überquerte die überfüllte Piazza del Commune und bog in die Via San Paolo ein. Peroni wartete einen Moment und nahm dann vorsichtig die Verfolgung auf. Der *Commissario* in ihm protestierte: Das Ganze war absurd und kindisch, die Frau konnte schließlich gehen, wohin sie wollte, und Peroni hätte nicht einmal in seinem eigenen Revier das Recht gehabt, sie zu beschatten.

Doch er ging weiter.

Seit ihrer kurzen Begegnung nach dem Mittagessen hatte er nicht mehr mit ihr gesprochen. Übersättigt von den vielen Besichtigungen, hatte er sich am Nachmittag unauffällig von der Gruppe gelöst und war auf ein oder zwei beschauliche Drinks in eine moderne, kulturlose Bar gegangen. So verpaßte er unter anderem die Neue Kirche, für die *Signora* Guidi so großes Interesse gezeigt hatte. Doch er hatte weiter über dem Rätsel gebrütet, das sie für ihn darstellte. Und dann, nach dem Abendessen, hatte sie sich zunächst vergewissert, daß niemand sie beobachtete, denn mit Peronis Talent für unauffällige Observationen rechnete sie nicht, und dann heimlich das Hotel verlassen.

Er hatte überlegt, ob er Assunta in sein Vorhaben einweihen sollte, doch sie war auf sonderbare Weise in ihre Gedanken versunken. Lag das an der Begegnung mit Rocco? Er hatte immer den leisen Verdacht gehabt, daß sie einmal in ihn verliebt gewesen war. Nach einer inneren Auseinandersetzung von einer knappen Sekunde hatte er also die Verfolgung von *Signora* Guidi aufgenommen.

Auch die Via San Paolo war voller Menschen, daher war es überhaupt kein Problem, ihr unbemerkt zu folgen; und ohnehin vermutete Peroni, daß sie in ihr rätselhaftes Vorhaben viel zu sehr vertieft war und nicht einmal bemerkt hätte, wenn ein ganzes Aufgebot von *Carabinieri* hinter ihr her gewesen wäre.

Doch einige Minuten später lichtete sich die Menge; Peroni hielt etwas mehr Abstand und blieb dicht an der Häuserseite, doch schien es ihr noch immer nicht in den Sinn zu kommen, daß jemand ihr folgte. Sie zögerte nur, wenn sie an Kreuzungen kam, blickte hastig auf Straßenschilder, als würde sie einen Weg gehen, den sie nur theoretisch kannte.

Je weiter sie kamen, desto weniger Menschen waren zu sehen, und gleichzeitig wandelte sich das Straßenbild. Die rötlichen Steine der Häuser und der mittelalterliche oder dezent angepaßte neuzeitlichere Baustil waren unverändert, doch alles deutete mit hartnäckiger Stille darauf hin, daß sie sich in einer Wohngegend befanden. Sogar der Mond, der die allgegenwärtigen Olivenbäume weißer wirken ließ, schien Privatbesitz zu sein.

Peroni vermochte nicht mit Bestimmtheit zu sagen, wann genau er spürte, daß noch eine dritte Figur die Bühne betreten hatte. In seinem Kopf nahm ein Eindruck Gestalt an, der bereits seit Sekunden oder Minuten heraufgedämmert sein mußte.

Der Eindruck, selbst verfolgt zu werden.

Doch sämtliche Versuche, einen möglichen Verfolger ausfindig zu machen, blieben ergebnislos, also war er bestimmt nur einer Einbildung aufgesessen.

Die Straßenbeleuchtung war hier schwächer, und *Signora* Guidis hübscher schimmernder Kopf bewegte sich von kurzen, blassen Lichtpfützen in lange Schattenkorridore.

»Belle! Arlette! *Piano – piano!*«

Die schrille Stimme in seinem Rücken überraschte Peroni. Er huschte rasch in einen Torweg und blickte sich um. Er sah einen Zwerg, der zwei Dalmatiner spazierenführte, oder genauer gesagt waren es die beiden Dalmatiner, die den Zwerg spazierenführten, denn sie zogen ihn so erbarmungslos hinter sich her, daß sich seine kleinen Beine wie Kolben bewegten; im Gehen rief er ununterbrochen, zornig und flehend zugleich: »Arlette! Belle! *Piano!*«

Dieses außergewöhnliche Trio fegte die Straße entlang, an Peroni vorbei. Sogar *Signora* Guidi vergaß für einen Augenblick ihre Obsession und sah sich nach dem herannahenden Sturmangriff um, doch der Zwerg und die Hunde schienen nichts oder niemanden außerhalb ihrer kleinen Welt wahrzunehmen und setzten ihre wilde Hatz die Straße hinauf fort.

Dann, nach ein paar weiteren Metern und kurz bevor sie mit ihr auf einer Höhe waren, verharrte *Signora* Guidi, offenbar weil sie ihr Ziel erkannt hatte, und nach kurzem Zögern verschwand sie durch einen Türeingang. Peroni wartete, bis der Zwerg und seine Hunde auf und davon waren, dann ging er zu dem Gebäude, das sie betreten hatte.

Als erstes sah er ein großes Fenster, über dem die Worte FLORIO-LEVI VETRERIA prangten. *Signora* Guidi war also, was äußerst unwahrscheinlich anmutete, in ein Geschäft für Buntglasfenster gegangen oder, was nach dem Äußeren zu urteilen wahrscheinlicher war, in eine Werkstatt, in der Buntglas hergestellt wurde. Denn das spärliche Licht hinter dem Fenster beleuchtete schwach ein paar einschlägige Produkte. Der Eingang befand sich auf der anderen Seite des Fensters, und die Tür war, von der Straße aus gesehen, nach hinten versetzt.

Peroni warf einen Blick hinein und entdeckte keine Spur von *Signora* Guidi. Sie war von der Buntglaswerkstatt verschluckt worden.

Plötzlich war er das ganze Unternehmen leid. Es reichte ihm. Von nun an wollte er jeden Gedanken an *Signora* Guidi aus seinem Kopf verbannen und den Rest der Woche nur noch ein guter Wallfahrer sein.

Er machte kehrt und ging schnellen Schrittes zum Hotel zurück.

Am nächsten Tag nach dem Mittagessen lag Assunta auf ihrem Bett und ließ die Füße in Ruhe vor sich hin pochen. (Die Pilger waren den ganzen Morgen unermüdlich auf Besichtigungstour gewesen). Sie hörte mit halbem Ohr dem Radio zu, das in das Kopfende ihres Bettes eingelassen war, und dachte dabei über Rocco nach.

Sie redete sich ein, sie müsse verrückt sein, wenn sie über die Verwandlung eines häßlichen neapolitanischen Gauners, den sie zufällig einmal geliebt hatte, in einen würdevollen Direktor des Amtes für Denkmalpflege, den sie keineswegs liebte, verstimmt war. Das nannte man erwachsen werden, und sich dagegen aufzulehnen hieß, sich gegen das Leben aufzulehnen. Einem Mann konnte man einen so dummmen Fehler vielleicht nachsehen, denn Männer verstanden die Gesetze des Lebens nicht, aber für eine Frau gab es keine Entschuldigung.

Während sie solcherlei Gedanken nachhing, drang ihr allmählich ins Bewußtsein, daß das Radio eben etwas Interessantes meldete.

Sie begann zuzuhören, erst halbherzig, dann mit gespannter Aufmerksamkeit. Als die Meldung zu Ende war, sprang sie vom Bett auf und lief über den Korridor zum Zimmer ihres Bruders. Sie klopfte.

»*Avanti.*«

Er hatte gelesen. »Ein Reiseführer«, erklärte er. »Ich habe ein wenig Hausaufgaben gemacht und mich auf die Besichtigungen heute nachmittag vorbereitet.«

»Vergiß es«, sagte sie ungeduldig. »Gestern abend hat es in Assisi einen Mord gegeben – wahrscheinlich nicht weit von uns. Ein Mann ist erschossen worden.«

Er blickte von seinem Reiseführer auf. »Was für ein Mann?«

»Das Radio hat nicht viel über ihn gebracht. Nur seinen Namen. Florio-Levi.«

Assunta war mit der Unberechenbarkeit ihres Bruders vertraut, doch auf die heftige Reaktion, mit der er diese Nachricht aufnahm, war sie nicht gefaßt gewesen.

Kapitel 6

Diejenigen seiner Kollegen in der *Questura,* dem Polizeipräsidium in Perugia, die seine politischen Überzeugungen nicht teilten, nannten *Commissario* Sergio Zanetti Stalin. Das war insofern unfair, als Zanetti wahrscheinlich aufrichtiger an den Kommunismus glaubte, als der russische Diktator es je getan hatte. Er versuchte stets, das Leben den Vorstellungen des Marxismus anzupassen, und wenn sich dies manchmal auch als schwierig erwies, ließ er sich doch nie entmutigen.

Daher fragte er sich, während er die Leiche des gutaussehenden jungen Mannes untersuchte, auf dessen Serge-Hemd sich an der Stelle, wo die Kugel eingetreten war, ein großer Blutfleck ausgebreitet hatte, welches politische Motiv wohl hinter dem Verbrechen stecken mochte, ohne dabei jedoch seine beruflichen Pflichten zu vernachlässigen. Kein direktes politisches Motiv selbstverständlich, wie beispielsweise Terrorismus, aber das indirekt politische Motiv, das jedem menschlichen Handeln zugrunde lag.

Allein schon der Schauplatz des Verbrechens war bezeichnend. Assisi war eine der reaktionären Hochburgen in Italien mit einer aufgeblähten künstlichen Wirtschaft und einem kapitalistischen Tourismus, der ausschließlich auf mittelalterlichem Aberglauben basierte. Und die Buntglasherstellung war einer der Hauptindustriezweige, die durch diesen Aberglauben angekurbelt wurden.

Bei seinem Eintreffen in der Werkstatt Florio-Levi um 8 Uhr 37 an jenem Morgen erwartete ihn eine dezent gutgekleidete Frau am Eingang, die einen vernünftigen und tüchtigen Eindruck machte. Sie mußte um die Vierzig sein, sah aber jünger aus, und unattraktiv war sie keineswegs.

Es war ein ständiger Dorn in *Commissario* Zanettis Auge, daß unter den engagierten Parteimitgliedern so wenige gutaussehende Frauen waren. Marx, so hätte er formulieren mögen, kriegt die

Frauen, die Männer zurückweisen, und die schiere Ungerechtigkeit dieses Umstandes ärgerte ihn. Er dachte bei sich, daß er diese Dame bei einer passenderen Gelegenheit vielleicht einmal in einen aufschlußreichen politischen Disput verwickeln könnte.

»Bonato«, stellte sie sich vor und gab ihm die Hand. »Raffaella Bonato.«

»Zanetti.«

»Ich zeige Ihnen den Weg.«

Unter den gegebenen Umständen ließ ihre Selbstbeherrschung, falls sie nicht nur gespielt war, ein gewisses gefestigtes politisches Bewußtsein erhoffen.

Während Zanetti und sein Team ihr in das Gebäude folgten, hatten sie den Eindruck, eine andere Welt zu betreten. Sie betraten einen Raum, in dem ein heilloses Durcheiandner herrschte und der etwa die Ausmaße einer mittelgroßen Bahnhofshalle hatte. Von dort führten Türen in alle Richtungen wie Öffnungen zu Gängen in einem Fuchsbau, und am gegenüberliegenden Ende war eine Holztreppe, die zu einer Art Galerie führte. Es gab mehrere schwere Holztische, auf denen Materialien lagen, die, wie Zanetti annahm, zur Herstellung von Buntglas dienten. Zahllose hingekritzelte Skizzen, vermutlich Anweisungen für die Farben, hingen kreuz und quer an den Wänden; in einer Ecke stand ein massiver Steinofen, kalt, mit einer Reihe von Stangen und Schaufeln und von einem Durcheinander anderer Gerätschaften bedeckt – als ob sie sich alle auf einmal hineindrängen wollten. Überall lag dicker Staub, und in der Luft hing ein alles durchdringender beißender Geruch, der die nicht daran gewöhnten Nasenschleimhäute reizte, so daß zwei von Zanettis Kollegen bereits zu niesen begonnen hatten. Und überall standen oder lagen Glasscheiben in allen Formen, Farben und Größen herum.

Zanetti fragte sich gerade, wieso der Raum so menschenleer war, da sagte die Frau namens Raffaelle Bonato, als hätte sie seine Gedanken erraten: »Ich habe die Arbeiter nach Hause geschickt, damit sie nicht aus Versehen irgend etwas tun, das die polizeilichen Ermittlungen behindert.«

»Sehr vernünftig.«

»Er ist hier drin.«

Sie war von einer der Türen im hinteren Teil der Werkstatt stehengeblieben. Die Tür stand einen Spaltbreit offen, und als Zanetti sie aufstieß und eintrat, fand er sich in einem sehr kleinen Vorraum mit einem altmodischen Garderobenständer samt Spiegel wieder. Auch die Tür, die von hier abging, war nicht ganz geschlossen. Sie führte in einen weiteren Raum, der offenbar das Wohn- und Arbeitszimmer eines jungen Menschen war. Vom Fenster aus konnte man auf ein paar Olivenbäume und einen kleinen Kirchturm in der Ferne blicken.

Vor dem Fenster stand ein großer unaufgeräumter Schreibtisch, rundherum Bücher; daneben lag die Leiche des jungen Mannes. Abgesehen von dem Serge-Hemd trug er Jeans und Turnschuhe. Selbst im Tod sah er unglaublich gut aus. Schwarzes Haar, volle, fast mädchenhafte Lippen, griechische Nase. Der Anflug von Bartstoppeln, die knapp jenes Stadium überschritten hatten, angesichts dessen man von lediglich unrasiert sprechen konnte, verlieh ihm irgendwie etwas Renaissancehaftes, und im rechten Ohr trug er einen goldenen Ohrring. Seine äußere Erscheinung legte den Gedanken nahe, daß das Motiv für seinen Tod in reaktionären Kreisen der Bourgeoisie zu suchen war.

Nach den routinemäßigen Voruntersuchungen wandte Zanetti sich erneut an die Frau.

»Sie haben ihn gefunden?«

»Ja.«

»Sie wohnen hier?«

»Nein, ich bin die Sekretärin der Firma. Ich bin um fünf vor acht gekommen, wie jeden Morgen. Er hatte mich gebeten, ihn zu wecken. Also habe ich an seine Wohnungstür geklopft. Keine Antwort. Ich habe noch ein paarmal geklopft und bin dann reingegangen und – hab ihn da auf dem Boden liegend gefunden.«

»Verstehe. Wer ist er eigentlich?«

»Lorenzo Florio-Levi.«

»Ach, dann war er hier also der Chef, oder?«

»Nein. Er studierte an der Universität.«

»Der Sohn der Familie?«

»Ja. Die Firma wird seit fast 200 Jahren von der Familie Florio-Levi in Assisi geleitet. Sein Vater war der letzte.«

»*War* sagen Sie?«

»Seine Eltern kamen vor drei Jahren bei einem Flugzeugabsturz ums Leben.«

»Wer hat jetzt das Sagen?«

»Offiziell ist *Signorina* Ermengilda Florio-Levi der Kopf der Firma, Lorenzos Tante, doch sie ist seit einigen Jahren bei schlechter Gesundheit. Um die eigentliche Glasproduktion kümmert sich der Mann, der früher hier Vorarbeiter war. Ich bin für die geschäftlichen Angelegenheiten verantwortlich.«

»Der junge Florio-Levi war also gestern abend allein im Gebäude - abgesehen von der Person, die ihn getötet hat?«

»Nein. Auch *Signorina* Ermengilda hat hier eine Wohnung. Über dieser hier.«

»Aber hätte jemand gestern abend reinkommen können, ohne von ihr bemerkt zu werden?«

»Oh ja. Die beiden Wohnungen sind völlig voneinander getrennt.«

»Und weiß *Signorina* Ermengilda . . .?«

»Ja, ich habe sie unverzüglich benachrichtigt. Sie erwartet Sie.«

»Danke. Ich gehe gleich zu ihr, aber zunächst möchte ich gern mit Ihnen noch ein oder zwei Punkte klären. Wann haben Sie Florio-Levi zuletzt lebend gesehen?«

»Gestern morgen.«

»War er irgendwie besorgt oder beunruhigt?«

»Nein, ganz im Gegenteil.«

»Könnten Sie etwas deutlicher werden?«

»Er war immer - nun, fröhlich. Man könnte sogar sagen überschäumend. Doch in letzter Zeit wirkte er noch ausgelassener als sonst.«

»Haben Sie eine Ahnung, wieso?«

»Ich nahm an, daß eine Frau im Spiel war.« Sie hielt eine Sekunde inne. »Das war meist so.«

»Pflegte er Beziehungen zu vielen Frauen?«

»Über sein Privatleben kann ich nichts sagen. Ich weiß nur, er mochte Frauen, und sie mochten ihn.«

»Und Sie glauben, der Grund für die Ausgelassenheit, die er in letzter Zeit an den Tag legte, sei eine Frau gewesen?«

»Das wäre doch nur natürlich, oder?«

»Sie haben keine Ahnung, wer diese Frau sein könnte?«

»Nicht die geringste.«

Zanetti sah sich in dem Raum um. Dekadente Bilder. Eine große Sammlung von Jazz-Platten. Offensichtlich triviale Bücher. Dann fiel sein Blick wieder auf den Schreibtisch, den einer seiner Kollegen gerade in Augenschein nahm und um den herum sich Bücher stapelten, die allesamt einen ernsthafteren Eindruck erweckten. Er entschuldigte sich bei der Sekretärin und ging hinüber zu dem anderen Polizisten.

»Irgendwas gefunden?«

»Nur das hier.« Ein Schreibtischkalender. Der zweite Polizist schlug den Vortag auf und deutete auf die Eintragung, die aus einem einzigen Wort bestand.

Elisa.

»Kennen Sie eine Elisa, mit der er befreundet war, *Signorina?*« fragte Zanetti.

»Nein.«

»Sie wird nur einmal erwähnt«, sagte der andere Polizist mit berufsmäßig gesenkter Stimme, »und hinten im Adreßteil kommt keine Elisa vor.« Zanetti sah den Kalender rasch und aufmerksam durch. Auf jeder Seite gab es mindestens ein halbes Dutzend Frauennamen samt Adresse, Telefonnummer oder beidem.

»Wir nehmen das mit zur *Questura* und überprüfen alle. Aber zuerst müssen wir diese Elisa finden.«

Dann betrachtete er die Bücher auf dem Boden, die seine Aufmerksamkeit erregt hatten. Er hob ein paar davon auf und blätterte sie flüchtig durch. Geschichte des Mittelalters, das Reaktionärste, was man sich vorstellen kann. »Wissen Sie, wozu er all diese Bücher brauchte, *Signorina?*«

»Er studierte an der Universität von Perugia und hat an irgendeiner wissenschaftlichen Arbeit gesessen. Ich glaube, das war der Grund für die Bücher.«

»Ich verstehe.« Das typische nutzlose Wissen, das in den von Faschisten beherrschten westlichen Universitäten verbreitet wurde.

Dann bemerkte er einen Totenschädel, halb begraben unter dem Durcheinander auf dem Schreibtisch, den sein Kollege gerade untersucht hatte. »Was soll das?«

»Ein *Memento mori, Dottore.* Früher haben Mönche sie betrachtet, um sich an ihre eigene Sterblichkeit zu erinnern.«

»Was sie sich bloß davon versprochen haben?« Er wandte sich wieder an die Sekretärin. »Ich werde jetzt mit *Signorina* Florio-Levi sprechen.«

Der Raum war eine Buntglashöhle. Außer vor den beiden Türen gab es rundherum Glas, und künstliches Licht zwischen Glas und Wand ließ es in ungewöhnlich kräftigen Farben erstrahlen.

Commissario Zanetti gefiel dieses Schauspiel nicht. Zum einen war ihm die religiöse Wirkung ausgesprochen unangenehm, zum anderen war es eine bedauerliche Zurschaustellung eines bourgeoisen Personenkultes. Der beste Kommentar dazu, so beschloß er, war, das Ganze zu ignorieren.

»Ich nehme an, Sie sind ganz sicher, daß Sie wirklich existieren?«

Das war nicht so leicht zu ignorieren. *Signorina* Ermengilda Florio-Levi bestand aus Extremen. Sie war von Kopf bis Fuß in Schwarz gehüllt - Trauerkleidung oder nicht, das ließ sich nicht sagen -, ihre Haut hingegen war so weiß wie die einer Leiche oder Schminke eines Clowns, und dieses Bild wurde durch ihre scharlachroten Lippen und Fingernägel, ihre meeresgrottenblauen Lider und leuchtendrot gefärbten Haare noch verstärkt. Der unechte Schmuck, mit dem sie behangen war, funkelte im Buntglaslicht. Sie saß in einem Drehsessel, den sie hin und wieder rotieren ließ, um ihren Blick auf die biblische Szenerie zu verändern; in der Hand hielt sie ein großes Glas Wasser.

»Wie bitte?«

»Ich habe gefragt, ob Sie wirklich existieren. Da *Signorina* Raffaella Sie hierher gebracht hat, nehme ich allerdings an, Sie tun es, aber ich muß auf der Hut sein.«

Sie trank aus ihrem Glas, und Zanetti begriff, daß es nicht Wasser, sondern Gin enthielt. Er kam zu dem Schluß, daß er die Situation in die Hand nehmen mußte.

»Zanetti«, sagte er, »von der *Questura* in Perugia.«

»Ach ja - *Signorina* Raffaella hat so etwas erwähnt. Und Sie sehen tatsächlich ganz real aus. Nehmen Sie doch bitte Platz.«

Die Möbel waren abgenutzt und nicht gerade sauber. Zanetti, der mit seiner Kleidung eigen war, wählte den Stuhl, der am wenigsten verstaubt aussah, und widerstand mit einiger Mühe der Versuchung, sein Taschentuch auszubreiten, bevor er sich setzte.«

»Ich untersuche den Mord an Ihrem Neffen.«

»Ja, auch das hat sie erwähnt.«

»Sie wirken nicht besonders verstört, wenn Sie mir die Bemerkung erlauben.«

»Wir alle müssen sterben.«

»Aber *er* wurde letzte Nacht in der Wohnung unter Ihrer erschossen!«

»Art und Weise, Ort und Zeit des Übergangs sind von geringer Bedeutung.«

»Haben Sie denn überhaupt nichts für ihn empfunden?« Noch während er das sagte, wurde Zanetti bewußt, daß die Frage unprofessionell war und noch dazu völlig apolitisch, aber sie hatte ihn dazu gereizt.

Sie suchte seelenruhig in ihrem Glas Gin nach der Antwort.

»Das würde ich nicht sagen«, entgegnete sie schließlich, »ich empfinde viel für Lorenzo. Als er ein Kind war, war ich ganz vernarrt in ihn. Es ist nur, daß ich weiß, daß ich ihn wiedersehen werde.«

»Ich fürchte, ich kann Ihnen nicht ganz folgen.«

»Die Toten kommen häufig zu mir. Alles in allem ist mir ihre Gesellschaft sehr viel lieber als die der Lebenden.«

In jedem sowjetischen Land säße sie mit Sicherheit in der Psychiatrie.

»*Signorina* Florio-Levi, ich möchte, daß Sie über gestern abend nachdenken.« Es war zweifelhaft, ob sie dazu imstande war, doch da sie abgesehen von ihrem Neffen und dem Mörder die einzige Person im Hause gewesen war, mußte er es auf einen Versuch ankommen lassen.

»Wann haben Sie Ihren Neffen zuletzt gesehen?«

»Als er mir gestern abend gute Nacht gesagt hat.«

»Wann war das?«

»Zeit ist für mich ohne Bedeutung. Sie ist eine überschätzte und ungenaue Maßeinheit.«

Zanetti verkniff sich eine Beleidigung; sie hätte ihm nichts eingebracht.

»Was für einen Eindruck hat er gemacht?«

Sie dachte eingehend über den Vorabend nach. »Eigentlich wie immer. Eigentlich wie immer.«

»Aufgewühlt? Ausgelassen?«

»Ausgelassenheit war seine zweite Natur.«

»Hat er erwähnt, ob er jemanden erwartete?«

»Nein, soweit ich mich erinnere, aber ich erinnere mich nicht immer an alles.« Sie dachte kurz nach. »Manchmal höre ich nicht einmal zu.«

»Wann hat er Sie verlassen?«

»Wer kann das sagen?«

»Aber er ist kurz darauf gegangen«, Zanetti stellte fest, daß er sie fast anflehte, »und das war das letzte Mal, daß sie ihn gesehen haben?«

»Im Fleische.«

»Nachdem er gegangen war, haben Sie da irgend etwas von unten gehört?« Wieder versenkte sie sich tief in den Vorabend und verkündete schließlich mit würdevollem Ernst: »Die Glocke.«

»Was für eine Glocke war das?« erkundigte sich Zanetti und rechnete fest mit einem Vortrag über transstygische Glockenkunde.

»Die Türglocke natürlich«, versetzte sie, plötzlich ganz sachlich, und brachte ihn damit vollends aus der Fassung.

»Besuch?«

»Das ist, glaube ich, die herkömmliche Erklärung für das Läuten an der Tür.«

»Wissen Sie, wer der Besucher war?«

»Wohl kaum.«

»Haben Sie irgend etwas gehört, nachdem es an der Tür geläutet hatte?«

Diesmal studierte sie ihren kristallenen Ring aus Gin, dann nahm sie nachdenklich einen Schluck. »Stimmen.«

»Wessen Stimmen?«

»Lorenzos und die einer Frau.«

»Sie konnten sie bis hier oben hören?«

»Sie haben geschrien.«

»Im Streit?«

»Möglich.«

»Haben Sie sonst noch was gehört? Das Geräusch einer Pistole?«

»Nein. Ich war in einer anderen Dimension.«

Zanetti interpretierte das so, daß sie eingeschlafen war, und dachte bei sich, daß selbst die Explosion einer amerikanischen Atombombe kaum in ihre gingetränkte Bewußtseinstrübung gedrungen wäre. Mit einem bleiernen Gefühl der Hilflosigkeit unternahm er einen weiteren Versuch, einen Zeitablauf aus ihr herauszubekommen, aber das erwies sich als genauso fruchtlos, wie er erwartet hatte.

»Also irgendwann, nachdem Ihr Neffe Sie gestern abend verlassen hatte«, schloß er, »klingelte es an der Haustür, und irgendwann danach hörten Sie, wie Ihr Neffe mit einer Frau in Streit geriet.«

»Es hängt viel davon ab, was Sie mit irgendwann meinen.«

Er wußte, eine genauere Bestätigung würde er nicht erhalten.

»Noch eins«, sagte er. »Kennen Sie eine Frau namens Elisa?«

»Elisa? Ja natürlich kenne ich sie. So ein hübsches Ding. Sie war eine Geliebte von Casanova. Sie kommt mich oft besuchen.«

Kapitel 7

Glücklicherweise machten andere Entwicklungen die frustrierende Niederlage wieder wett, die *Commissario* Zanetti bei *Signorina* Florio-Levi hatte einstecken müssen. Um 11 Uhr 27 kehrte einer der Männer, die in der Nachbarschaft ermittelten, mit der Nachricht zurück, er habe einen Zeugen ausfindig gemacht, der gesehen habe, wie eine Frau am Abend zuvor um drei Minuten nach zehn in die Werkstatt Florio-Levi gegangen sei.

Wenngleich Zanetti selbst, was Zeit anging, zu äußerster Genauigkeit neigte, war er bei anderen so etwas nicht gewohnt.

»Ungewöhnlich, daß ein Zeuge die Zeit so exakt angibt«, meinte er.

»Es ist auch ein ungewöhnlicher Zeuge«, sagte der Beamte.

Doch trotz dieser Vorwarnung verschlug es ihm die Sprache, als ein Zwerg *Signorina* Raffaellas Büro betrat, wo Zanetti vorübergehend sein Hauptquartier eingerichtet hatte. Nachdem die Formalitäten erledigt waren, sagte der Zwerg, dessen Name Amos Butturini war, er sei am Vorabend mit Belle und Arlette spazierengegangen.

»Belle und Arlette?«

»Meine Dalmatiner. Und ich bezweifle stark, daß es in Italien zwei besser abgerichtete Hunde gibt. Ich habe ein ganz individuelles Kommandosystem, das auf dem Tonfall basiert, und es funktioniert mit absoluter ...«

»Wie ich höre«, unterbrach Zanetti, »haben Sie gesehen, daß gestern abend um drei Minuten nach zehn eine Frau das betreffende Gebäude betreten hat.«

»Stimmt«, antwortete der Zwerg. »Meine Quartzuhr geht ganz genau. Auf den Bruchteil einer ...«

»Können Sie die Frau beschreiben?«

»Blondes Haar und wahrscheinlich blaue Augen, obwohl ich das bei dem Licht nicht sicher erkennen konnte. Circa 1 Meter 62,

55 bis 58 Kilo. Anfang Dreißig, sie trug einen lindgrünen Mantel und hochhackige Schuhe. Volle Lippen, hohe Wangenknochen, leichte Stupsnase.«

»Wie können Sie sich all dieser Einzelheiten so sicher sein?«

»Ich verfüge über eine ausgezeichnete Beobachtungsgabe, und mein Erinnerungsvermögen ist berühmt«, sagte Amos Butturini ein wenig eingeschnappt. »Sie kennen doch bestimmt meine Fernsehsendung?«

»Nein«, entgegnete Zanetti, der ausschließlich politische Sendungen einschaltete.

»Ich kann die *Göttliche Komödie* auswendig und bin in der Lage, sie vorwärts und rückwärts zu rezitieren, von jeder beliebigen ...«

»Ist diese Frau hineingegangen, nachdem sie selbst die Tür geöffnet hatte?«

»Nein, aber sie wurde offenbar erwartet.«

»Woher wollen Sie das wissen?« fragte Zanetti, verärgert über die zur Schau getragene Unfehlbarkeit des Zwerges.

»Weil die Tür augenblicklich geöffnet wurde. Jemand muß auf sie gewartet haben.«

»Können Sie mir noch mehr über sie mitteilen?« fragte Zanetti ironisch.

Amos Butturini lächelte selbstzufrieden vor sich hin. »Eindeutig nicht aus Assisi«, sagte er, »da sie sich nicht auskannte. Vermutlich aus dem Norden. Ziemlich wohlhabend, nach ihrer Kleidung und Handtasche zu urteilen. Verheiratet, aber mit einem außerehelichen Verhältnis.«

»Wie kommen Sie darauf?«

»Sie benahm sich etwas geheimnisvoll, was heutzutage für eine *Signorina* ungewöhnlich ist, und keine junge Frau, die nachts ein Haus betritt, in dem Lorenzo Florio-Levi wohnt, verfolgt ehrbare Absichten.«

»Sie kennen also die Familie?«

»Ich«, sagte der Zwerg, wobei er dem nichtssagenden Pronomen ein königliches Gewicht verlieh und vor Selbstbewunderung beinah bebte, »kenne jeden in Assisi.«

Ziemlich schnell kamen zwei Meldungen von Leuten aus der Umgebung herein, die ein Geräusch gehört hatten, das ein Pistolenschuß gewesen sein konnte. Sie vermochten nicht mit Sicherheit anzugeben, was für ein Geräusch das gewesen war, doch der Zeitpunkt stimmte bei beiden annähernd überein. Eine Frau sagte aus, sie habe »einen fernen Knall« gehört, kurz nachdem sie gegen Mitternacht das Licht gelöscht hatte. Ein Mann berichtete von einem Geräusch, das er für die Fehlzündung eines Autos gehalten hatte, während einer Fernsehsendung, die um halb zwölf begonnen hatte.

Dann brachte um 14 Uhr 52 ein Polizist die Pistole. Sie war im hohen Gras auf einem Feld mit Blick auf die Ebene in einiger Entfernung von einer niedrigen Steinmauer gefunden worden. Die Stelle, von der aus man sie weggeworfen haben mußte, lag nur ein paar Hundert Meter von der Werkstatt Florio-Levi entfernt. Aus der Pistole war ein einziger Schuß abgefeuert worden.

Zanetti gab die Registriernummer per Funk nach Perugia durch, und um 15 Uhr 29 informierte man ihn, daß die Waffe auf einen gewissen *Avv.* Vittorio Guidi aus Verona zugelassen war. Daraufhin ließ er die gewissenhaft geführten Register der Hotelgäste in der Stadt überprüfen, und um 16 Uhr 16 erfuhr er, daß tags zuvor eine *Signora* Elisa Guidi aus Verona mit einer Reisegruppe im *Albergo* Santa Lucia abgestiegen war.

Er rief den Untesuchungsrichter in Perugia an, der mit dem Fall betraut war, und erhielt mündlich die Vollmacht, die Verhaftung vorzunehmen.

Im *Albergo* Santa Lucia sagte man ihm, daß *Signora* Guidi in der Nacht zuvor gegen halb eins ins Hotel zurückgekehrt war und einen äußerst verstörten Eindruck gemacht hatte.

Im Augenblick, so teilte man ihm mit, sei die Gruppe auf Besichtigungstour. Ja, an der Rezeption wußte man sogar, was am Nachmittag auf dem Plan stand: die Kleinere Festung.

Vor langer langer Zeit gab es einmal ein Assisi, das mit dem heiligen Franz nicht das geringste zu tun hatte. Es war eine kampflustige, draufgängerische, kleine mittelalterliche Gemeinde, die durch Plünderung und Raubzüge allmählich zu Wohlstand gelangte, kein bißchen besser oder schlechter als zahllose andere überall auf der italienischen Halbinsel.

Den anschaulichsten Begriff von diesem unvorstellbaren Assisi erhält man heute in den beiden mauerlosen Festungen, die als Rocca Maggiore und Rocca Minore bekannt sind, die Größere und die Kleinere Festung. Die Größere zieht Scharen von Touristen an; an sonnigen Tagen schwärmen sie über ihre mittelalterlichen

Mauern wie Heuschrecken über den Leib eines prähistorischen Ungeheuers, ohne zu ahnen, daß das Ungeheuer, über das sie da schwärmen, nur zweite Wahl ist. Das Original wurde 1174 von Kaiser Barbarossa erbaut, und die Verbrechen, die dort begangen wurden, waren so entsetzlich, daß die Bewohner von Assisi - unter ihnen der heilige Franz - es gut 20 Jahre später buchstäblich dem Erdboben gleichmachten. Das Gebäude, wo man heute seine Sandwiches ißt, wurde 1367 von dem päpstlichen Legaten, Kardinal Albornoz, errichtet.

Peroni und die übrigen Veroneser Wallfahrer waren an diesem Morgen soweit hinaufgestigen, wie ihre Beine sie getragen hatten.

Er hatte beobachten können, daß *Signora* Guidi sich in einem besorgniserregend nervösen Zustand befand; sie rauchte ohne Unterlaß, biß sich auf die Lippen, rang die Hände und nahm von der Rocca Maggiore nicht das geringste wahr.

Dann, nach dem Mittagessen, hatte Peroni von dem Mord in der Buntglaswerkstatt erfahren, und er sah sich plötzlich in einer ebenso quälend ausweglosen Lage wie der Esel, den man zwischen zwei Bündel Heu gestellt hat.

Nach kurzem Zögern hatte er Assunta von den Ereignissen am Vorabend berichtet, und ihre Reaktion hatte ihn völlig verblüfft.

»Worüber lachst du?«

»Tut mir leid. Mir kam nur eben der Gedanke, daß so eine Situation genau das ist, was du brauchst.«

»Ich wüßte nicht, wieso. Und überhaupt, was soll ich jetzt machen?«

»Vielleicht ist es ein anderer Florio-Levi.«

»Bei dem Namen?«

»Warte ab.«

»Ich kann nicht einfach nur dasitzen und nichts tun!«

»Wieso nicht?«

»Weil ich Polizist bin!«

»Tja, aber du kannst sie auch nicht einfach verhaften, oder? Das ist hier nicht dein Bezirk - die Polizei in Assisi wird schon mit der Sache klarkommen.«

»Perugia - Assisi gehört zu Perugia.«

»Dann eben Perugia.«

»Ja, das ist nicht dasselbe. Bestimmt ist schon eine Untersuchung im Gange, und unter moralischen Gesichtspunkten kann ich der hiesigen Polizei nicht vorenthalten, was ich weiß.«

»Tja, wenn dich dein Gewissen so plagt, dann erzähl es ihnen doch.«

»Das möchte ich nicht.«

»Wieso nicht?«

»Weil ich die arme Frau nicht den Wölfen zum Fraß vorwerfen will.«

»Weil die arme Frau zufälligerweise hübsch ist. Ich wette, du hättest keine moralischen Skrupel, wenn sie eine von den Frauen mit den komischen Hüten wäre.«

»Die mit den komischen Hüten würden nicht in der Gegend rumlaufen und Leute erschießen.«

»Du glaubst also, daß sie es getan hat?«

»Komischerweise nein. Wenn *Signora* Guidi auf jemanden feuern wollte, würde sie mit mathematischer Sicherheit ihr Ziel verfehlen.«

»Das ist ein chauvinistisches Argument.«

»Ich bin nunmal ein Chauvinist. Und ich glaube einfach nicht, daß *Signora* Guidi diesen Florio Dingsbums erschossen hat.«

»Unter den gegebenen Umständen ist es doch wohl ziemlich viel verlangt zu glauben, daß sie es nicht war.«

»Das ist mir klar. Offensichtlich steckt sie irgendwie in der Sache mit drin.«

»Also was willst du jetzt machen?«

Peroni dachte einen Augenblick nach. »Ich will versuchen, mit ihr zu reden.«

Das konnte er jedoch nicht auf der Stelle tun, denn die Pilger, die nach ihrem Pauschalreise-Mittagessen eine kurze Ruhepause eingelegt hatten, machten sich eben auf den Weg zur Rocca Minore.

Dieses wesentlich kleinere Gebäude – ein einziger Turm sowie die Reste der Außenmauer – befindet sich auf einem privaten Grundstück und lockt nur wenige Touristen an: Wer nimmt schon wegen eines kleinen Raubtiers Strapazen auf sich, wenn er bereits einen Tyrannosaurus gesehen hat?

Als sie dort ankamen, versuchte Peroni, *Signora* Guidi allein zu erwischen, doch sie blieb ständig bei der Gruppe. Er hätte sie also regelrecht herausfischen müssen. Daher verschob er das Gespräch, um sich das Innere des Turms anzusehen.

Dort fand er eine steile Steintreppe in gefährlich baufälligem Zustand, und entweder aus diesem Grund oder weil die anderen fürs erste genug von historischen Bauwerken hatten, war er schon bald ganz allein. Er nahm die Hände zur Hilfe und begann den Aufstieg. Oben, im hinteren Teil des Turms, befand sich eine einzige kahle Steinkammer mit einem großen Fenster, durch das man auf den hochaufragenden Gipfel des Monte Subasio blickt.

Und als Peroni den Raum betrat, sprang ihn die Vergangenheit an wie eine Wildkatze. Sie krallte sich grimmig an ihm fest, und da der Angriff nicht über die bekannten Sinne erfolgte, sah er sich außerstande, sie abzuschütteln oder sich ihrer auch nur zu erwehren. Er konnte nur dastehen und die Attacke der Bestie über sich ergehen lassen; ohne daß er wußte, was in dem Raum vorgefallen war, wurde er dennoch von der Brutalität des Geschehens überwältigt.

Wie lang dies anhielt, wußte er nicht, doch irgendwann vernahm er ein Geräusch hinter sich. Die Wildkatze sprang zurück in ihr Versteck, und als Peroni sich umdrehte, sah er *Signora* Guidi in der Tür stehen. Sie hatte seine Anwesenheit bestimmt nicht bemerkt, denn sie erschrak und wollte sich zum Gehen wenden.

Peroni schüttelte die Erinnerung an seinen Anfall ab.

»*Signora* ...« Sie hielt widerwillig inne. »Kann ich Ihnen vielleicht irgendwie helfen?« Schmeichelnde Stimme. Neapolitanischer fahrender Ritter.

»Wie kommen Sie darauf, daß ich Hilfe brauche?«

»*Signora,* Menschen zu beobachten ist mein Beruf, und selbst wenn dem nicht so wäre, könnte ich trotzdem erkennen, daß Sie irgend etwas beunruhigt. Ich will mich nicht in Ihr Privatleben einmischen, aber wenn ich Ihnen helfen kann, würde ich es gern tun.«

Sie sah ihn unsicher an. Tränenspuren ließen ihre Augen wie benetzte Vergißmeinnicht aussehen.

»Das ist sehr freundlich von Ihnen, aber ich sehe keinen Grund, warum ich Sie mit meinen Problemen behelligen sollte.«

Selbst in ihrer Verzweiflung lag ein Anflug von Koketterie, so als wollte sie ihr Geheimnis erst dann preisgeben, wenn sie es sich zunächst ein paarmal anders überlegt hatte.

»Sie behelligen mich keineswegs, *Signora.*«

»Was würde das schon nützen?«

»Geteiltes Leid ist halbes Leid.«

Sie zögerte noch ein wenig und schien dann einen Entschluß zu fassen.

»Also, die Sache ist die: Ich bin gar nicht nach Assisi gekommen, um an dieser Wallfahrt teilzunehmen.«

»Nicht?« Peroni tat baß erstaunt.

»Nein, ich bin nach Assisi gekommen, weil ...« Sie brach ab und biß sich auf die Lippen. »Ich habe mich so töricht benommen, daß Sie es nicht für möglich halten würden, und ich habe Angst, daß ...« Sie hielt erneut inne, dann schüttelte sie den Kopf. »Nein, es hat keinen Sinn, Ihnen das alles zu erzählen. Sie waren sehr freundlich, und ich bin Ihnen dankbar, aber Sie können mir wirklich nicht helfen. Ich bin sehr töricht gewesen, und das muß ich nun ganz allein in Ordnung bringen.«

Sie wandte sich um und ging hinaus. Peroni folgte ihr noch, doch ohne große Hoffnung, irgend etwas aus ihr herauszubekommen, und tatsächlich stieg sie auch schon ungraziös, aber zielstrebig die Stufen hinab. Er sah ihr einen Moment lang nach, dann trat er an ein kleineres Fenster gegenüber dem Eingang zur Kammer.

Tief unten konnte er die Pilger im Gras verstreut sitzen sehen, herumschlendern, plaudern. Nach einer Weile sah er, wie *Signora* Guidis blonder Schopf aus dem Turm auftauchte und verharrte, während sie eine Zigarette hervorholte und anzündete.

Und dann, als er zu der Straße hinüberblickte, auf der sie von Assisi hergekommen waren, sah er, daß ein Wagen direkt hinter ihrem geparkten Bus anhielt. Drei Männer stiegen aus, und es fiel ihm nicht schwer, in ihnen Polizisten zu erkennen. Nachdem sie kurz mit dem Fahrer gesprochen hatten, überquerten sie die Straße und kamen den Weg zum Turm hinab.

Derjenige von den dreien, der offenbar der Vorgesetzte war – kahlköpfig, übertrieben schick gekleidet, asketische Züge, mürrischer Gesichtsausdruck – ging zu Don Sereno und sprach mit ihm. Der alte Prieste schien vor Bestürzung zu taumeln, dann deutete er schwach in die Richtung von *Signora* Guidi, die offenbar von den Vorgängen nicht das geringste bemerkte. Die drei Männer gingen zu ihr.

Peroni befand sich in zu großer Höhe, um verstehen zu können, was sie sagten, doch er wußte auch ohne Worte, daß sie soeben verhaftet wurde.

Kapitel 8

»Heute mußt du mit deiner Hand aber wirklich mal zum Arzt«, sagte Assunta. »Du willst doch schließlich nicht, daß sie sich entzündet.«

»Nein, natürlich nicht«, entgegnete Peroni. Aber er war mit den Gedanken woanders.

»Soll ich dir Kaffee eingießen?«

»Danke. Kann ich die Zeitung haben?«

Sie reichte sie ihm. »Auf Seite eins ist ein Foto. Sie ist wirklich fotogen. Der ausführliche Bericht steht auf Seite sieben.«

Nach einer unruhigen Nacht war Assunta früh aufgewacht und hatte Zeit gehabt, das Hotel zu verlassen und die Zeitung zu kaufen, noch ehe das Frühstück serviert wurde. Achille sah auch nicht aus, als hätte er besonders gut geschlafen. Wahrscheinlich hatte er an *Signora* Guidi gedacht. Nun, das würde ihnen beiden nicht guttun. Die ganze Sache war jetzt zweifellos ausgestanden, bis auf die endlose Gerichtsverhandlung und eine lebenslängliche Gefängnisstrafe, was, wie jeder außer *Signora* Guidi selbst sehr wohl wußte, nicht mehr als höchstens 25 Jahre bedeutete. Immerhin lang genug, um aus ihr eine alte Frau zu machen.

Die ganze Affäre war traurig banal. Sie hatte Lorenzo Florio-Levi im Jahr zuvor auf irgendeinem Kongreß über Geschichte des Mittelalters in Verona kennengelernt. Der Zeitungsartikel legte die Situation zwar nicht haarklein dar, doch Assunta, die, wenn auch auf einem anderen Deck, so doch im gleichen Boot saß, konnte die fehlenden Teile mühelos ergänzen. Heirat mit Veroneser Anwalt, älter als sie, sehr schal geworden. Begegnung mit außergewöhnlich gutaussehendem jüngerem Mann. Für sie vorübergehend der siebte Himmel, für ihn nur eine Bettgeschichte. Und das wäre es dann eigentlich auch schon gewesen. Wenn die Kirchengemeinde nicht eine Wallfahrt nach Assisi veranstaltet hätte. Augenblicklich war

Signora Guidis enttäuschte Leidenschaft aufs neue entfacht. Ausgezeichnete Gelegenheit, Lorenzo wiederzusehen, ohne daß ihr Mann irgendeinen Verdacht schöpfen konnte. Gab es etwas Ehrenhafteres als eine von der Gemeinde durchgeführte Wallfahrt nach Assisi?

Lorenzo Florio-Levi, einem weiteren Schäferstündchen nicht abgeneigt, willigte in ein Wiedersehen ein. Doch als ihm klar wurde, daß ihre Vorstellungen wesentlich romantischerer Natur waren – vielleicht eine gemeinsame Flucht –, teilte er ihr unmißverständlich mit, daß er nicht die Absicht habe, dieses Duett mit ihr zu singen. Erniedrigung, Zorn, peng-peng, du bist tot.

Gemessen an dieser erdrückenden Beweislast, stand ihre Verteidigung auf jämmerlich tönernen Füßen. Sie hatte ihre Handtasche auf einem Garderobenständer im Flur von Florio-Levis Wohnung liegengelassen, und irgend jemand mußte die Pistole herausgenommen haben, während sie im Wohnzimmer war und mit ihm sprach. Den Euphemismus sprach hatte sie tatsächlich benutzt. Gegen Mitternacht kam es zu einer Meinungsverschiedenheit, und kurz darauf war sie gegangen; da lebte er noch. Sie hatte noch nicht einmal bemerkt, daß die Pistole verschwunden war.

»Ich frage mich, weshalb sie überhaupt eine Waffe dabeihatte«, sagte Peroni, nachdem er den Artikel gelesen hatte.

»Es überrascht mich, daß du das sagst. Du weißt doch besser als ich, daß heutzutage in Verona schlimmere Zustände herrschen als in Chicago in den zwanziger Jahren. Giorgio sorgt sogar dafür, daß selbst *ich* eine Pistole dabeihabe.«

»Und was hatte Lorenzo auf diesem Kongreß in Verona verloren?«

»Er interessiert sich für mittelalterliche Geschichte.«

»Wie ihr Mann – er ist angeblich ein Kenner des Mittelalters. Komischer Zufall. Na ja, lassen wir das mal dahingestellt. Aber wenn sie wirklich auf ihn geschossen hat – und auch noch getroffen, was ich nun mal bezweifle –, hätte sie dann einfach die Wallfahrt weiter mitgemacht, als wäre nichts gewesen?«

»Wieso nicht? Wenn sie gedacht hat, sie würde davonkommen, war es das Klügste, was sie machen konnte. Du hast ja selbst gesagt, daß sie ganz aufgewühlt war.«

»Ja, aber als ich mit ihr gesprochen habe, kurz bevor sie gestern verhaftet wurde, sagte sie, sie hätte sich sehr töricht benommen. Ich glaube allerdings, nicht einmal *Signora* Guidi würde einen

Mord bloß als sehr töricht bezeichnen. Und nach ihrem Gesichtsausdruck zu urteilen, als sie verhaftet wurde, nehme ich nicht an, daß sie überhaupt schon von seinem Tod wußte.«

»Weswegen war sie dann in einem solchen Zustand?«

»Erniedrigung, Scham, Angst vor den Folgen.«

»Du vergeudest deine Zeit, Achille. Wer sonst *könnte* ihn erschossen haben?«

»Die Tante, zum Beispiel - Ermengilda Florio-Levi. In der Zeitung steht, ihre Wohnung befindet sich in demselben Gebäude. Mal rein hypothetisch: Sie hätte die Waffe aus der Handtasche auf dem Garderobenständer nehmen können, während sich *Signora* Guidi mit dem Neffen im Wohnzimmer unterhielt, und dann, nachdem die *Signora* gegangen war, hätte sie ihn erschießen können.«

»Sie hätte doch gar nicht wissen könne, daß eine Pistole in Reichweite war.«

»Nein, wohl kaum. Na schön, sagen wir, das war ein Geschenk des Himmels. Sie hatte ohnehin vor, ihn zu töten, dann beschloß sie, *Signora* Guidis Besuch in ihren Plan einzubauen. Sie belauschte die beiden und entdeckte dabei die Handtasche. Sie hat sie durchwühlt, um etwas zu finden, was *Signora* Guidi belasten könnte, und genau das Richtige gefunden - die Pistole.«

»Clever, aber es klingt ein bißchen so, als wollte man Bauchschmerzen mit einer geheimnisvollen asiatischen Krankheit erklären, obwohl der Betroffene bloß giftige Pilze gegessen hat.«

»Ja, so klingt es wohl. Was steht heute morgen auf dem Programm?«

»Eremo delle Carceri.«

»Das schenk' ich mir. Ich gehe statt dessen ins Krankenhaus und laß mir die Hand verarzten.«

Doch Assunta hatte den Eindruck, daß die Gedanken ihres Bruders noch immer um andere Dinge kreisten.

Die Glashandwerker waren in ihre Arbeit vertieft. Sie bewegten sich langsam mit gebeugten Köpfen; sie erinnerten Peroni an Gnome, die im Innern eines Berges Edelsteine abbauten. Sie nahmen keinerlei Notiz von ihm, und da er sich auf unsicherem Terrain bewegte, versuchte er auch nicht, ihre Aufmerksamkeit auf sich zu lenken.

»Kann ich Ihnen helfen?«

Angenehme, intelligent klingende weibliche Stimme. Als er sah, woher sie kam, stellte er fest, daß die Sprecherin zur Stimme paßte. Keine Schönheit, aber attraktiv. Graugrünes Kostüm mit Schottenmuster, weiße Bluse, nicht ganz flache Schuhe. Um Zeit zu gewinnen, ging Peroni langsam auf sie zu.

»Ich komme von der Polizei.« Es wäre aussichtslos gewesen, ihr etwas vorzumachen. Er zeigte ihr seinen Polizeiausweis und hoffte, sie würde nicht so genau hinsehen und feststellen, daß er der *Questura* in Venedig unterstellt war. Sie blickte flüchtig darauf, sah dann wieder ihn an.

»Gehen wir in mein Büro.«

Sie führte ihn in einen kleinen Raum, der zu der riesigen, verstaubten, chaotischen Glaswerkstatt in einem nahezu komischen Kontrast stand. Hier war alles aufgeräumt, sauber und an seinem festen Platz. Briefe und Papiere lagen symmetrisch in ihren Ablagen, die Schreibmaschine war abgedeckt, etliche frisch gespitzte Bleistifte standen in Reih und Glied in einem speziellen Halter. Auch ein paar persönliche Dinge waren zu sehen: zwei Fotos auf dem Schreibtisch, eine kleine Vase mit Blumen, ein hübsch bemalter Teller, auf dem Wolf Hotel stand.

»Bitte, nehmen Sie Platz.«

Hinter der höflichen Fassade spürte er Schüchternheit. Er würde den richtigen Ton treffen müssen, damit sie offen redete.

»Ein ulkiger Name für ein Hotel, nicht?«

Einen Moment lang wirkte sie verwirrt, dann blickte sie auf den Teller und lächelte. »Das Wolf Hotel in Gubbio«, sagte sie. »Ein nettes Haus mit einem sehr guten Restaurant. Ich wohne oft dort. Es ist nach dem blutrünstigen Wolf benannt, den der heilige Franz gezähmt hat Er – der Wolf – lebte den Rest seines Lebens friedlich in der Stadt, und die Bürger haben ihm zu fressen gegeben. Früher hat man behauptet, das Ganze sei nur eine fromme Legende und der Wolf in Wirklichkeit ein Bandit gewesen. Aber dann hat man vor ein paar Jahren in Gubbio das Skelett eines riesigen Wolfes ausgegraben.«

»Nicht zu fassen!« rief Peroni und machte große Augen.

»In der Tat!« sagte sie. »Ich weiß nicht, was mir besser gefällt – die Geschichte selbst oder die Fortsetzung. Aber verzeihen Sie – Sie sind nicht hier, um über Geschichten oder Hotels zu sprechen.«

»Aber nein«, sagte Peroni, der die gewünschte Wirkung erzielt hatte, »ich finde das sehr interessant.« Er hielt inne und ging beiläufig zu einer Vertraulichkeit über, die bei Frauen nie ihr Ziel verfehlte. »Meine Kollegen haben gestern die wichtigsten Fakten geklärt, und, wie Sie wissen, ist eine Verhaftung erfolgt. Ich möchte nur noch ein paar fehlende Hintergrundinformationen einholen.«

»Ich helfe natürlich gerne, wo ich kann.«

Er hatte fraglos den richtigen Ton getroffen. Nicht mehr Polizist und Zeugin, sondern zwei Bekannte, die sich ihres unterschiedlichen Geschlechts angenehm bewußt waren. »Zunächst einmal«, begann er, »was hat Lorenzo auf diesem Kongreß über die Geschichte des Mittelalters in Verona gemacht?«

»Oh, das war sein Fachgebiet. Schon als kleiner Junge hat er sich leidenschaftlich für Geschichte interessiert, besonders für das Mittelalter. Er hat an der Universität von Perugia Geschichte studiert.«

»Schön, das wäre damit geklärt. Noch etwas: Können Sie mir ungefähr beschreiben, was für ein Mensch er war?«

Sie dachte gründlich über die Frage nach. »In erster Linie«, sagte sie nach einem Moment, »war er ein Romantiker. Ich meine nicht bloß in bezug auf Frauen. Sie mochten ihn ganz ohne Zweifel, und er mochte sie, aber ich meine das eher allgemein. Um noch einmal auf seine Kindheit zurückzukommen, er konnte sich stets für verrückte Ideen begeistern. Das hat er nie abgelegt – er liebt es, törichte, gefährliche, aufregende Dinge zu tun.«

»Mit anderen Worte, er jagte seinen Träumen nach, so wie er Frauen nachstellte?«

»Sehr schön gesagt.« Sie lächelte ihn an, und er lächelte zurück.

»Jagte er in letzter Zeit irgendwelchen Träumen nach?«

Sie runzelte die Stirn. »Das ist mir gar nicht in den Sinn gekommen. Aber wenn man bedenkt, wie überdreht er wirkte – ja, das wäre schon möglich.«

»Irgendeine Idee, was für ein Traum das war?«

»Nicht die geringste.«

»Wann haben Sie zum erstenmal bemerkt, daß er aufgedreht wirkte?«

»Tja – vor etwa einem Monat.«

»Mit steigender oder fallender Tendenz.«

»Steigend, zweifellos.«

»Ist Ihnen irgendein Vorfall besonders in Erinnerung geblieben?«

»Nein.« Doch dann schien aus dem Dunkel ihres Gedächtnisses eine Erinnerung aufzublitzen. »Moment mal – es war zwar nichts Besonderes, aber es ist mir trotzdem aufgefallen. Vor etwa zwei Wochen kam er eines Nachmittags hier herein und bat mich, ihm eine Zugfahrkarte nach Rom zu besorgen, weil sein Motorrad in Reparatur war. Ich weiß noch, daß er mir damals besonders gut aufgelegt vorkam, so als hätte er den entscheidenden Hinweis bei einer Schatzsuche bekommen.«

»Und als er aus Rom zurückkam?«

»Ich habe ihn danach ein paar Tage nicht gesehen, und als ich ihm dann begegnete, habe ich nicht mehr daran gedacht.«

»Haben Sie vielleicht eine Idee, wo ich noch mehr darüber erfahren könnte?«

»Sie könnten seine Tante fragen, *Signorina* Ermengilda.«

»Würden Sie mich zu ihr bringen?«

»Ja, natürlich. Sie ist allerdings nicht bei bester Gesundheit und verhält sich manchmal etwas sonderbar. Ich glaube, Ihr Kollege war gestern etwas – nun ja, irritiert.«

»Ja«, sagte Peroni, und tischte ihr eine weitere faustdicke Lüge auf. »Das hat er erwähnt.«

Kapitel 9

»Sehen Sie den Mann dort - den kahlköpfigen in der Hocke? Das ist mein Urgroßvater, Tommaso Florio-Levi, als Jonas im Bauche des Wals. Er pflegte in seine Fenster immer ein Selbstporträt einzufügen. Das war seine Art, eine Arbeit zu signieren. Nicht, daß er einer Signatur bedurft hätte - ein Blinder hätte erkennen können, daß nur Tommaso Florio-Levi imstande gewesen wäre, den Bauch eines Wales so farbenfroh zu gestalten. Sehen Sie sich das Grün von Jonas' Gewand an und das Silber und Rosa von den Fischen da, wie das Rot der Kerzenflamme sich verändert, und beachten Sie, wie der Brustkorb zu atmen scheint.«

»Phantastisch!« Peroni war automatisch in die Rolle des Schülers geschlüpft, und ob nun aus diesem Grund oder wegen des Gins, den er mit *Signorina* Florio-Levi teilte, zum erstenmal in seinem Leben fand er Gefallen an Buntglas.

»Darunter sehen Sie Jonas, wie er unter seiner Staude sitzt und auf die Zerstörung von Ninive wartet ...«

Sein Verstand arbeitete auch weiter ganz normal, während er ihr durch die biblische Landschaft folgte, in der es von Propheten und Königen und Heiligen und Sündern wimmelte.

Er fürchtete, von ihr wenig zu erfahren, das von praktischem Nutzen war. Sie war Alkoholikerin und verbrachte den Großteil ihres wachen Lebens in einer eigenen Welt aus Buntglas und Schattenwesen. Wie konnte sie da als potentielle Mörderin ihres Neffen in Frage kommen? Natürlich war sie als solche nicht ganz auszuschließen, doch Peroni wollte diese Möglichkeit im Augenblick außer acht lassen, da die Polizei in Perugia sie bestimmt nicht übersehen hatte. Außerdem hielt er es für besser, sie nicht nach der Mordnacht zu befragen. Es war unwahrscheinlich, daß er irgend etwas erfahren würde, was die Polizei nicht schon wußte. Und es würde ihn zu viel Zeit kosten, ein Aspekt, der angesichts der Möglichkeit, daß die offiziell ermittelnden Beamten auf die Idee kommen konnten, ihr einen weiteren Besuch abzustatten, nicht übersehen werden durfte.

Statt dessen würde er sich auf Lorenzos Traum konzentrieren – in der Hoffnung, dadurch irgendeinen Anhaltspunkt zu bekommen.

»Ihr Neffe Lorenzo ...« begann er.

»Tot!« sagte *Signorina* Florio-Levi. »Wie die große Mehrzahl. Besser so. Gin.«

Peroni goß ihr nach. »Er hat die Familientradition nicht fortgesetzt?«

»Das Talent blieb ihm versagt. Mein Bruder, Eugenio, war der letzte in der Familie, der berühmtesten Familie von Buntglasherstellern in Italien. Vielleicht, wenn ich einen Sohn gehabt hätte ...« Sie starrte durch den Ginnebel hindurch auf diesen ungeborenen Meister seines Fachs.

»Lorenzo«, lenkte Peroni sie sachte zurück, »vor seinem Tod, im letzten Monat seines Lebens ...«

»Es hat keinen Zweck, mit mir über die Zeit zu sprechen. Ich lebe ohne sie.«

»Er war wegen irgend etwas sehr aufgeregt, als ob er vor irgendeiner Entdeckung gestanden hätte. Haben Sie eine Ahnung, worum es sich dabei gehandelt haben könnte?«

Sie schwieg so lange, daß Peroni schon glaubte, sie sei besinnungslos geworden, und es erschien ihm zweifelhaft, ob die Frage sie überhaupt erreichte. Daher hätte er sich beinahe an seinem Gin verschluckt, als sie das Wort »Ilario« hervorstieß.

»Ich fürchte, ich verstehe nicht ganz.«

»Die Begegnung mit Ilario hat ihn sehr angeregt.«

»Wer ist Ilario?«

»Ein Freund von Lorenzo. Und ein Freund von mir.«

»Kennen Sie seinen Nachnamen?«

Sie starrte in ihren Gin. »Den habe ich nie erfahren.«

»Wo wohnt er?«

»Hier in Assisi.«

Das Frage- und Antwortspiel war in Gang gekommen, dachte Peroni, aber wohin würde es führen? »Wissen Sie sonst noch etwas über ihn?«

»Er ist ein Dichter.« Sie dachte über diese Erklärung nach, als wäre sie ein mangelhaftes Buntglasfenster. »Ein schlechter Dichter«, fügte sie schließlich hinzu.

»Wann hat Lorenzo ...« begann Peroni und erkannte dann die Nutzlosigkeit der Frage. »Sie sagen, Ilario ist auch ein Freund von Ihnen«, sagte er statt dessen. »Wo haben Sie ihn kennengelernt?«

»Hier. Er hat mich besucht.«

»Wie sieht er aus?«

Das wollte wohlüberlegt sein. »Rubinrot«, sagte sie endlich.

Das Adjektiv klang verdächtig nach Buntglas, und Peroni fragte sich, ob sie das alles vielleicht nur phantasierte. »Haben Sie Lorenzo gefragt, wieso ihn die Begegnung mit Ilario so in Aufregung versetzt hat?«

»Das habe ich. Er hat gesagt, es sei wie ein neugeborenes Kaninchen.«

»Wie bitte?«

»Was Ilario Lorenzo erzählt hat«, sagte sie mit übertriebener Deutlichkeit, als ob Peroni etwas schwer von Begriff wäre, »sei wie ein *neugeborenes Kaninchen*. Neugeborene Kaninchen sterben, wenn man sie zu früh zu Gesicht bekommt. Lorenzo wollte nicht verraten, was er von Ilario erfahren hatte, aus Angst, es würde nichts dabei herauskommen.«

»Und haben Sie Ilario gefragt, worum es dabei ging?«

»Das habe ich.«

»Und was hat er geantwortet?«

Sie legte wieder eine sehr lange Pause ein, trank ihren Gin aus und fixierte Peroni mit funkelndem Blick. »Er hat mir zugezwinkert«, sagte sie.

Der Raum war sehr still, als ob er sich von dem Gewaltverbrechen erholte, das am Vorabend dort stattgefunden, und davon, daß die Polizei ihn rücksichtslos durchwühlt und traktiert hatte. Das einzige, was noch unübersehbar auf die Tragödie hindeutete, war die Umrißlinie von Lorenzos Leiche vor dem Schreibtisch am Fenster, doch für Peroni, der für solche Dinge empfänglich war, signalisierte jeder Gegenstand mit einem stummen Schrei, daß er aus seinem gewohnten Trott herausgerissen worden war.

Unter den gegebenen Umständen vergeudete Peroni hier wahrscheinlich noch mehr seiner Zeit als oben bei Lorenzos Tante; die Polizei hatte ganz sicher alles mitgenommen, was auch nur im entferntesten von Interesse war. Doch er blieb trotzdem.

Ein freundlicher Raum. Gemütlich, unaufgeräumt, lebendig. Er konstatierte, daß die Bilder seiner Nichte Anna Maria gefallen würden, die moderne Kunst mochte und sich gerade am *Liceo Artistico* eingeschrieben hatte. Die Jazzplatten würden seinen Neffen Stefano begeistern, der auf seinem intellektuellen Höhenflug Popmusik verpönte, aber ein Jazzfan war.

Er wandte sich den Büchern zu. Jede Menge Geschichte, was die Aussage der Sekretärin bestätigte, doch auch andere Themen: Schach, Astronomie, Film, Astrologie, Lyrik, Zoologie, Philosophie. Ein wißbegieriger junger Mann, der sich für vieles begeistern konnte.

Wofür aber hatte er sich zuletzt begeistert?

Peroni trat an den Schreibtisch und inspizierte etwas mißmutig das Durcheinander. Die Polizei hatte hier bestimmt nichts übersehen. Dennoch begann er, das Chaos systematisch durchzusehen. Ein paar Gegenstände warfen Fragen auf: Was hatte beispielsweise die kaum daumengroße Eule aus Alabaster zu bedeuten? Und - urplötzlich unter einem Wust Papiere auftauchend, als wäre just in diesem Moment die Posaune des Jüngsten Gerichts erklungen - ein Totenschädel.

Er grinste Peroni spöttisch an. Und als er die Hand ausstreckte, um ihn aufzunehmen, kam es Peroni so vor, als würde der Schädel die Zähne blecken, um ihn in die Hand zu beißen. Doch ließ er sich widerstandslos hochheben.

Peroni betrachtete ihn. Er war auf einem Holzsockel befestigt, von dem aus er Lorenzo angegrinst haben mußte. Aus welchem Grund besaß ein junger Mann wie er solch ein Ding? Der Schädel war nicht sonderlich gesprächig. *Ich* sage nichts, schien sein höhnisches Grinsen auszudrücken, und du wirst das Geheimnis nicht lüften. Vorausgesetzt, es gibt überhaupt ein Geheimnis zu lüften. Du bist so dumm wie ich stumm.

Er stellte ihn wieder hin und besah sich die Bücherstapel auf dem Boden. Gaben sie vielleicht etwas her? Er nahm ein oder zwei in die Hand. Mittelalterliche Geschichte. Auch nichts Neues. Er durchstöberte die Stapel ein wenig, warf hier und da einen Blick auf den Titel; dann erregte eines der Bücher plötzlich seine Aufmerksamkeit.

Es war kaum mehr als eine Druckschrift, und es war auf französisch, erschienen 1899 in Paris. *Frère Jacqueline* von E. d'Alençon. Seltsam, das Wort Bruder in Verbindung mit einem Frauennamen. Und dann kam Peroni zu Bewußtsein, daß er so etwas nicht zum erstenmal gehört hatte. In der Basilika, zwei Tage zuvor, hatte Don Sereno berichtet, daß der heilige Franz Jacopa Bruder Jacopa genannt hatte. Und wenn man es recht bedachte, war Jacqueline vermutlich die wortgetreuste Entsprechung, die man im Französischen für Jacopa finden konnte.

Peroni öffnete das Büchlein. Er hatte nur rudimentäre Französischkenntnisse, doch sie reichten aus; von einer irrationalen Erregung gepackt, begriff er, daß es tatsächlich um sie ging. Also hatten sich Lorenzos Mittelalterstudien auch auf Jacopa de Settesoli erstreckt. Natürlich war sie eine Gestalt des Mittelalters, und trotzdem konnte sich Peroni des Gefühls nicht erwehren, daß hierin eine besondere Bedeutung verborgen lag, die es nur zu erkennen galt.

Er fuhr damit fort, die Bücher durchzublättern, förderte aber ansonsten nichts zutage, und allmählich beschlich ihn der Gedanke, daß er trotz des unverhofften Glücksfalls, in dieser gelehrten Gesellschaft auf Jacopa gestoßen zu sein, Lorenzos Traum noch nicht nähergekommen war. Er wollte die Suche bereits aufgeben, als sein Blick auf eine Kladde fiel, die zwischen Büchern und dem Schreibtisch eingeklemmt war. Er zog sie hervor.

Es war eine Kladde mit Spiralbindung, wie sie von Reportern benutzt wird. Er schlug sie auf und sah eine hastige, unordentliche Handschrift, die genau zu dem paßte, was er über Lorenzo erfahren hatte. Geschichtsnotizen, vermutlich bei Vorlesungen gemacht. Sehr viel über quantitative Geschichte, was Peroni kurze Zeit ratlos machte, doch bei näherer Betrachtung stellte sich heraus, daß es sich dabei um die Erforschung individueller Lebensläufe auf der Grundlage von Testamenten, Rechnungen und ähnlichen alltäglichen Dokumenten handelte, im Gegensatz zu qualitativer Geschichte, die sich mit Königen, Kriegen und politischen Machenschaften im allgemeinen befaßte. Interessant, wenn auch nicht unbedingt sachdienlich.

Er blätterte die Kladde durch, fand jedoch nichts, was ihn irgendwie weitergebracht hätte. Quantitative Geschichte, so erkannte er, war genau das gleiche wie Polizeiarbeit: im Ganzen realitätsbezogen, doch im einzelnen monoton und geisttötend. Und dann sprang ihm aus der Kladde ein Name ins Auge und ließ ihn zusammenfahren, als hätte ihn ein Karateschlag getroffen.

ILARIO IL RUBICONDO – Ilario der Rubinrote.

In Großbuchstaben geschrieben und viermal umrahmt. *Signorina* Ermengilda hatte ihn also doch nicht hinters Buntglas-Licht geführt.

Oder doch? Denn direkt unter dem Namen stand zu lesen: »Stadtausrufer von Assisi 1218–1240«. Und als sie ihn gefragt hatte, worum es sich handelte, hatte er ihr *zugezwinkert?*

Egal, die Hauptsache war, daß es einen rubinroten Ilario gegeben hatte. Der erste echte Anhaltspunkt.

Er las weiter, entzifferte die unregelmäßige Handschrift mit einiger Mühe: »Chroniken. Ganz schlechte Knittelverse. V. zotig. Angeblich Neuigkeiten über Leute, Ereignisse in A., als I. dort Ausrufer war. Häufig Tratsch oder I.s Phantasie entsprungen. Grobe Vorstellung vom Leben in A. 13. Jh. Bev. von A. – einschließlich Mönchen – alles Sodomiten, Simoniten, Ehebrecher, Kuppler, Diebe etc. Chroniken überwiegend mündlich unter Bev. weitergegeben. Keine vollständige Ausgabe vorhanden. Häufig von zeitgenöss. und nachf. Autoren zitiert. Anonym. A. Gelehrter 19. Jh. erstellte größte bekannte Samml. Verschollen.« Danach folgte ein eindringlicher Imperativ in Großbuchstaben, dreimal unterstrichen: AUSFINDIG MACHEN.

Dann kam ein Strich, der quer über die ganze Seite verlief, und im Anschluß daran zwei Adressen: Via Pozzo della Mensa 12 und Via Borgo Aretino 35. Mehr stand nicht in der Kladde.

Peroni schrieb die Adressen ab, versteckte die Kladde wieder da, wo er sie gefunden hatte, und ging.

Als er die Werkstatt betrat und dann durchquerte, blickten ein paar der Gnome auf, wohl weil sie erfahren hatten, daß er von der Polizei war, und folgten ihm mit den Augen.

Er klopfte an die Bürotür der freundlichen Sekretärin.

»Haben Sie schon mal von einem gewissen Ilario il rubicondo gehört?« fragte er, nachdem er eingetreten war.

»Oh ja«, entgegnete sie, »Lorenzo wollte seine Abschlußarbeit über ihn schreiben.«

»Wollte? Hatte er denn noch nicht damit angefangen?«

»Nein, er war noch bei den Recherchen. Vor etwa einer Woche habe ich ihm angeboten, ihm beim Tippen zu helfen, und er sagte, er wollte nicht vor dem Herbst mit der Niederschrift beginnen.«

Es sah also ganz so aus, als wäre die vielversprechende kleine Spur eine Sackgasse. Es sei denn, Lorenzo hatte die im 19. Jahrhundert erstellte synonyme Sammlung von Ilarios Chroniken ausfindig machen können und darin entdeckt, was ihn so in Aufregung versetzt hatte – was immer das auch gewesen sein mochte.

Lorenzo wollte nicht verraten, was er von Ilario erfahren hatte, aus Angst, es würde nichts dabei herauskommen, hatte *Signorina* Florio-Levi gesagt.

»Die *Signorina«,* fuhr er fort, »hat mir erzählt, sie kenne diesen Ilario, er sei ein Freund von ihr und Lorenzo.«

»Vermutlich hat Lorenzo ihr von Ilario erzählt, und sie hat, weil sie in ihrer Wohnung soviel allein ist, so lange über ihn nachgedacht, bis er für sie zu einer realen Person wurde. In ihrem Kopf ist die Grenze zwischen dem Wirklichen und Unwirklichen nicht ganz klar.« Sie lächelte unerwartet. »Obwohl gerade die Menschen, die meinen, diese Grenze besonders klar zu sehen, sich diesbezüglich am häufigsten irren.«

»Das ist auch wieder wahr.« Er erwiderte ihr Lächeln, dann zeigte er ihr die beiden Adressen. »Sagt Ihnen eine davon irgend etwas?«

Sie las und schüttelte den Kopf. »Nein - ich meine, sie sind alle beide in Assisi, aber ich habe keine Ahnung, wer da wohnt.«

»Können Sie mir sagen, wie ich dorthin komme?«

Sie kam mit einem Stadtplan auf seine Seite des Schreibtisches. Als sie sich vorbeugte, um ihm die beiden Straßen zu zeigen, konnte er spüren, wie ihr Haar flüchtig seine Stirn streifte, und er dachte, daß ihr Mann ein Glückspilz sein mußte.

Kapitel 10

Es gibt eine überlieferte Erklärung für die Türen des Todes, von denen Peroni sich nun einer gegenübersah. Die meisten mittelalterlichen Häuser in Assisi verfügen über solche Türen. Sie liegen einen Meter über der Ebene des Bürgersteigs, und im Mittelalter wurden sie nur geöffnet, um Leichen hinauszutragen. Der Überlieferung nach sollte auf diese Weise symbolisiert werden, daß die Seele des Toten, der das Haus durch die normale Eingangstür betreten hatte, nunmehr außerhalb seines Körpers als eine Art Hausgott weiter bei der Familie verblieb. Heute sind die meisten dieser Türen des Todes zugemauert.

Doch in diesem Fall hatte man die Tür zum Haupteingang des Hauses gemacht. Die Arbeit war so geschmackvoll ausgeführt worden, daß nicht einmal Rocco in seiner offiziellen Funktion irgendwelche Einwände hätte erheben können. Drei Stufen aus im örtlichen Steinbruch gehauenem Stein, die ausgezeichnet zum Rest des Hauses paßten, führten hinauf. Das Holz war zweifellos das Originalmaterial, und doch war die Wirkung schockierend anachronistisch – wie ein alter Sarg, der als Blumenkasten genutzt wird.

Via Pozzo della Mensa, die erste der beiden Adressen, die Peroni in Lorenzos Kladde gefunden hatte, war eine enge mittelalterliche Straße mit leuchtenden Geranien und zahlreichen Bogengängen, und dieses kleine, graue Steinhaus hätte sich vortrefflich in das Gesamtbild eingefügt, wenn nicht jemand die Tür des Todes zu neuem Leben erweckt hätte.

Peroni verspürte einen seltsamen Widerwillen, als er die drei Stufen hinaufstieg und die dezent schimmernde Glocke betätigte.

Die Tür wurde von einem Drachen in Dienstmädchenuniform geöffnet, der Peroni ansah, als wollte dieser ihm einen Feuerlöscher verkaufen. »*Si?*«

»*Questura.*« Peroni meinte, so etwas wie Besorgnis aufflackern zu sehen, doch falls dem wirklich so war, so verschwand sie ebenso schnell wieder, wie sie gekommen war.

»Ich sage *Signora* Rosalba Bescheid. Bitte warten Sie hier.«

Sie ließ ihn in die Diele treten und ging dann, nachdem sie angeklopft hatte, weiter in einen angrenzenden Raum und schloß die Tür hinter sich. Peroni blickte sich um. Er erkannte sogleich, warum man die Tür des Todes offengelassen hatte; dadurch wirkte die Diele geräumiger und symmetrischer. Trotzdem war es ein Fehler gewesen.

Alles um ihn herum war von erlesenem Geschmack, und zu seinen Füßen leuchtete, wie ein mit Asche bedecktes Feuer, ein phantastischer Perserteppich, doch wirkte er ebenso fehl am Platze wie die Tür. Der Charakter des Hauses war auf unterschwellige, teure und erlesene Weise verschandelt worden.

»*Signora* Rosalba läßt bitten.« Sie bewegte sich sehr leise für einen Drachen.

Sie hielt ihm die Tür auf, und er trat ein.

Auch hier herrschten Geschmack und Exklusivität vor, und die Frau, die sich nun von einem Stickrahmen erhob, um ihn zu begrüßen, die Nadel in der Hand, harmonierte mit der Inneneinrichtung. Die Eleganz der Via Veneto. Unaufdringliche Saphire. Blondes Haar, offenbar frisch frisiert von den Händen eines *parruchiere,* wie man ihn in Assisi nicht finden würde. Weißes Kleid im schlichten Haute-Couture-Stil. Das Make-up ein Kunstwerk. Doch, wie bei dem Haus, irgend etwas stimmte nicht.

Peroni hatte keine Zeit, darüber nachzusinnen, was es war, denn nachdem sie den Drachen mit einem dahingemurmelten »Danke, Emma«, fortgeschickt hatte, versetzte sie ihm den zweiten Schock seines Besuches, indem sie sagte: »Darf ich bitte Ihren Dienstausweis sehen?«

In der Hoffnung, sie würde nicht bemerken, daß er für Venedig zuständig war, reichte Peroni ihn ihr. Sie studierte ihn sorgfältig, und Peroni überlegte krampfhaft, welche Erklärung er ihr gegebenenfalls liefern sollte. Gerade erst versetzt, neuer Ausweis noch nicht ausgestellt? Doch dann gab sie ihm den Ausweis mit einem Lächeln, das zu ihrem Äußeren paßte, zurück. Typisch Frau, dachte er, soviel Wert auf die Überprüfung von Ausweispapieren legen und dann nicht bemerken, was mit ihnen nicht in Ordnung war.

»Nehmen Sie doch Platz.«

»Eine wundervolle Stickarbeit.« Das war sie auch: zwei Paradiesvögel vor exotischem Blattwerk.

Sie lächelte ein fein dosiertes dankbares Lächeln. »Stickereien waren schon immer meine Leidenschaft. Darf ich Ihnen einen Drink anbieten?«

Zu seiner Überraschung akzeptierte er einen Martini, einen Drink, den er ansonsten nicht besonders schätzte. Während er ihr zusah, wie sie ihn einschenkte und ihm brachte, mußte er an eine sehr edle Geisha denken, eine Frau, die wußte, womit sie Gefallen erregen konnte. Wie die Stickarbeit. Er nahm den Martini entgegen, der köstlich schmeckte, und verfiel in die Rolle des gebauchpinselten Mannes.

»Was kann ich für Sie tun, *Commissario?*«

Er zwang sich zur Konzentration. »Ich untersuche den Mord an Lorenzo Florio-Levi.« Löste das eine Reaktion aus? Ihren unverwandten grauen Augen war nichts anzumerken. »Wie Sie vermutlich wissen, hat es eine Verhaftung gegeben, doch es bleiben noch ein oder zwei Punkte, die der Klärung bedürfen. Ich bin in einer Kladde, die ihm gehörte, auf Ihre Adresse gestoßen, und ich habe mich gefragt, ob er sich mit Ihnen in Verbindung gesetzt hat.«

»Das hat er.« Sie schlug elegant, mit einer knappen, aber graziösen Bewegung die Beine übereinander. »Er hat mich – warten Sie – vor etwa zwei Wochen besucht.«

»Sie kannten ihn vorher nicht?«

»Nein.«

Peroni fragte sich, was sich bei dieser Begegnung zugetragen hatte. Und er stellte sich Fragen über sie. Lebte sie allein, bewacht von dem Drachen? Sie trug keinen Ehering, und es deutete nichts darauf hin, daß ein Mann im Hause lebte, doch all diese sorgsam gepflegte Weiblichkeit verpuffte doch bestimmt nicht nur nutzlos in der Luft von Assisi. Emma hatte sie ohne Frage mit *Signora* angeredet, aber das mochte lediglich auch Ausdruck ihres Respekts sein. Laut sagte Peroni: »Darf ich fragen, aus welchem Grund er sie aufgesucht hat?«

»Selbstverständlich. Er wollte sich das Haus ansehen.«

Mit dieser Antwort hatte er am wenigsten gerechnet. »Das Haus ansehen?«

»Ja. Er hat mich gebeten, es ihm zu zeigen. Ich habe ihm den Gefallen getan.«

»Und das war alles?« Eine alberne Frage und plump zweideutig.

»Das war alles.« Völlig unbeeindruckt ob der Anzüglichkeit der Frage.

»Hat er gesagt, weshalb er sich das Haus ansehen wollte?«

»Ja. Er sagte, er wolle eine Magisterarbeit über das mittelalterliche Assisi schreiben, und dieses Haus interessiere ihn deshalb, weil seine jüngsten Recherchen ergeben hätten, daß es im 13. Jahrhundert anscheinend eine Zeitlang von einer bekannten Persönlichkeit der Stadt bewohnt wurde. Einer Frau namens Jacopa de Settesoli.« Ihre auf Peroni gerichteten Augen weiteten sich merklich. »Habe ich etwas Falsches gesagt?«

»Nein, nein – Sie haben mich bloß überrascht.«

Das war jetzt das dritte Mal, daß Jacopa an seinem geistigen Horizont auftauchte. Zuerst in der Basilika mit dem kleinen roten Licht. *Hic recquiescit Jacoba* ... Dann in Lorenzos Wohnung als Frère Jacqueline. Und jetzt wieder. Obwohl er nicht die blasseste Ahnung hatte, wie, spürte er dennoch, daß sie irgendwie mit der Sache zu tun hatte, und weil auch er mit der Sache zu tun hatte, überkam ihn ein irrationales Glücksgefühl.

»Sie haben Lorenzo also das Haus gezeigt«, fuhr er fort, wobei er sich anstrengte, sachlich zu klingen. »Und danach?«

»Danach gab er mir die Hand, bedankte sich höflich und ging seines Wegs.«

»Das war das letzte Mal, daß Sie von ihm gehört haben?«

»Bis ich von seinem Tod erfuhr.«

»Mehr hat er Ihnen nicht erzählt?«

»Nein.«

»Er hat nicht zufällig eine andere Person aus dem 13. Jahrhundert erwähnt, einen Stadtausrufer in Assisi namens Ilario il rubicondo?« Sie schüttelte den Kopf. Peroni wechselte den Kurs. »Können Sie mir sagen, auf welche Weise er sich das Haus angesehen hat? Ich meine, hat er es Zimmer für Zimmer inspiziert? Welchen Eindruck hat er auf Sie gemacht?«

»Er hat es sich in der Tat sehr gründlich angesehen. Offen gestanden, ich hatte den Eindruck, daß er nach etwas mehr suchte als nur nach Material für seine Abschlußarbeit.«

»Aber er hat Ihnen gegenüber nicht angedeutet, wonach er suchte?«

»Nicht im geringsten. Und falls er tatsächlich nach etwas gesucht hat, dann hat der arme Kerl seine Zeit verschwendet. Ich habe das Haus von Grund auf renovieren lassen, als ich letzten Winter eingezogen bin.«

Wie das alles zusammenhing, dachte Peroni, ließ sich zwar noch immer nicht sagen, doch ganz allmählich zeichnete sich ab, daß es um mehr ging als nur um ein kurzes Stelldichein mit *Signora* Guidi. Er erhob sich. »Sie waren sehr liebenswürdig.«

»Aber ich bitte Sie. Ich wünschte, ich hätte Ihnen eine größere Hilfe sein können. Ich rufe Emma, damit sie Sie hinausgeleitet.« Sie betätigte einen Klingelzug. »Ach, übrigens«, fuhr sie fort, »wie Sie sicherlich wissen, ist am Samstag der 1. Mai, der hier in Assisi groß gefeiert wird. Ich lade aus diesem Anlaß zu einem kleinen Brunch ein, und ich würde mich sehr freuen, wenn Sie kommen könnten.«

Er empfand weniger Begeisterung, als eine solche Einladung von einer solchen Frau normalerweise in ihm ausgelöst hätte. Das mußte mit dem Haus zusammenhängen. Doch es wäre albern gewesen, die Einladung abzulehnen. »Vielen Dank.«

»So um die Mittagszeit.«

Lautlos erschien der Drache namens Emma. *»Signora?«*

»Geleiten Sie den Herrn bitte hinaus, Emma.«

Als er an der Tür war, erinnerte Peroni sich an die zweite Adresse in Lorenzos Kladde und wandte sich noch einmal um. »Via Borgo Aretino 35, sagt Ihnen die Adresse irgend etwas?«

Sie runzelte ratlos die Stirn und schüttelte den Kopf.

»Gar nichts.«

Peroni folgte Emma hinaus. In der Diele öffnete sie ihm die Tür des Todes, und mit einem merkwürdigen Gefühl der Erleichterung trat er über ihre Schwelle hinaus auf die Straße.

Kapitel 11

Die Tür von Via Borgo Aretino 35 wurde Peroni von einer alterslosen und fahrigen Frau geöffnet, deren Kleidung aus wehenden Stoffen bestand, die sie umschwebten wie müde Flügel. Ihre Nervosität, die bereits in der Art zum Ausdruck kam, wie sie durch die kaum einen Spaltbreit geöffnete Tür spähte, spiegelte sich in diesen Stoffen wider, die sich auf keine Farbe eindeutig festlegten. Statt dessen verrieten sie eine Vorliebe für verschwommene, unbestimmte Braun- und Grautöne, hin und wieder von einem äußerst zarten Hauch Gelb und Grün durchsetzt.

»Ja?« was in Peronis Ohren wie eine flehentliche Bitte klang, er möge doch einfach wieder verschwinden.

»*Questura.*«

Die Wirkung hätte nicht katastrophaler sein können, wenn er eine Pistole gezückt hätte. Sie starrte ihn eine Sekunde lang mit weit aufgerissenen, entsetzten Augen an, dann knallte sie ihm die Tür vor der Nase zu. Selbst das Geräusch ihrer huschenden Schritte im Innern verriet Panik.

Peroni wartete, unsicher, was er als nächstes tun sollte, doch schon bald hörte er wieder Schritte, diesmal zurückkehrende, und die Tür wurde ihm erneut von derselben Frau aufgetan.

»Sie läßt jetzt bitten.« Das erste Wort des Satzes wurde stark betont und mit ehrfurchtsvoller Stimme ausgesprochen.

Noch eine Sie? dachte Peroni, während er in die Diele trat. Einen größeren Gegensatz als zwischen diesem Haus und dem, das er eben verlassen hatte, wäre kaum denkbar gewesen. Alles war heruntergekommen, schäbig, unordentlich, überall Bücher, die irgendwie den Eindruck vermittelten, als ob sie im Haus freien Auslauf hätten, nach Lust und Laune umherschweiften, allein oder in Grüppchen, und sich niederließen, wo und wann es ihnen gefiel.

»Hier hinein.« Das Flüstern war noch ehrfurchtsvoller, und Peroni war, als würde er zu einer Audienz beim Papst geleitet.

Der Raum, den er jetzt betrat, mit seinem Fenster, das auf die grüne Weite hinausblickte, die sich bis Perugia erstreckte, war gewissermaßen die Hauptstadt der Bücher. Hier hatten sie, offenbar zu Tausenden, ganz die Macht übernommen. Es gab Bände jeder nur denkbaren Art: dicke und dünne, junge und alte, aufwendig gebundene und heruntergekommene, alte Taschenbücher, die auf dem letzten Loch pfiffen, sowie robust aussehende Wörterbücher und Enzyklopädien. Doch trotz der unbestreitbaren Machtübernahme war ebenfalls nicht zu übersehen, daß all die Bücher zu friedlicher Koexistenz bereit waren, denn auf vielen von ihnen hockten oder lagen zusammengerollt - wo sonst hätte man hier auch hocken oder zusammengerollt liegen können - einige Dutzend Katzen, die sich voneinander fast ebenso stark unterschieden wie die Bücher.

Und an etwas, das sich wohl als Schreibtisch herausgestellt hätte, wenn man vor lauter Katzen und Büchern einen Quadratzentimeter davon hätte ausmachen können, saß die menschliche Vizekönigin dieses Bücher-Katzen-Reiches. Sie war eine eindrucksvolle Erscheinung: graues, kurzgeschnittenes Haar, dicke schwarze Hornbrille auf einer römischen Nase, vorspringendes Kinn, Tweedjacke, Bluse und handgewebte Krawatte. Ihre unteren Körperpartien blieben unsichtbar, versunken zwischen Katzen und Büchern.

Als Peroni eintrat, tippte sie gerade etwas auf der Schreibmaschine, eine toskanische Zigarre zwischen den Zähnen und die Stummel von deren Vorgängerinnen in einem Aschenbecher rechts neben sich.

Sie erhob sich ein wenig mühevoll, streckte die rechte Hand aus, um damit die Peronis zu zerquetschen, und bellte lediglich das Wort »Higgins«.

»Freifrau Iolanthe Higgins«, korrigierte die erste Frau, die flatternd an der Tür stand.

»Blödsinn, Alice! Die Polizei hat keine Zeit, die Etikette zu beachten.«

»Peroni«, sagte Peroni, womit die gegenseitige Vorstellung abgeschlossen war.

»Alice, hol einen Stuhl für den *Commissario.*«

Offenbar wie von Zauberhand besorgte Alice einen Stuhl und schaffte auf dem Fußboden genügend Platz, damit Peroni ihn auch benutzen konnte.

»Vielleicht eine Tasse Tee ...« setzte sie dann mit bebender Stimme an.

»Zum Teufel mit deiner Tasse Tee!« donnerte Freifrau Iolanthe, »wenn du dir doch ein für alle Mal deine Tassen Tee aus dem Kopf schlagen würdest. Bring uns den Whisky und zwei Gläser.«

»Aber der Arzt, Iolanthe ...«

»Zum Teufel auch mit dem Arzt! Altweibergewäsch!«

»Aber, Iolanthe, dein Blutdruck ...«

»Zum Teufel mit meinem Blutdruck! Das macht zusammen drei. Holst du nun den Whisky oder nicht?«

»Ja, meine Liebe ...«

»Worauf wartest du dann noch!«

Es war unter anderem ihr Akzent, der Peroni faszinierte, denn obwohl die beiden Frauen miteinander Italienisch sprachen, waren sie doch eindeutig Engländerinnen.

»So«, fuhr die Freifrau fort. »Sie möchten mit mir über den jungen Florio-Levi sprechen. Überrascht mich nicht - ehrlich gesagt, ich habe Sie erwartet.«

»Wie das?« fragte Peroni, wobei er versuchte, nicht so überrascht zu klingen, wie er war.

»Ich bin nicht umsonst Kriminalschriftstellerin - ich weiß, wie der Verstand von euch Polizisten arbeitet. Ihr laßt nichts unversucht.« Sie nahm einen tiefen Zug ihrer toskanischen Zigarre und wurde von einem hilflos röchelnden Hustenanfall geschüttelt. »Zum Teufel mit diesem Husten!« donnerte sie, nachdem sie sich halbwegs erholt hatte. »Alice, wo bleibt der Whisky? Ja«, fuhr sie Peroni zugewandt fort, »ihr laßt nichts unversucht, daher habe ich mir gedacht, daß ihr früher oder später hier aufkreuzen würdet.«

»Aber wieso?«

»Versuchen Sie nicht, mir weiszumachen, *Commissario«,* sagte sie und zeigte dabei mit der toskanischen Zigarre auf ihn, »daß Sie nicht ganz genau über seine Besuche hier im Bilde sind.«

Peroni beschloß, daß der Versuch zu leugnen zwecklos war. »Zugegeben«, sagte er und bemerkte mit Erstaunen, daß er instinktiv in die Rolle des bewundernden Literaturkritikers gerutscht war. »Ich wußte von seinen Besuchen, aber ich kenne den Grund dafür nicht.«

»Und Sie glauben, sein Tod könnte damit zusammenhängen?«

Der bewundernde Literaturkritiker hatte alle Mühe, nicht verblüfft zu wirken. »Das kann ich erst dann mit einiger Gewißheit sagen«, antwortete er vorsichtig, »wenn ich den Grund kenne.«

»Stimmt auffallend«, sagte sie und lächelte ihn dabei mit großen gelben Zähnen an, als hätte er eine besonders kluge Einsicht geäußert. »Alice! Beeil dich mit dem Whisky! Also, ich werde nicht versuchen, Ihnen irgend etwas vorzuenthalten«, sagte sie weiter zu Peroni, »ich habe mit euch Polizisten zu viel Erfahrung, als daß ich etwas so Dummes versuchen würde. Er hat mich besucht wegen ... Ah, Alice, da bist du ja endlich. Stell ihn da hin. Also dann, *Commissario,* bedienen Sie sich - wir genehmigen uns zwei starke. Nehmen Sie ruhig etwas Wasser. *Chin-chin, Commissario!«*

»*Chin-chin«,* wiederholte der bewundernde Literaturkritiker.

»Wo waren wir stehengeblieben? Ach ja. Der junge Florio-Levi hat mich besucht wegen meines neuen Buches.«

»Ein Kriminalroman?« fragte Peroni mit dem Gefühl, vielleicht endlich auf etwas Handfestes gestoßen zu sein.

»Nein, nein«, entgegnete sie zu seiner Enttäuschung. »Ich beschränke mich nicht nur auf Kriminalliteratur, *Commissario.* Ich schreibe alles, was ankommt. Ich bin ein literarischer Hansdampf in allen Gassen, und merken Sie sich meine Worte, nur dann ist man ein echter Profi. Wer nur in einem Genre arbeitet, ist nur ein lächerlicher Amateur! Nein, nein - Romane, Kritiken, Biographien, Geschichte, Theater - sogar Lyrik, Gott vergebe mir - alles Wasser auf meine Mühlen.«

»Und worum ging es in diesem besagten Buch?«

»Geht, *Commissario,* nicht ging - es ist noch in Arbeit. Eine Biographie.«

»Eine Biographie über wen?« formulierte Peroni bedächtig, wobei ihm ein Schauer über den Rücken hinablief.

»Eine Frau namens Jacopa de Settesoli«, erwiderte Freifrau Iolanthe Higgins, »ich weiß nicht, ob Sie von ihr gehört haben.«

»Das habe ich allerdings. Gestern erst stand ich an ihrem Grab. Hat Florio-Levi gesagt, warum er sich für sie interessierte?«

»Es ging um eine wissenschaftliche Arbeit, nicht wahr, Alice?«

»Ja, meine Liebe.«

»Hat er vielleicht erwähnt, wie er von *Ihnen* erfahren hat?«

»Iolanthe ist sehr berühmt«, brüstete sich Alice ihrer Freundin mit bebender Stimme.

»Red nicht so einen Unfug, Alice.« Die Freifrau zog nachdenklich an ihrer toskanischen Zigarre. »Da sagen Sie was, *Commissario«,* bemerkte sie nach einem Augenblick. »Hab' ich damals gar nicht drüber nachgedacht. Ein ganz sympathischer junger

Mann steht eines Tages vor der Tür: Guten Tag. – Guten Tag. – Wie ich höre, schreiben Sie an einer Biographie über Jacopa de Settesoli. – Absolut richtig. – Ich interessiere mich für sie im Rahmen einer Magisterarbeit über das mittelalterliche Assisi. – Kommen Sie doch auf ein Gläschen herein. So in etwa verlief das Gespräch, war es nicht so, Alice?«

»Sagt Ihnen Via Pozzo della Mensa Nummer 12 etwas?«

»Du lieber Himmel, aber ja! Das ist das Haus, in dem Jacopa vermutlich nach dem Tod des heiligen Franz gelebt hat.«

»Iolanthe hat diese Verbindung entdeckt«, warf Alice stolz ein.

Diesmal brüllte Freifrau Iolanthe ihre Freundin nicht nieder; statt dessen nahm sie einen Schluck Whisky und ließ zu, daß eine zufriedene Röte ihr strenges maskulines Gesicht überzog. »Zugegeben«, sagte sie, »ich hatte tatsächlich das Glück, auf gewisse Dokumente zu stoßen, die darauf hindeuten, daß Jacopa die letzten Jahre ihres Lebens in diesem Haus verbracht hat.«

»Dann sind Sie also dagewesen?«

»Eine Zeitlang bin ich dort praktisch täglich ein- und ausgegangen. Das war vor ungefähr einem Jahr, als ich zum erstenmal auf das Haus aufmerksam wurde. Zu der Zeit wohnte darin eine arme alte Schachtel, ganz allein auf der Welt und dazu noch halb gelähmt. Dann ist sie gestorben, und seitdem bin ich nicht mehr dort gewesen. Jetzt soll dort irgend so eine vornehme Schnepfe wohnen.« Plötzlich kam ihr ein Gedanke. »Sie wollen doch nicht etwa andeuten, daß der junge Florio-Levi auch dort war?« Peroni nickte. »Sieh einer an!« sagte sie nachdenklich und brach dann mit einem Mal in ein bemerkenswert unanständiges Gekicher aus. »Da wird er mit der Schnepfe wohl wild rumgemacht haben, was? Wie man hört, soll der junge Florio-Levi ja ein ganz schön verwegener Bursche gewesen sein.« Das unanständige Kichern verging so schnell, wie es gekommen war, und sie war wieder ganz die wichtigtuerische Literatin. »So, das reicht jetzt«, rief sie sich zur Ordnung.

»Wie oft hat Lorenzo Sie besucht?« fragte Peroni.

»Etwa viermal, nicht wahr, Alice?«

»Dreimal, meine Liebe. Das erste Mal . . .«

»Schon gut, wir wollen nicht kleinlich sein. Drei- oder viermal.«

»Und jedesmal drehte sich das Gespräch um Jacopa de Settesoli?«

»So ist es. Oh, natürlich haben wir auch über das Wetter und so weiter geplaudert, aber in der Hauptsache ging es um Jacopa.«

Sie hielt inne, beugte sich dann gewichtig über einen Stoß Bücher hinweg nach vorn. »Denken Sie jetzt, *Commissario,* daß sie etwas mit dem Mord an Lorenzo zu tun haben könnte?«

»Bevor ich diese Frage beantworten kann, muß ich erst selbst etwas mehr über sie erfahren. Ich weiß sehr wenig. Vielleicht wären Sie bereit, mich zu unterrichten?«

»Jetzt haben Sie meine schwache Stelle erwischt, *Commissario.* Trinken wir noch einen Whisky.«

»Aber Iolanthe . . .«

»Halt den Mund, Alice!« Sie füllte die beiden Gläser erneut und lehnte sich dann gebieterisch in ihrem Stuhl zurück. »Fangen wir mit dem wenigen an, das über sie bekannt war, ehe ich im vergangenen Jahr das Glück hatte – ich benutze dieses Wort ganz bewußt, denn es war wirklich das pure Glück des Tüchtigen –, gewisse Materialien über sie zu entdecken, die man sieben Jahrhunderte lang übersehen hatte.

Sie wurde um 1190 geboren, und in ihren Adern floß eine starke Mischung aus normannischem und sizilianischem Blut. Mit neunzehn heiratete sie einen römischen Edelmann. Ihr ältester Sohn wurde ungefähr ein Jahr nach der Hochzeit geboren, und zwei Jahre später lernte sie Franz kennen. Zwischen ihnen wuchs eine tiefe und geheimnisvolle Freundschaft, und er war in ihrem Haus in Rom ein stets gern gesehener Gast. Wir wissen, daß sie für ihn Mandelcremekuchen gebacken hat, eine Delikatesse, die er besonders gern mochte – ein interessantes Detail, denn es ist der einzige belegte Fall, in dem Franz den Gaumenfreuden frönte, und sei es auf so unschuldige Weise.«

Freifrau Iolanthe unterbrach sich kurz, um ihren eigenen Gaumen mit Whisky und einem ausgiebigen Zug an der toskanischen Zigarre zu verwöhnen, dann sprach Sie weiter.

»Er schenkte ihr ein Lamm, das er vor dem Schlachter bewahrt hatte, und das Tierchen schloß sie so sehr ins Herz, daß es ihr morgens zur Messe folge – wäre heutzutage gar nicht mehr möglich bei dem ganzen verfluchten Verkehr – und sie mit sanften Stupsern weckte, wenn sie zu lange schlief.

Sowohl das Lamm als auch die Mandelkuchen spielen bei ihrer letzten Begegnung mit Franz eine Rolle. Im Jahre 1226 überkam sie plötzlich der unwiderstehliche Wunsch, Franz in Assisi zu besuchen. Sie buk rasch ein paar Mandelkuchen, nahm die Robe, die sie für ihn aus der Wolle des Lammes gewebt hatte, und brach nach Assisi auf. Bei ihrer Ankunft erfuhr sie, daß er im Sterben lag und eben im Begriff war, einen Brief an sie zu diktieren, in dem er sie bitten wollte zu kommen. So konnte sie ihn ein letztes Mal begrüßen, und als er ein paar Tage später schließlich für immer die Augen schloß, durfte sie als erste seinen Leichnam sehen.

Etwa neun Jahre zuvor, kurz nach der Geburt ihres zweiten Sohnes, war ihr Mann gestorben, und so wurde ihr bewußt, daß es eigentlich nichts gab, was sie daran gehindert hätte, den Rest ihres Lebens in Assisi zu verbringen. Das tat sie auch. Einige Zeit vor dem Ausgang des 13. Jahrhunderts ist sie gestorben.«

Nach diesen letzten Worten trat eine kurze Stille ein, die von einem Geräusch unterbrochen wurde, das wie fernes Donnergrollen klang, jedoch nicht von draußen kam. Sein Herkunftsort war Freifrau Iolanthes Magen, und seine Erzeugerin bestätigte dies ganz ungeniert.

»Das«, so verkündete sie, »ist mein innerer Mann. Der arme Kerl muß kurz vor dem Verhungern sein. Bleiben Sie doch noch auf einen kleinen Happen, *Commissario,* und ich erzähle Ihnen bei Tisch von meiner außergewöhnlichen Entdeckung.«

»Ich möchte keine Umstände machen ...«

»Aber nicht doch! Wir würden uns sehr freuen, nicht wahr, Alice?«

»Aber ja«, sagte Alice schüchtern, doch zweifellos aufrichtig. »Das Essen steht auf dem Herd, und ich lege sofort ein drittes Gedeck auf.«

Mit diesen Worten flatterte sie aus dem Zimmer, während die Freifrau mit widerwillig pfeifenden Bronchien an der toskanischen Zigarre paffte und ihre behosten unteren Gliedmaßen aus dem wogenden Meer aus Katzen und Büchern befreite. »Eins muß man Alice lassen«, sagte sie dabei, »sie ist eine verdammt gute Köchin. Einfach, aber gut. Bei ihr bekommen sie den besten *Shepherd's pie* Ihres Lebens.«

»Shepherd's pie?« sagte Peroni, der davon trotz seiner leidenschaftlichen Anglophilie noch nie gehört hatte. Sie erläuterte das Rezept mit einer Fülle von literarischen, historischen, geographischen und humorvollen Verweisen (»Man nehme zunächst einen gut abgehangenen Hirten ...«), während sie ihn ins Eßzimmer führte.

Der Raum mußte auch schon ohne Mobiliar klein gewesen sein, jetzt jedoch, da er mit einem polierten Eßtisch und Stühlen, einer

Anrichte sowie drei Vitrinen mit Porzellan-Sammlerstücken vollgestellt und nur von Kerzen erhellt war, so daß die stummen Schatten näher rückten, wirkte er beinahe so geräumig wie ein mittelgroßer Vogelkäfig.

»Fürchte, es ist ein wenig eng hier, *Commissario*«, sagte Freifrau Iolanthe, »aber wenn Sie erst einmal sitzen, werden Sie's ganz komfortabel finden. Wir haben hier schon mit zwölf Personen zu Abend gegessen, nicht wahr, Alice? Mal sehen, was Sie von dem *Shepherd's pie* halten, Commissario - genauso, wie er sein sollte: oben goldbraun, direkt unter der Kruste fast weiß und tief drinnen wie verrückt brutzelnd und brodelnd. Kommen Sie, ich schenke Ihnen ein Glas Wein ein - ein Trebbiano, so ziemlich das Beste, was Sie hier in der Gegend bekommen. So, ich nehme an, Sie können es kaum erwarten, die nächste Episode der Geschichte zu erfahren.«

Peroni bestätigte, daß dem so sei, und nachdem die Freifrau nachdenklich schmatzend ein paar Bissen von dem Auflauf gekaut und Alice mit einem kurzen, aber gebieterischen Blick zum Schweigen verdammt hatte, setzte sie ihre Erzählung fort.

Kapitel 12

»Es begann alles an einem nebligen Wintertag vor etwas über einem Jahr«, begann Freifrau Iolanthe in bester Erzählmanier. »Wir waren damals in Rom bei Freunden zu Besuch, und sie machten mich auf eine Auktion aufmerksam, die an jenem Nachmittag im Hause einer gewissen Adelsfamilie, der Frangipani, stattfand. Ich glaube, es war nur noch ein Mitglied der Familie am Leben, ein älterer Herr, der beschlossen hatte, den größten Teil des Palastes nicht mehr zu bewohnen und mit seinen wenigen Habseligkeiten in eine kleine Wohnung im oberen Teil des Gebäudes zu ziehen.

Wie Sie bestimmt schon bemerkt haben – dem Auge eines Polizisten entgeht nichts –, hege ich selbst eine gewisse Sammelleidenschaft, und ich lasse keine Gelegenheit aus, ein schönes Schnäppchen zu machen. So kam es, daß ich ganz allein hingegangen bin, nicht wahr, Alice?«

»Ja, meine Liebe, ich hatte furchtbare Kopfschmerzen.«

»Wie gesagt, es war ein nebliger Tag. Rom ist selbst bei schönem Wetter ein sonderbarer Ort – die Katakomben, und die Ruinen der Kaiserstadt ragen gen Himmel wie die abgebrochenen Zähne eines prähistorischen Ungeheuers ...« Die Literatin in ihr kommt allmählich in Fahrt, dachte Peroni, der sich prächtig amüsierte. »Ganz zu schweigen von der scheußlichen Kirche in der Via Veneto mit ihren viertausend Skeletten. Ich könnte die Liste endlos fortführen. Doch wenn es neblig ist, nun ja, dann hat man das Gefühl, von der Vergangenheit wie von einem leisen Privatdetektiv beschattet zu werden, der sofort unsichtbar wird, wenn man sich umdreht, um ihn zu überraschen. Und ob mit oder ohne Nebel, der Palast ist an sich schon merkwürdig genug. Riesig, zerfallend, staubig, voller Echos – und kalt. Man hätte dort gefahrlos tiefgefrorenes Rindfleisch lagern können.

In dem Saal, in dem die Auktion stattfand, war es nicht ganz so schlimm. Man hatte dort irgendwie eine provisorische Heizung installiert – ein bißchen so wie Gepettos Kerze im Bauch des Riesenfisches, aber besser als gar nichts –, und es ging ziemlich laut und hektisch zu. Bedauerlicherweise wurde aber jede Menge Zeugs verkauft, das mich nicht interessierte – schwere Möbelstücke. Ich erkundigte mich nach dem Kram, hinter dem *ich* her war, und man beschied mir, die Sachen kämen in etwa einer Stunde dran. Also schlenderte ich für mich allein durchs Haus. Die meisten Zimmer waren bereits verschlossen, doch ich entdeckte einen großen offenen Raum, und das war zufällig die Bibliothek.

Tja, wenn ich auf eine Bibliothek losgelassen werde, gibt es kein Halten mehr, und diese war noch dazu eine sehr interessante Bibliothek. Ich wußte, daß die Bücher am Ende auch versteigert werden sollten, daher hielt ich es für ratsam, sie mir vorab schon mal allein anzusehen; ich begann, mich ein wenig umzuschauen. Ziemlich viel Schund, aber auch jede Menge faszinierendes Zeug. Dann entdeckte ich auf einem oberen Regal etwas, das aussah wie eine sehr alte Ausgabe von Petrarcas *Canzoniere.* Wenn sie gut erhalten und so alt war, wie ich vermutete, dann würde es sich lohnen, dafür zu bieten, doch dazu mußte ich sie mir noch genauer ansehen. Das war allerdings leichter gesagt als getan. Es gab zwar eine Leiter, aber die war so alt wie alles andere dort, sah ausgesprochen brüchig aus, und ich bin nicht gerade das, was man als Nymphe bezeichnen würde, nicht wahr, Alice? Doch in der Not frißt der Teufel Fliegen, und ich wollte die *Canzoniere* nicht kampflos aufgeben. Also brachte ich die Leiter in die richtige Position und begann hinaufzuklettern. Ich war fast oben angekommen und hatte die *Canzoniere* schon so gut wie in der Hand, als unter mir etwas nachgab. Ich schnappte nach irgendeinem Halt, zufällig ein Regal, und hielt mich, so gut ich konnte, daran fest.«

Peroni vermochte sich die Freifrau in dieser prekären Lage bildhaft vorzustellen, was dazu führte, daß er einen vorsichtigen Schluck Trebbiano nehmen mußte, um eine ernste Miene zu bewahren.

»Unglücklicherweise – oder, wie sich bald herausstellte, glücklicherweise – war das Regal auch nicht sonderlich stabil. Es gab zwar nicht nach, hing aber durch, so daß mehrere Bücher verrutschten und mir einige davon auf den Kopf polterten. Nun ja, als es mir schließlich gelungen war, mehr oder weniger unbeschadet hinunterzugelangen, dachte ich nicht mehr in erster Linie an die *Canzoniere,* sondern an den Schaden, den ich angerichtet hatte. Ich sammelte die Bücher auf, die heruntergefallen waren und versuchte, sie wieder halbwegs ordentlich aufzureihen, und während ich noch damit beschäftigt war, bemerkte ich, daß eines überhaupt kein Buch war, sondern eine Art Ledermappe. Sehr alt. Meine Neugier gewann die Oberhand, und ich öffnete sie. Darin fand ich ein paar lose Blätter, vermutlich so alt wie die Mappe selbst; natürlich konnte ich sie nicht datieren, aber sie waren zweifellos älter als der Petrarca. Überdies ausgesprochen gut erhalten, was sicherlich mit dem Leder der Mappe zusammenhing. Die Blätter waren mit einer flüssigen, sehr schönen Handschrift bedeckt. Ich bin zwar keine Graphologin, aber es gibt Handschriften, bei denen man denkt, die kann nur von einem klugen und gütigen Menschen stammen. So erging es mir bei dieser Handschrift. Der Text war italienisch, aber in einem Italienisch aus der Zeit vor Manzoni. Wenn das Licht besser gewesen wäre, hätte ich vielleicht etwas verstehen können und mit Hilfe eines Experten sehr viel mehr, doch unter den gegebenen Umständen konnte ich absolut nichts entziffern. Und trotzdem – ich weiß nicht, ob Sie das kennen, *Commissario,* es gibt Augenblicke im Leben, da hat man das Gefühl, daß man einer großen Sache auf der Spur ist.«

»Ja, das kenne ich«, sagte Peroni, der sozusagen Spezialist für solche Augenblicke war.

»Sie sind mir ein verständiger Mensch«, bemerkte die Freifrau beifällig. »Nun, das war so ein Augenblick. Aber ich war in einer ziemlich mißlichen Lage. Mit an Sicherheit grenzender Wahrscheinlichkeit wußte niemand von der Existenz dieser Mappe, aber ich konnte sie ja wohl kaum einfach klauen, oder? Nach raschem, angestrengtem Nachdenken gelangte ich dann zu einem, wie man sagen könnte, jesuitischen Kompromiß. Ich beschloß, sie mir zu borgen, Später, wenn ich herausgefunden hätte, um was es sich dabei handelte, würde ich sie zurückbringen und die ganze Sache offen eingestehen. Zum Glück habe ich immer eine ziemlich voluminöse Einkaufstasche dabei, nur für den Fall, daß ich auf etwas Interessantes stoße. Doch normalerweise«, fügte die Freifrau eilig hin, »bezahle ich selbstverständlich.«

»Selbstverständlich«, sagte Peroni.

»Augenblicklich setzte ich diesen Plan in die Tat um. Ich verschwendete keinen Gedanken mehr an die *Canzoniere,* sondern schob die Mappe in meine Tasche und verließ das Haus. Dann übersetzte ich den Text auf den Seiten mit sachkundiger Hilfe in modernes Italienisch. Das Ergebnis, *Commissario,* verschlug mir vor Staunen die Sprache. Ah, schön, Alice – der Nachtisch. Alices *Apple pie* paßt wunderbar zu ihrem *Shepherd's pie.* Wo war ich? Ach ja, verschlug mir die Sprache. Das Material bestand aus drei Briefen, genauer gesagt Auszügen aus drei Briefen, denn offenbar fehlten einige Seiten. Man gewann den Eindruck, daß jemand irgendwann, nachdem die Briefe geschrieben worden waren, beschlossen hatte, sie zusammen für die Nachwelt aufzubewahren, und dann feststellen mußte, daß sie zum Teil verlorengegangen oder weggeworfen worden waren. Doch dieser Umstand schmälert in keiner Weise ihre außergewöhnliche Frische, stilistische Eleganz, ihren Humor und ihre stellenweise erstaunliche Tiefgründigkeit.

Sie stammen offenbar aus der Feder einer jungen Frau, und die Adressaten sind ihre beiden Söhne, Giovanni und Graziano. Das einzige in allen Auszügen erwähnte Datum ist der Mai 1230 (es kommt einem vor, als habe es die junge Frau mit Daten nicht allzu genau genommen), und es steht außer Zweifel, daß sie allesamt vor diesem Zeitpunkt verfaßt wurden. Natürlich sind keine Adressen angegeben, es ist jedoch wahrscheinlich, daß die beiden Jungen in Rom waren, wohingegen die junge Frau fraglos in Assisi weilte. Und zwar zu einem historisch überaus bedeutsamen Zeitpunkt. Der heilige Franz war etwa zwei Jahre zuvor gestorben und kurz vor der Abfassung des ersten Briefes heiliggesprochen worden. In der Stadt gärte es heftig. Aus ganz Europa strömten Pilger herbei, und die Einwohner versuchten mehr schlecht als recht, sie zu verpflegen und unterzubringen und natürlich geichzeitig die scheinbar unerschöpfliche Goldmine auszubeuten, die sich durch die Situation aufgetan hatte.

Aber damit nicht genug. Die Stadt mußte darüber hinaus mit dem riesiegen Herr von Arbeitskräften fertig werden, das zur Errichtung der Basilika rekrutiert worden war, der zu jener Zeit größten Kirche der christlichen Welt. Wir können uns kaum vorstellen, wieviele Menschen dort gearbeitet haben müssen. Zahlreiche Kathedralen wurden erst im Laufe von Jahrhunderten fertiggestellt, und fünfzig Jahre bedeuteten angesichts eines solchen Bauwerks lediglich ein Augenzwinkern, doch die gesamte Unterkirche wurde 1230 vollendet, bloße zwei Jahre nach Beginn der Bauarbeiten. Ein annähernd vergleichbares Unternehmen in unseren Tagen wäre der Bau des Mont-Blanc-Tunnels mit all seinen Gefahren und Spannungen.

Somit war das Assisi, in dem die junge Frau gelebt hat, alles andere als der friedliche Ort im grünen Herzen Umbriens, als der es von sentimentalen Spinnern gern beschrieben wird, sondern ein Zentrum fieberhafter Geschäftigkeit, das bis zum Bersten vollgestopft war mit Arbeitern, Kunsthandwerkern, Steinmetzen, Malern, Bildhauern, Mönchen, Pilgern, Touristen und nicht wenigen Vagabunden, Taschendieben und sonstigem Gesindel jeglicher Art.

Noch etwas anderes ist ganz offensichtlich: Die junge Frau kannte Franz persönlich. Ihre Beziehung kommt fast nur zwischen den Zeilen zum Ausdruck, und es wird nichts von dem offenbart, was man gerne wissen möchte – wie und wann sie ihn kennengelernt hat und worüber sie miteinander gesprochen haben und so weiter. Doch liegt es auf der Hand, daß ihre Beziehung, ganz gleich, was die historischen Fakten besagen, besonders innig gewesen sein muß. Unsere Sichtweise ist vom Eros verzerrt, und so können wir uns nur schwer vorstellen, daß das gesamte weitere Leben eines Mannes wie beispielsweise Dante von einer jungen Frau bestimmt wurde, die er kaum je gesehen hatte, und daß er gleichwohl in ihr die Inspiration und Antriebskraft für eines der großartigsten Meisterwerke der Weltliteratur gefunden haben soll. Doch irgend etwas in dieser Art muß auch hier geschehen sein.

Zum Leidwesen der besagten jungen Frau drang ihre Beziehung zu Franz während der Zeit, als sie die Briefe schrieb, allmählich an die Öffentlichkeit, und sie wurde zunehmend von Gläubigen, aber auch von Neugierigen belästigt und belagert. Mitunter kommentiert sie dies mit komischen und bissigen Bemerkungen, und man darf wohl annehmen, daß sie darüber einigermaßen ungehalten war.

Nun denn, da hatte ich also dieses faszinierende Material in Händen, aber nicht die geringste Ahnung, was ich damit anfangen sollte, denn so faszinierend es unter menschlichen und literarischen Gesichtspunkten auch war, für eine selbständige Veröffentlichung war es zu unvollständig. Man hätte die Identität der Briefeschreiberin herausfinden müssen, doch das schien nach sieben Jahrhunderten ein Ding der Unmöglichkeit. Dann tat ich klugerweise etwas, das ich schon längst hätte tun sollen – ich las eine Biographie des heiligen Franz.

Auf den ersten Blick ging mir auf, daß Jacopa de Settesoli – die vermeintliche Randfigur – haargenau auf die Beschreibung paßte. Aber damit war die Sache noch lange nicht bewiesen. Also forschte ich etwas genauer nach, und diesmal trugen meine Bemühungen reichlich Früchte – um genau zu sein, zwei Früchte. Jacopa hatte zwei Söhne: Giovanni und Graziano. Was mich anging, so war die Sache damit klar, aber um die Experten zu überzeugen, brauchte ich mehr. Und, bei Gott, *Commissario,* ich bekam, was ich brauchte! Ich fand heraus, daß der Name de Settesoli nur eine Art Spitzname war, der sich von der Burg Septizolium herleitete, die die Familie auf dem Esquilin besaß – ein Name, an den noch heute die Via dei Sette Soli in Rom erinnert. Die Familie hieß eigentlich Frangipani. Wunder über Wunder! Denn schließlich hatte ich die Briefe ja durch puren Zufall in der Frangipani-Bibliothek entdeckt, und das, *Commissario,* ist zugleich das Ende dieser eigentümlichen Geschichte und der Anfang meines Buches.«

Als Freifrau Iolanthe geendet hatte, lag Bewunderung in der Luft, die beinahe ebenso sinnlich wahrnehmbar war wie der Geruch von Alices Gerichten. Peroni, der respektvolle Literaturkritiker, gönnte ihr den Erfolg, denn er fand, daß er ihr zustand. Dann sagte er: »Eine äußerst bemerkenswerte Geschichte.«

»Iolanthe ist eine bemerkenswerte Frau«, sagte Alice.

»Red nicht so einen Quatsch, Alice!«

»Und genau diese Geschichte haben Sie Lorenzo erzählt?«

»Wort für Wort.«

»Hat er die Briefe gelesen?«

»Ja, ich habe ihm eine Kopie gezeigt.«

»Dürfte ich sie vielleicht auch lesen?«

»Aber natürlich. Hören Sie, jetzt fängt im Fernsehen eine Quizsendung an, die ich mir nach Möglichkeit nicht entgehen lassen möchte – erstaunlich, wie bei manchen Leuten der Verstand funktioniert und sie sich das ganze Zeugs merken können, wo ich mich gerade mal an meinen eigenen Namen erinnern kann. Jedenfalls machen Sie es sich hier bequem, und Alice bringt Ihnen eine Tasse *Irish coffe,* die übersetzten Briefe und eine Fotokopie des Originals. Wenn wir beide fertig sind, setzten wir uns wieder zusammen, trinken noch einen *Irish coffee* und reden. Was halten Sie davon?«

»Das«, sagte Peroni mit der Miene eines Literaturkritikers, der sich anerkennend über ein Meisterwerk äußert, »wäre großartig.«

Kapitel 13

»... jetzt, da die Heiligsprechung vorüber ist, ist Assisi nicht mehr so überfüllt – statt 25 Gästen pro Bett sind es nur mehr 20.«

So lauteten die ersten Zeilen des ersten Briefes, dessen Anfang fehlte und den Peroni nun zu lesen begann. Zunächst hatte er sich die Fotokopien des Originals angesehen und Freifrau Iolanthe schließlich darin zugestimmt, daß dies die Handschrift eines klugen und gütigen Menschen war. Intellektuell war dies durchaus befriedigend, doch wie ein italienisches Sprichwort besagt: Das Auge verlangt seinen Teil. Und er hatte den sehnlichen Wunsch, sich eine Vorstellung davon machen zu können, wie Jacopa im Leben ausgesehen hatte. Einen Augenblick träumte er hilflos vor sich hin, dann las er weiter.

»Es ist, als lebe man inmitten eines unaufhörlichen Jahrmarktes – Euch beiden würde es sicherlich gefallen. Und eigentlich stört es mich auch nicht. Ich mag den Lärm und das geschäftige Treiben und das bunte Leben, und es gibt nichts Ergötzlicheres als all die kleinen Vorführungen an jeder Straßenecke, die so zahlreich sind wie Pilze nach einem Regenschauer: Feuerschlucker, Tänzer, Akrobaten, Sänger, Musikanten, die Flöte und Tamburin und Laute sowie alle nur denkbaren Instrumente spielen. Nein, ich beklage mich durchaus nicht darüber, denn was mir wirklich arg zusetzt, ist von weitaus üblerer Art als dieser fröhliche Tumult.

Mehr und mehr Leute erfahren von der Freundschaft zwischen Franz und mir, und sie suchen mich auf, weil sie hoffen, eine Heilige vorzufinden! Kann man sich etwas Absurderes vorstellen? Eure arme, fehlbare, aufbrausende, scharfzüngige

Mutter! Ich bekomme jedesmal einen guten Vorgeschmack von den Qualen des Fegefeuers, wenn ich mich zwinge, das Büßerhemd dieser frommen Fremden überzuziehen, die sie in mir sehen wollen. Warum tust du es dann? höre ich Euch fragen. Ja, warum eigentlich? Zum einen liegt stets, wenn ich wie eine Reliquie behandelt werde, ein grausamer Zauber auf mir, der es mir ganz unmöglich macht, mich meiner Natur gemäß zu verhalten. Zum anderen habe ich das Gefühl, daß es Franz' Ansehen schaden würde - obwohl Gott weiß, daß ihm nun nicht das geringste mehr schaden kann -, falls ich zuließe, daß diese vertrauensvollen Pilger mein wahres, schändliches Ich sähen; statt nach Assisi zu strömen, was ihren Seelen zweifellos zuträglich ist, würden sie es wohl in Panik verlassen.

Ich könnte euch diese wohlmeinende, wirre Haltung der Menschen, denen es danach verlangt, mich unbedingt als eine Art Mittelding zwischen Leviathan und dem heiligen Simeon Stylites auf seiner Säule zu sehen, an vielen Beispielen verdeutlichen, doch ich werde mich auf eins beschränken: Vor kurzem erhielt ich von *Messer* Ugo da Palazzo, dem Oberhaupt der Bürger von Assisi und ein Mann, der für seine Gier bekannt ist, eine Einladung zum Abendessen. Wie es nun einmal meine Art ist, konnte ich mich natürlich nicht des Gedankens erwehren, daß ich bereits seit zwei Jahren hier lebe, ohne jemals zuvor eine derartige Einladung erhalten zu haben. Konnte das vielleicht damit zusammenhängen, daß mir durch Franz' Heiligsprechung offizielles Ansehen zuteil geworden war? Wie dem auch sein mochte, ich ging hin.

Schon mein Eintritt ließ im kleinen den gesamten fürchterlichen Abend vorausahnen, so wie in einer Eichel bereits die Eiche schlummert. Ihr wißt beide sehr wohl, daß ich stets versucht habe, mich schlicht, aber gut zu kleiden. Diesem Grundsatz folgte ich schon, bevor ich Franz kennenlernte, und auch nun, da er tot ist, halte ich mich daran. Das einzige sichtbare Zugeständnis, das ich dem Gedenken an ihn mache, ist ein Tau-Kreuz, das ich auf meinen Umhang genäht habe. Als ich jedoch an jenem Abend in den Saal trat, konnte ich den anderen Gästen vom Gesicht ablesen, daß sie eine unkultivierte Vogelscheuche mit Stroh im Haar erwartet hatten. Die Frauen blickten empört, doch die Reaktion der Männer war noch schlimmer. Sie dachten offensichtlich, daß eine Frau, die

Franz gekannt hatte, automatisch und über Nacht sämtlicher Spuren von Weiblichkeit beraubt würde. Als sie nun aber feststellen mußten, daß ich ebenso wie sie wenigstens ein Geschöpf aus Fleisch und Blut bin, hatte das Auswirkungen, die äußerst unangenehm anzuschauen waren. Die Augen traten ihnen hervor, die Münder klappten auf, die Gesichter wurden rot, und ihr Atem wurde lauter als das Hecheln der Hunde.

Am schlimmsten von ihnen allen war mein Gastgeber. *Messer* Ugo. Er ist ein kleiner Mann, doch macht er dies durch seinen Körperumfang mehr als wett. Seine kleinen roten Äuglein erinnern an einen Keiler, der sich seinen Häschern stellt, und auch sein Verhalten gleicht in vielerlei Hinsicht dem des besagten Tieres. Die außergewöhnliche Wirkung, die mein Erscheinen bei ihm auslöste, beunruhigte mich erheblich, bis ich erleichtert feststellte, daß seine Frau sich dessen nicht minder bewußt war und sich anschickte, die Sache in die Hand zu nehmen. Sie tat dies, indem sie darauf drängte, daß wir uns zu Tische begäben, wo sie mir einen sicheren Platz zwischen sich und einer weiteren guten Frau des Hauses zuwies.

Meine Erleichterung war jedoch nur von kurzer Dauer, denn Frau Emilia und die andere vorzügliche Dame begannen, mir mit Fragen nach den Wundern von Franz oder nach dem, was sie als seine Wunder zu betrachten beliebten, über alle Maßen zu Leibe zu rücken. Hatte ich schon einmal ein Wunder miterlebt? (Ihre Enttäuschung, als ich verneinte, schien ihnen für eine halbe Sekunde die Sprache zu verschlagen.) Stimmte es, daß er auf dem Wasser wandeln konnte? Hatte ich seine Wundmale gesehen? Mir war, als ob sie ihren Angriffsplan im voraus abgesprochen hätten, denn obwohl sie beide ungeheure Mengen aßen und tranken, stellten sie mir doch unablässig Fragen, wobei sich Zulangen und Fragen abwechselten. Während es also auf der einen Seite schmatzte und schlürfte, ertönte von der anderen eine weitere Frage nach Franz' Zauberkräften. Ich glaubte, es würde nie ein Ende nehmen, und vermochte mich nur mit dem Gedanken zu trösten, daß es zumindest nicht noch ärger kommen konnte.

Doch weit gefehlt. Als Frau Emilia und ihre Verbündete schließlich wohl oder übel davon überzeugt waren, daß die Quelle meiner Erinnerung versiegt war und keine magischen Geheimnisse offenbaren konnte, gingen sie zu einem noch peinlicheren Verhör über: Besaß ich irgendwelche Reliquien? Stoffstückchen von seiner Ordenstracht, Locken von seinem Haar, abgeschnittene Barthaare oder Fingernägel - irgend etwas. Solcherlei Dinge, so erzählten sie mir, seien heißbegehrt für Liebestränke und als Talismane zum Schutz gegen den bösen Blick oder zur Anhäufung großer Mengen Geldes. In Anbetracht dessen, so fügte Frau Emilia hinzu (und jetzt wurde mir der wahre Beweggrund meiner Einladung klar), fänden sie sich bereit, für irgendeinen Anteil dieser Art hohe Summen zu zahlen, vorausgesetzt, ich würde dessen Echtheit mit meinem beglaubigten Zeichen garantieren. Ich fürchte, sie gingen, da sie selbst nicht schreiben konnten, ganz selbstverständlich davon aus, daß auch ich nicht dazu in der Lage sei.

Wie hätte ich ihnen zu sagen vermocht, daß die einzige Reliquie, die ich von Franz besitze oder je besitzen will, die glühende Liebe in meinem Herzen ist, die weder bei Tag noch bei Nacht erlischt?

Ich sah mich verzweifelt nach einem Ausweg um, doch es schien keinen zu geben. Hinter mir war nur die Wand, rechts und links von mir die Damen und vor mir die Tafel.

Und dann schnappte ich beiläufig ein paar Fetzen von der Unterhaltung auf, die die Männer führten. Sie sprachen über die Kreuzzüge und waren geteilter Ansicht über deren Ausgang. Das Lager spaltete sich je nach Meinung über Kaiser Friedrich. Einige meinten, er würde Jerusalem mit Waffengewalt erobern, andere sagten, daß seine Armee - die durch die Pestepidemie nach der vorherigen erfolglosen Fahrt ins Heilige Land bereits traurig dezimiert war - den Sarazenen niemals würde standhalten können und wohl bald in die Flucht geschlagen würde. Dieser Streit, der durch gewaltige Mengen Wein noch verschärft wurde, konnte sich für jeden, der sich einmischte, als gefährlich erweisen, doch blieb mir kaum eine andere Wahl.

›Friedrichs Armee wird weder Jerusalem erobern‹, warf ich ein, ›noch in die Flucht geschlagen werden.‹

Die guten Damen, die es so leidenschaftlich nach Wundern verlangt hatte, hätten nun eigentlich zufrieden sein müssen, denn diese wenigen Worte ließen den ganzen Tisch auf einen Schlag verstummen. Alle starrten mich an, als wäre ich plötzlich von Lepra befallen worden, und in der Stille konnte man das Kaminfeuer knistern hören. Es war *Messer* Ugo, der schließlich das Wort ergriff.

›Wie könnt Ihr, eine Fr...« Eine Frau, hatte er sagen wollen, doch er unterbrach sein zornerfülltes Keiler-Fauchen eben noch rechtzeitig.) ›Wie könnt *Ihr* vorgeben, solche Dinge vorherzusehen?‹

›Ich sehe nichts vorher‹, entgegnete ich rasch, um ein weiteres Wunder bereits im Keim zu ersticken. ›Ich kenne den Kaiser und die Umstände, daher ist es durchaus möglich, abzuschätzen, was geschehen wird.‹

›Ihr kennt den Kaiser?‹ Bruder Keiler – wie Franz ihn genannt hätte – schnitt ein Gesicht, als wenn seine Jäger unerwartet ihre Speere weggeworfen hätten.

›Als er vierzehn war und seine Mutter starb‹, fuhr ich fort, ›wurde er unter Vormundschaft des Papstes gestellt, was bedeutete, daß er viel Zeit in Rom verbrachte, wo meine Familie lebte. Er war damals häufig unser Gast, und da wir fast gleichaltrig sind und in unser beider Adern normannisches Blut fließt, wurden wir enge Freunde und sind es bis heute geblieben. Bis ich nach Assisi ging, besuchte er uns in Rom, wann immer er dort war.‹

Bei diesen Worten stockte *Messer* Ugo mitten im Angriff, doch einer seiner Gefährten verließ die Deckung und kam ihm zu Hilfe. ›Könnt Ihr den Kaiser beschreiben?‹ wollte er wissen, und es bestand kein Zweifel daran, daß er Friedrich, wenn auch nur von Ferne, schon einmal gesehen hatte, und nun die Absicht hegte, mich mit Fakten Lügen zu strafen.

›Er ist mittelgroß‹, gab ich zur Antwort, ›aber von ebenmäßiger Gestalt, kraftvoll und athletisch. Seinem Gesicht sieht man die Mischung aus deutschem und normannischem Blut, das er von seinen Eltern geerbt hat, deutlich an. Er hat eine bräunliche Gesichtshaut, obwohl seine Wangen auffällig rosafarben sind. Seine Augen sind hellblau, und er schielt fast unmerklich. Er hat eine markante Nase, ein kräftiges Kinn und etwas dünne, nervöse Lippen. Eine gewisse Ironie ist der hervorstechendste Ausdruck in seinem Gesicht.‹

Bei dieser Beschreibung zog sich der zweite Mann knurrend in seinen Winkel zurück, doch *Messer* Ugo war nun zu einer erneuten Attacke bereit.

›Auch wenn Ihr den Kaiser tatsächlich kennt‹, sagte er, ›so könnt Ihr doch unmöglich wissen, wie sein kriegerisches und sonstiges Geschick aussehen wird.‹

›Ich gebe gar nicht vor, irgend etwas über sein zukünftiges Geschick zu wissen oder vorhersagen zu können‹, erwiderte ich, ›doch wir haben häufig über dergleichen Dinge gesprochen, und ich weiß, wie er denkt.‹

Frau Emilia und die übrigen Damen stierten mich an, als wäre mir mit einem Mal ein Horn gewachsen; ich glaube, sie hatten noch nie erlebt, wie eine Frau mit Männern über derlei Dinge diskutiert. Doch wie ihr ja beide wißt, war es im Hause meines Vaters Tradition, Frauen als vernunftbegabte Wesen zu behandeln; diese Tradition fand in unserer Familie ihre Fortsetzung, als Euer Vater noch lebte, und sie ist nicht mit ihm gestorben.

›Aber was Ihr da sagt, ist in vielerlei Hinsicht widersinnig‹, sagte Bruder Keiler jetzt stammelnd ›Ihr habt gesagt, daß Friedrichs Armee weder Jerusalem erobern noch in die Flucht geschlagen wird. Das ist unmöglich! Einer der beiden Fälle muß zwangsläufig eintreten.‹

›Nein‹, beharrte ich, ›denn es gibt noch einen dritten Weg. Auf diplomatischem Wege läßt sich eine Einigung erzielen.‹

›Auf diplomatischem Wege! Mit den Sarazenen?‹

Daraufhin begann er zu lachen, und die restliche Tischgesellschaft tat es ihm folgsam gleich. Ich wartete, wußte ich doch, daß ich es mir leisten konnte, und nach einigen Sekunden verklang ihr Gelächter tatsächlich, denn sie erkannten, daß mein Wissensschatz noch nicht erschöpft war. Erst als wieder vollkommenes Schweigen herrschte und ihre Neugier den Siedepunkt erreicht hatte, begann ich erneut zu sprechen. ›Vor zwei Tagen‹, sagte ich, ›erhielt ich einen Brief von meinem Cousin, der bei dem Kaiser weilt. Er berichtete, daß die christlichen Truppen, die bereits dort liegen, sich weigerten, für Friedrich zu kämpfen, und daß er daher beschlossen habe, mit dem Sultan al-Kamil eine Einigung zu erzielen. Man habe äußerst herzliche diplomatische Botschaften ausgetauscht, und die beiden seien kurz danach gute Freunde geworden. Der Sultan, so schrieb mein Cousin, sei tief beeindruckt von des Kaisers umfassenden Kenntnissen der arabischen Kultur gewesen, und man verhandle bereits über ein Abkommen. Es wird erwartet, daß der Sultan nicht nur Jerusalem an den Kaiser abtreten wird, sondern auch Akkon, Jaffa, Sidon, Nazareth und Bethlehem. Ohne daß dabei ein Tropfen Blut vergossen würde.‹

Ich rechne nicht damit, noch einmal an die Tafel des Oberhauptes der Bürger geladen zu werden, und seltsamerweise empfinde ich darüber kaum Bedauern.

Ich hoffe, Ihr beide gehabt euch so, daß Ihr das Wenigste zivilisierten Anstandes erfüllt und daß Du, Graziano, Deine Sichtweise korrigierst, nach der die Welt ein Obstgarten ist, in dem Dir die saftigsten Äpfel zukommen. Was Dich angeht, Giovanni, so hoffe ich bald zu vernehmen, daß Du allmählich ein Fünkchen Selbstbeherrschung erwirbst. Ich verurteile Deine Neigung keineswegs, Dich kopfüber in jedes Abenteuer zu stürzen, ohne die Folgen zu bedenken, denn ein solcher Charakterzug geht mit Mut und Großherzigkeit einher, doch wie ein feuriges Pferd, braucht er straffe Zügel.

Wenn Ihr das nächste Mal von Reisenden hört, die auf dem Weg nach Assisi sind, laßt mir durch sie einen Brief zukommen. Ich habe vor, im Frühling nach Rom zu reisen. Ich umarme euch beide.

Eure nachlässige, unwürdige, aber Euch stets liebende Mutter.«

In einem Zug trank Peroni seinen *Irish coffee* aus, der während des Lesens fast völlig erkaltet war. Sein Auge verlangte jetzt nicht nur seinen Teil, sondern schrie förmlich danach. Sie mußte eine attraktive Frau gewesen sein, wenn sie an *Messer* Ugos Tafel solche Emotionen geweckt hatte, aber was für ein Typ? Volle Lippen, üppige Formen und honigsanfte Augen? Nein, weit gefehlt. Dafür verfügte sie über zuviel Humor und gesunden Menschenverstand. Dann also ein eher nordischer Typ? Regelmäßige, klassische Gesichtszüge, entschlossener Mund, wache Augen? Nein, das verfehlte sie genauso. Sie war zu unverfälscht weiblich und impulsiv. Peroni vermutete, daß Giovanni seine Neigung, sich kopfüber in jedes Abenteuer zu stürzen, von ihr geerbt hatte.

Peroni suchte im Rauch einer englischen Schwarzmarkt-Zigarette, doch ihr Geischt war nicht da. Er las weiter.

»Mein lieber Giovanni und mein lieber Graziano, ich kann Euch gar nicht beschreiben, mit welcher Freude ich Euren Brief erhalten habe, der mit der *Contessa* Angela auf ihrem Weg nach Paris kürzlich hier eintraf. Ihr Besuch hat einen Zwischenfall verursacht, der zwar auch eine komische Seite hat, seinerzeit aber ganz und gar nicht komisch war.

Wie Ihr wißt, will jeder, der durch Assisi kommt, unbedingt das gewaltige Bauwerk sehen, das gerade zum Andenken an Franz errichtet wird: zwei große Kirchen, eine über der anderen, die zusammen eine einzige mächtige Basilika bilden, das größte Weltwunder, das herausragendste von Menschenhand geschaffene Werk und so weiter und so weiter. Ich persönlich betrachte das Ganze mit gemischten Gefühlen. Natürlich kenne ich sämtliche Argumente, die dafür sprechen: Ein kleineres Gebäude könnte die Scharen von Pilgern nicht fassen, die in den kommenden Jahrhunderten nach Assisi strömen werden, und ein bescheidenerer Bau würde der Heiligkeit von Franz nicht die angemessene Ehre erweisen. Doch es gibt Augenblicke, in denen ich mich unweigerlich frage, ob das Ganze nicht ein wenig geschmacklos ist. Oh, ich meine natürlich nicht in künstlerischer oder baulicher Hinsicht, aber Franz sah sich selbst vor allem als einen kleinen Mann, und ich frage mich, ob es richtig ist, einen kleinen Mann in einem so riesigen Gebäude zu bestatten. Moses wurde in einem Tal begraben, niemand wird seine Grabstätte je finden. Ich bin überzeugt, auch Franz wäre es so lieber gewesen.

Ob uns nun aber der Bau gefällt oder nicht, jedenfalls haben wir ihn, und wie ich bereits sagte, jeder, der nach Assisi kommt, will ihn sehen. Angela war da keine Ausnahme. Doch die Sache hat einen Haken. Bruder Elias, der die Bauarbeiten leitet - ich komme gleich näher auf ihn zu sprechen –, besteht darauf, daß das ganze Unternehmen bis zur letzten Minute wie ein Geheimnis gehütet wird. Es gibt Zäune, die genauso unbescheiden sind wie das Gebäude selbst, Wächter, Schlüssel und Kennworte. Und nun, da die Anstrengungen verdoppelt, wieder verdoppelt und noch einmal verdoppelt werden, um die untere der beiden Kirchen bis zum nächsten Frühjahr fertigzustellen, da Franz' Leichnam von der Kirche San Giorgio, wo er zur Zeit liegt, in das Grabgewölbe überführt wird, wo er bis in alle Ewigkeit ruhen soll, sind die Geheimniskrämerei und die Vorsichtsmaßnahmen in ebensolchem Maße wie jene Anstrengungen verstärkt worden.

Doch Angela zeigte sich starrköpfig, und wie Ihr wißt, könnte man genausogut versuchen, mit vernünftigen Argumenten gegen einen Sturmbock anzukommen wie gegen Angelas Starrköpfigkeit.

Ich habe also Erkundigungen eingezogen - oder, wenn Ihr so wollt, Spione engagiert - und herausgefunden, daß Bruder Elias den folgenden Morgen um zehn Uhr bei einer Versammlung des Kapitels erwartet wurde, was die Sache, da er aus dem Gefecht gezogen war, erheblich vereinfachte. Ich kenne die meisten der Leute, die mit dem Bauwerk befaßt sind, einschließlich der Wächter, und ich war sicher, daß sie uns auf ein paar Minuten hineinlassen würden, vorausgesetzt Elias würde nie davon erfahren.

Sicherlich werdet Ihr fragen: ›Wer ist dieser Bruder Elias, der alle und jeden derart tyrannisiert?‹ Die Antwort ist ganz einfach: Nachdem er Franz zu dessen Lebzeiten als eine Art menschliches Büßerhemd gedient hat, tut er nun auch nach Franz' Ableben sein möglichstes, diese Rolle weiter auszufüllen. Er ist ein Mann von großem Ehrgeiz, unerschöpflicher Energie, purer Unbarmherzigkeit und üblem Charakter. Und es liegt wirklich ein bemerkenswerter Widersinn darin, daß Gott in seiner Unerforschlichkeit ausgerechnet ihn erwählt hat, Franz zur Seite zu stehen und heute dessen Orden zu leiten. Franz hatte das erkannt und ihn mit größter Liebe und Achtung behandelt.

Bruder Elias treibt seinen unvorstellbar gewaltigen Plan für die Basilika mit einer scheinbar übermenschlichen Energie voran, die nicht weniger erstaunlich ist als das Gebäude selbst.

Darüber hinaus sollte ich noch erwähnen, daß er mich durchschaut hat. Er kennt all meine Fehler, Schwächen und Eitelkeiten und hält es zu Recht für einen Skandal, daß eine Frau wie ich, vielleicht überhaupt eine Frau, in Beziehung steht zu dem Mann, dessen Ruhm er seine außergewöhnlichen Kräfte und Talente gewidmet hat. Folglich ist ihm schon mein bloßer Anblick verhaßt, und er würde alles in seiner Macht Stehende tun, damit ich Assisi verlasse.

Jedenfalls näherten Angela und ich uns kurz nach zehn Uhr am nächsten Morgen, als dieser Mann auf seiner Versammlung war und keine Gefahr darstellte, der unvollendeten Basilika, und wie ich erwartet hatte, gelangten wir ohne Schwierigkeiten hinein.

Der Anblick ist beeindruckend. Das Bauwerk wirkt wie eine gewaltige unterirdische Festung, die dem heftigsten Angriff standzuhalten vermag. Die Gewölbe sind überwältigend. Wenn Steine Muskeln hätten, so meint man, würden sie so aussehen. Die wuchtige Wirkung des Gebäudes wird dadurch betont, daß es völlig schmucklos ist; man glaubt, von den nackten Steinmassen erdrückt zu werden. Bald werden die Wände bemalt sein, und die Basilika wird in allen Farben erstrahlen, doch ich denke, daß nichts es je mit ihrer strengen Nacktheit aufnehmen wird.

Wir stiegen die Treppe hinab in die Krypta, wo Franz' Leichnam ruhen wird; dort wird das Gefühl, sich im Herzen eines Reiches aus Stein zu befinden, fast unerträglich. Als wir schließlich mit einiger Erleichterung wieder aus der Krypta heraustraten, ließ uns ein entsetzliches Wutgeschrei erstarren.

›Wer sind diese Weiber?‹

Es war Bruder Elias. (Ich erfuhr später, daß die Versammlung des Kapitels in letzter Minute verschoben worden war, doch in jenem Augenblick war ich vor Schreck zu keinem vernünftigen Gedanken fähig: Er war einfach da.) Sein Aufschrei versetzte den gesamten Bau in helle Aufregung, gleich Tauben, die beim Fressen plötzlich aufgeschreckt werden. Brüder und Steinmetze rannten hektisch umher, als suchten sie nach einem ausgebrochenen Feuer, und gleichzeitig raste Bruder Elias auf uns zu wie ein Sturmwind in Menschengestalt.

Als er gewahrte, daß *ich* eine der beiden kirchenschänderischen Eindringlinge war, verlor sein Zorn jeglichen Halt. Er drohte uns mit Exkommunikation, rief, er würde uns vor den Papst bringen und anklagen und verlangen, uns unverzüglich der ewigen Verdammnis anheimzugeben.

Ich hätte darauf einiges erwidern können, doch war es besser, einfach zu gehen.

Als ich wieder zu Hause war und mich allmählich von der jähen Gewalt des Vorfalls erholte, fühlte ich mich erniedrigt, und das war weitaus ärger. Franz hat gesagt, wir sollten jede Form von Erniedrigung als unfehlbarstes Mittel gegen die

Krankheiten unserer Seele bereitwillig hinnehmen, doch ich selbst hätte mich bereitwilliger mit Lepra abgefunden.

Am selben Abend noch, nachdem die arme Angela abgereist war, und noch ohne recht begriffen zu haben, was eigentlich sich zugetragen hatte, bekam ich Besuch, der mir sehr viel Trost spendete.

Weißt Du noch, Graziano, wie ich Dich einmal mit zu einer kleinen Einsiedelei auf dem Monte Ripido bei Perugia mitgenommen habe, wo ein Mönch namens Bruder Giles lebte? Er nahm zwei Stöcke, rieb sie aneinander, als spielte er auf einer Fiedel. Dabei sprach er so bewegend über die Liebe Gottes, daß dies in keiner Weise lächerlich schien, sondern man sogar meinte, die Musik gleichsam hören zu können.

Nun, an jenem Abend besuchte mich Bruder Giles, und in dem Moment, da er eintrat, verflog die schäumende Wut, die mich verzehrte, und ich empfand nur noch eine ruhige, süße Zufriedenheit.

›So ist es besser‹, sagte er lächelnd dazu.

Dann machte er eine ernste Miene. ›Leider läßt sich nicht alles so einfach in Ordnung bringen‹, sagte er, und plötzlich verzerrte sich sein Gesicht so stark vor Schmerz, daß ich glaubte, er müsse krank sein.

›Wie ist Euch?‹ rief ich.

›Blut‹, entgegnete er, ›ich sehe Blut.‹«

Kapitel 14

Peroni war unterdessen so tief in Jacopas Bericht vertieft, daß er einen Moment brauchte, um sich wieder über die Jahrhunderte hinweg in die Gegenwart zu versetzen, als es an der Tür klopfte. *»Avanti«,* rief er.

»Iolanthe«, sagte Alice, während sie ihren Kopf hereinsteckte, »meint, daß Sie gern noch einen *Irish coffee* hätten.«

»Das ist sehr nett von ihr.«

»Jetzt fängt gerade der Teil *Doppelt oder Nichts* an. Mit einem Mann, der einfach alles über Bergsteigen weiß, und Iolanthe ist ganz gespannt, ob er verdoppelt oder nicht, aber danach hat sie Zeit.«

Peroni blickte auf die noch verbleibenden Seiten. »Ich bin auch bald durch«, sagte er.

»Dann will ich Sie nicht länger stören«, sagte Alice, stellte die Tasse vor ihm ab und schlich auf Zehenspitzen mit scheuer Ehrfurcht aus dem Zimmer.

Blut, dachte Peroni und nippte an seinem Kaffee, der mit einem ordentlichen Schuß Whisky verfeinert war. Was konnte Bruder Giles damit gemeint haben? Das Dokument selbst war leider keine Hilfe, denn nachdem Jacopa sich die gleiche Frage gestellt hatte, war die Seite zu Ende – und die nächste fehlte.

Mochte Bruder Giles etwas Bestimmtes vorhergesehen haben? Eines jedenfalls war sicher. Ihre Zukunft, damals, an jenem Abend in Assisi, war für Peroni Vergangenheit; falls also damals etwas bevorstand, so war es lange geschehen. Konnte dieses Etwas mit dem Tod von Lorenzo Florio-Levi in Zusammenhang stehen?

Wie Mäuse huschten diese Gedanken in einen Winkel von Peronis arg mitgenommenen Kopf herum. In einer anderen, etwas tiefer gelegenen Ecke wirbelte weiter der Rauch und versuchte, Porträts von Jacopa zu bilden. Doch sobald die Wirbel ein wenig

Ähnlichkeit mit einem Gesicht annahmen, mußte es schon wieder aufgelöst werden, denn so anziehend es auch sein mochte, war es doch nicht Jacopas.

Er nahm den dritten Brief auf.

»... alle möglichen Abenteuer. Normalerweise erzählen Mütter ihren Söhnen dergleichen nicht, aber ich habe stets versucht, Euch gegenüber ehrlich zu sein, und außerdem wünsche ich, daß Ihr die Entscheidung, die ich getroffen habe, gutheißt. Oder hoffentlich getroffen habe, denn Frauen sind mitunter bedenklich wankelmütig. Aber laßt mich von Anfang an erzählen.

Ihr seid wahrscheinlich noch zu jung – selbst Du, Giovanni –, um zu wissen, wie oft das Wetter im Leben eines Menschen eine entscheidende Rolle spielt. Diesmal hatte es nach mehreren Tagen aufgehört zu regnen. Ich wachte auf und sah, daß es ein Tag war, wie man ihn nirgendwo sonst auf der Welt erleben kann, nur in Assisi. Ich machte mich rasch fertig und trat auf die Straße, um an den Marktständen auf dem Platz ein paar Einkäufe zu machen.

Während ich mit der Miene einer geübten Hausfrau das Gemüse begutachtete, was, wie ich behaupte, die Händler einschüchtert, bemerkte ich, daß ein Mann mich beobachtete. Ich konnte ihn zwar nicht sehen, aber daß die Augen eines Mannes auf mir ruhten, nahm ich ebenso deutlich wahr wie einen Fanfarenstoß. Natürlich ließ ich mir nichts anmerken und richtete meine Aufmerksamkeit noch eingehender auf das Gemüse – in der Hoffnung, die Augen würden sich von mir lösen. Aber sie taten es nicht. Ich konnte sie unablässig auf meinem Rücken spüren. Was konnte eine arme Witwe da tun? Flucht war ausgeschlossen, mußte ich doch genau dort vorbei. Ich beschloß, mich langsam umzudrehen, um jene Augen mit einem furchterregenden und gebieterischen Blick zu bezwingen.

Doch ich hatte kaum begonnen, diesen Plan in die Tat umzusetzen, als mich der Anblick des Besitzers der Augen erstarren ließ. Es war ein hoher Herr, von der Art, wie ich sie nicht mehr gewohnt bin, seit ich beschloß, dem Ruhm dieser Welt zu entsagen. Er trug einen roten, goldgesäumten Umhang über einem weißen Gewand, und die Scheide seines Schwertes war mit Edelsteinen besetzt. Doch noch schöner als seine

Kleidung waren sein Gesicht und seine Gestalt. Und zu allem Überfluß war mir, als hätte ich ihn schon einmal irgendwo gesehen.

›Jacopa!‹

Als er meinen Namen rief, fielen die Jahre wie ein Schleier von mir ab. Michele Aquila. Er hatte lange vor Euch und sogar vor Eurem Vater eine Rolle in meinem Leben gespielt, denn wir kannten uns als Kinder. Aquila – so nannte ich ihn immer, weil er sich zu solchen Höhen emporschwang wie ein Adler – war genauso aufgeweckt wie schön gewesen. Schon mit zwölf besaß er umfassende Kenntnisse in Philosophie, Theologie, Geschichte, Astronomie, Musik und Botanik, und er sprach sieben Sprachen, darunter Griechisch und Hebräisch.

Der Händler muß ein verblüfftes Gesicht gemacht haben, als er sah, wie eine bescheidene Witwe von einem so hohen Herrn umarmt wurde, nicht ohne eine gewisse Beteiligung ihrereseits, und dabei das Gemüse in alle Richtungen verstreute.

›Aquila!‹

›Dann weißt du also noch, wer ich bin?‹

›Ist das so überraschend? Du hast mich doch zuerst erkannt – sogar von hinten.‹

›Ich erinnere mich klarer an dich als an irgend jemanden, den ich danach in meinem Leben kennengelernt habe. Du hast dich nicht verändert, Jacopa.‹

Er sagte das mit so ernster Stimme, daß es mich verunsicherte, und ich hielt es für besser, ihn auf den Erdboden zurückzuholen. ›Das kann wohl kaum sein‹, sagte ich, ›schließlich bin ich Mutter von zwei Söhnen, von denen einer bereits erwachsen ist.‹

›Dann bist du verheiratet?‹ Weibliche Eitelkeit weckte in mir den Eindruck, daß er niedergeschlagen wirkte.

›Ich bin Witwe.‹ Dieselbe Eitelkeit ließ mich wähnen, daß in seinem Gesicht neue Hoffnung aufflammte wie ein Leuchtfeuer.

›Das Wort Witwe steht dir schlecht an; es klingt, als würde man eine Rose als Pflanze bezeichnen, was zwar stimmt, aber doch eine Wahrheit ist, der die Schönheit fehlt.‹

Ich spürte deutlich, daß das Ganze völlig außer Kontrolle geraten würde, wenn ich nicht entschieden handelte. ›Es ist schön, dich wiederzusehen, Aquila‹, sagte ich, ›aber wir dürfen nicht vergessen, welche Stellung wir einnehmen. Du bist offensichtlich ein hoher Herr, mit wichtigen Angelegenheiten befaßt. Ich, eher bescheiden, habe meine Einkäufe.‹

›Nichts könnte von größerer Bedeutung sein als du, Jacopa. Und was deine Einkäufe angeht, so erübrigt sich das, denn du wirst mit mir zu Abend speisen.‹

War es falsch, was ich tat? Ich ließ ihn gewähren. Binnen weniger Minuten, so schien es, hatte er zwei prachtvolle, reich geschmückte Pferde herbeigeschafft, und wir ritten gemeinsam aus Assisi hinaus in Richtug Santa Maria degli Angeli.

›Du reitest ebenso vortrefflich wie damals‹, sagte er. Ich freute mich über das Kompliment, denn ich reite nur noch selten und eher auf Maultieren, denn auf so prächtigen Pferden.

›Was führt dich nach Assisi?‹ fragte ich ihn.

›Staatsangelegenheiten. Ich begleite Seine Exzellenz Bartolomeo Morosini, den venezianischen Gesandten, der eurem Stadtoberen einen offiziellen Besuch abstattet.‹

›Wie aufregend.‹

›Ich versichere dir, das ist es keineswegs – Staatsbesuche sind das Eintönigste, was man sich vorstellen kann. Und du, Jacopa, was führt dich nach Assisi?‹

Ich erzählte ihm von meiner Freundschaft zu Franz, und daß ich es nach seinem Tod vorgezogen hatte, in Assisi zu leben, statt in Rom zu bleiben.

›Venedig wäre doch sicherlich eine noch schönere Wahl?‹

Ich gab meinem Pferd die Sporen und galoppierte voraus; das erschien mir einfacher, als nach einer Antwort zu suchen.

Kurz darauf machten wir halt, und Aquila lud ein wahres Festmahl von seinem Pferd: Wachteln und Schwan und Wildbret, etliche Käsesorten und frisch gebackenes Brot und reichlich Wein.

›Weißt du noch?‹

Ich mußte nicht nachfragen, was er meinte. Als Kinder stibitzten wir manchmal zu Hause aus der Speisekammer etwas zu essen und ritten hinaus aufs Land außerhalb von Rom, wo er mit seinem Falken jagte und wir um die Wette rannten, bis wir erschöpft waren und uns dann ins Gras fallen ließen und unseren Proviant verzehrten. ›Ich weiß noch‹, sagte ich.

›Und jetzt sind wir wieder zusammen, als wäre in der Zwischenzeit nichts geschehen.‹

›Aber es ist viel geschehen.‹

›Das läßt sich vergessen.‹

›Einen Mann und zwei Kinder? Und was ist mit dir? Es muß in deinem Leben einige – Dinge gegeben haben.‹

›Nichts, was sich nicht in nichts aufgelöst hätte, als ich sah, wie du das Gemüse in Augenschein nahmst, als wolltest du es eines gräßlichen Verbrechens überführen. Ich bin erwachsen geworden, seit wir uns zuletzt gesehen haben, und ich bin ein hoher Herr, wie du es zu bezeichnen beliebst. Doch tief in meinem Innern ist der respektlose kleine Junge, der mit dir zusammen zur Jagd ausgeritten ist, noch immer sehr lebendig.‹

Das wußte ich bereits. Ich hatte ihn gesehen. Ich hatte ihn erkannt.

›Er hat dich damals geliebt, und er liebt dich noch heute.‹

Und vielleicht liebte ich ihn auch. Doch ich wagte nicht, etwas zu sagen, aus Angst, daß die wenige Willenskraft, die ich besaß, gänzlich in sich zusammenbrechen würde.

›Komm nach Venedig, Jacopa. Es ist die aufregendste Stadt der Welt. Dort könnten deine beiden Knaben eine glänzende Karriere machen, und nichts würde mir größere Freude bereiten, als für sie wie ein Vater zu sein.‹

Das war die schlimmste Versuchung von allen, und ich glaube, ich hätte ihr wohl nachgegeben, wenn ich nicht auf die dichtgedrängten Häuser von Assisi am Berghang über uns geblickt hätte. Da wurde mir bewußt, daß ich, was immer auch geschehen würde, für den Rest meines Lebens dort hingehörte. Wie schwach und fehlbar ich auch sein mag, die Menschen kommen aus ganz Europa, um mit mir zu sprechen, und ich muß da sein, um sie zu empfangen.

Voller Trauer, um Worte ringend, versuchte ich, ihm das zu erklären. Er war zu gescheit, um es nicht zu verstehen. Vielleicht konnte er es sogar ein wenig nachvollziehen. Aber hinnehmen wollte er es nicht.

›Ich kann diese Antwort nicht als endgültig betrachten‹, sagte er, ›ohne dir noch etwas Zeit zum Nachdenken zu geben. Ich komme im nächsten Mai mit Morosini wieder nach Assisi. Der Doge und die gesamte venezianische Republik senden zur Ehrung der sterblichen Überreste des heiligen Franz anläßlich ihrer Überführung in die neue Basilika eine vollständige Gesandtschaft. Dann werde ich dich aufsuchen und mir deine Antwort abholen. Überlege sie dir gut, Jacopa.‹

Und davon konnte ich ihn nicht abbringen. Wir beendeten unser Essen, sprachen derweil von anderen Dingen und ritten nach Assisi zurück. Noch am selben Tag machte er sich auf den Rückweg nach Venedig.

Jetzt fürchte ich seine Rückkehr ebensosehr, wie ich mich nach ihr sehne. Ich sehne mich danach, ihn wiederzusehen, und fürchte mich davor, meine ablehnende Antwort wiederholen zu müssen. Und doch bleibt mir keine andere Wahl, denn ich kann diese Stadt nicht verlassen. Das ist für mich ein felsenfester Entschluß, und wenn ich dem zuwiderhandelte, würde ich die gesamte Ordnung der Dinge zerstören.

Daher bitte ich Euch beide inständig, Giovanni und Graziano, kommt im nächsten Mai nach Assisi. Es ist mein größter Wunsch, Euch wiederzusehen, und ich brauche Euch, damit Ihr meinen schwachen Willen stärkt.

Eure wankelmütige, schwache, aber liebende
Mutter.«

Peroni ließ die Manuskriptseiten nachdenklich sinken. Vermutlich war Jacopa eisern geblieben, denn sie war in Assisi gestorben und dort beerdigt worden. Aber was hatte sich in jenem Mai zugetragen? War Michele Aquila zurückgekehrt? Hatten Giovanni und Graziano ihre Mutter unterstützt? Hatte sie entschieden an ihrem Entschluß festgehalten?

Fragen dröhnten ihm unaufhörlich im Kopf, und eine übertönte alle anderen wie der gleichtönende Refrain eines Liedes: Wie hatte sie ausgesehen? Die arme Witwe – die einzige Beschreibung, die sie selbst von sich gab – war nur schwerlich mit den Reaktionen von *Messer* Ugo und Michele Aquila in Einklang zu bringen. Jacopa mußte wirklich etwas ganz Besonderes gewesen sein; es war ein Jammer, daß sein inneres Auge sich von ihr niemals auch nur die vageste Vorstellung würde machen können.

Er trank seinen *Irish coffee* aus und stand auf, um hinüber zu Freifrau Iolanthe zu gehen.

Kapitel 15

Der Fernseher dröhnte über den Flur, und als Peroni eintrat, sah er, daß es ein Schwarzweißgerät mit einem derart schlechten Empfang war, daß ungebührlich heftige Schlangenlinien, Zickzackblitze und Sternschnuppen über den Bildschirm zuckten, als hätte diesem gerade jemand einen Tritt verpaßt. Aber die Freifrau saß wie angewurzelt davor und starrte mit äußerster Hingabe auf die Mattscheibe. Peroni setzte sich und wartete.

Durch das visuelle Sperrfeuer von verzerrten Bildern konnte er einen Kletterer ausmachen, der, so schien es, soeben eine senkrechte Felswand erklomm.

»... und besteigt eine der gefährlichsten Felswände des Monte Cervino.« Die Stimme des Moderators klang, als käme sie über eine miserable Leitung aus Australien. »Ich möchte nun folgendes von Ihnen wissen: Wie lautet der deutsche Name des Monte Cervino; wie hoch ist der Berg; wie heißen seine drei Gletscher auf Schweizer Seite; wie heißen seine drei italienischen Gletscher; das genaue Datum der Erstbesteigung von Schweizer Seite aus; den Namen des Bergsteigers und der Stelle, von der aus er aufgebrochen ist, das genaue Datum, an dem der Gipfel von der italienischen Seite aus erstmals erreicht wurde, die Namen der Bergsteiger und den ihres Ausgangspunktes. Sie haben 60 Sekunden; die Zeit läuft ab – jetzt!«

»Matterhorn«, sagte der Besitzer eines angestrengten Gesichtes, das wie ein massiger Mond jenseits der Bildstörungen undeutlich zu erkennen war, »4478 Meter. Die drei Gletscher auf Schweizer Seite ...«

Mit zunehmend gequältem Gesichtsausdruck zauberte der Kandidat die Antworten, eine nach der anderen, aus seinem geistigen Hut hervor und schaffte es schließlich eine halbe Sekunde vor Ablauf der Zeit. Das Publikum im Studio sowie Freifrau Iolanthe brachen in tosenden Beifall aus.

»Bravo!« rief die Freifrau, »ich muß sagen, die 30 Millionen Lire hat er sich redlich verdient. Nun, wie fanden Sie die Briefe, *Commissario?«*

»Faszinierend«, gab dieser zur Antwort. »Nur schade, daß es kein Bild von ihr gibt. Man hat das Gefühl – *ich* habe das Gefühl, wissen zu müssen, wie sie ausgesehen hat.«

»Wirklich?« sagte die Freifrau und warf ihm einen neugierigen Seitenblick zu. Dann wechselte sie unvermittelt das Thema. »Wie wär's mit einer kleinen Spritztour? Ich könnte selbst etwas frische Luft gebrauchen.«

»Ist es dafür nicht ein bißchen spät?« sagte Peroni.

»Unsinn! Nach dem vielen *Shepherd's pie* wird Ihnen das guttun, nicht wahr, Alice?«

»Iolanthe macht gern eine kleine Spritztour vor dem Schlafengehen.«

Widerwillig gab Peroni nach, und kurz darauf kletterte er in einen Wagen, der so aussah wie jene, die in Clownsnummern explodieren, Wasser und Qualm speien und sich schließlich in ihre Bestandteile zerlegen.

»Ich mag eigentlich Leute nicht, die ihrem Fahrzeug Namen geben«, sagte die Freifrau, »doch in diesem Fall konnte ich nicht widerstehen. Ich nenne die Kiste hier KaF, weil man in schlechten englischen Romanen ständig auf Figuren stößt, die einen klapprigen alten Ford fahren. Das hier ist der klassische klapprige alte Ford. Daher KaF.«

Nachdem der Wagen zuerst nicht anspringen wollte, machte er plötzlich einen Satz nach vorn wie ein verrückt gewordenes Maultier, so daß Peroni gegen die Windschutzscheibe geschleudert wurde.

»Tut mir leid, *Commissario.* Alice meint, ich sollte Sicherheitsgurte einbauen lassen, aber ich kann die Dinger nicht ausstehen.«

Hustend und stotternd wie seine Besitzerin, wenn sie eine toskanische Zigarre rauchte, hin und wieder unvermittelt stehenbleibend und gelegentlich den Eindruck erweckend, als würde er selbst das Steuer übernehmen, was zu den beunruhigendsten Ergebnissen führte, rollte KaF aus Assisi hinaus und begann, den Monte Subasio zu erklimmen. Nach fünf Minuten hätte es Peroni vorgezogen, unbewaffnet einem halben Dutzend Camorra-Killern zu begegnen. Nach weiteren alptraumhaften fünfundzwanzig Minuten hielten sie scheinbar völlig grundlos an.

»Ein kleiner Spaziergang«, sagte die Freifrau.

»Wenn du nichts dagegen hast, warte ich im Wagen, Iolanthe«, sagte Alice.

Peroni wäre am liebsten auch geblieben, aber Freifrau Iolanthe, die eine große Taschenlampe in der Hand hielt, verschwand bereits einen schmalen Pfad hinauf, der von der Straße abging, um zwischen Bäumen steil anzusteigen, und offensichtlich erwartete sie, daß er ihr folgte. Innerlich grollend tat er es.

Wenngleich nicht mit einer Besteigung des Monte Cervino vergleichbar, war es alles andere als ein kleiner Spaziergang, und Peroni, für den jede ländliche Gegend ein unerschlossener Raum zwischen Städten war, sah sich nun abrutschen, klettern und außer Atem geraten. Außerdem sah er sich die Freifrau verfluchen, die, ohne ein Wort und ohne eine Pause einzulegen, mit verblüffend schnellem Schritt vor ihm hereilte. Trotz Whisky, Zigarren und hohem Blutdruck mußte sie erstaunlich fit sein.

Nachdem es, wie Peroni vermutete, etwa zwei Stunden so weitergegangen war, gelangten sie auf eine Lichtung, und er erkannte circa fünfzig Meter oberhalb von ihnen ein Gebäude, das sich scharf gegen den samtenen umbrischen Nachthimmel abzeichnete und aussah wie eine kleine Kapelle.

»Die Räuberhöhle«, sagte Freifrau Iolanthe unerwartetermaßen, als sie einen Augenblick haltmachte und dann sofort weiter bergauf stürmte.

Der Bau lag so hoch oben, daß Assisi nur noch wie ein winziger Lichtfleck wirkte. Er bestand aus grobgehauenen Steinen mit einem Ziegeldach. Er sollte nicht eigentlich schön sein, doch schon allein aufgrund seiner Geschlossenheit war er es trotzdem. Ein großer Vorbau führte in das Hauptgebäude.

»Es geht die Legende«, sagte die Freifrau, »daß dies hier früher einmal das Versteck eines berüchtigten Räubers namens Barnaba war, der, nachdem Franz ihn einmal hier besucht hatte, bekehrt und später in den Orden aufgenommen wurde. Dann kehrte er hierher zurück, um für den Rest seines Lebens zu beten und Buße zu tun. Er starb, wie es heißt, im Geruch der Heiligkeit. Diese Kapelle wurde offiziell zum Andenken daran errichtet, daß Franz einst hier gewesen ist. Barnaba wurde nie heiliggesprochen, also kann sie natürlich nicht zu seinen Ehren erbaut worden sein, aber die Menschen hier in der Gegend mögen ihn trotzdem sehr, und sie bezeichnen die Kapelle noch heute als die Räuberhöhle. Im Innern gibt es eine Statue, die angeblich ihn darstellen soll – was natürlich offiziell gegen die Regeln verstößt –, und man sagt, er könne bei chronischer Verstopfung helfen.«

»Sehr interessant.«

Freifrau Iolanthe brach erneut in ihr derbes Gelächter aus. »Ich wette, Sie wünschen mich gerade dafür zum Teufel«, rief sie unbekümmert, »daß ich Sie mitten in der Nacht den weiten Weg hierauf schleppe, um Ihnen eine ausgediente Kapelle zu zeigen, die nicht einmal im Reiseführer erwähnt wird. Und dennoch«, so fuhr sie mit einigermaßen theatralischer Feinsinnigkeit fort, »sollten Sie eigentlich froh sein. Es gibt hier ein paar Freskofragmente, die offensichtlich der Giotto-Schule zuzurechnen sind. Wirklich interessant diese Giotto-Schulen. Er kam nach Assisi, um den Franziskus-Zyklus in der Basilika zu malen, und engagierte eine kleine Heerschar von Burschen aus der Gegend, die ihm zur Hand gehen sollten – wissen Sie, die haben das Gras und den Himmel und vielleicht die Bäume und Gebäude angefertigt, während er und seine engeren Mitarbeiter die Figuren malten. Nun, es dauerte nicht lange, und Giottos Leute machten sich auf die Suche nach anderen lukrativen Jobs, so daß die Schule den restlichen Kram allein fertigstellen konnte. Die übernahmen dann in der Gegend zahlreiche Gelegenheitsarbeiten, so wie diese hier. Überall findet man Sachen von ihnen. Der Meister hatte den armen Burschen für immer seinen Stempel aufgedrückt, so daß sie in seinem Stil weitermalen mußten, ohne allerdings sein Genie zu erreichen. Mitunter waren die Ergebnisse kläglich. Sollen wir uns das mal ansehen? Die Kapelle selbst ist zwar verschlossen, doch im Vorbau finden sich ein paar Arbeiten.«

Er verfluchte die Freifrau noch immer ob ihrer Verschrobenheit, die ihn auf einen Berg verschlagen hatte, wo er sich einen Vortrag über irgendwelche Malerschulen anhören mußte, während er hinter ihr über die Schwelle des Vorbaus trat. Als sie beide drin waren, schaltete sie die Taschenlampe ein, und ein kräftiges Lichtbündel strahlte zielsicher in die Höhe, um das Antlitz von Jacopa de Settesoli zu erleuchten.

Peroni starrte in ungläubigem Staunen. Es konnte nur *sie* sein. Der Stil war unbeholfen, doch durch irgendeinen glücklichen Zufall mußte ein winziger Keim von Giottos Talent in diesem unbekannten Künstlergesellen aus dem 13. Jahrhundert aufgegangen sein und sich bei der Gestaltung des Gesichts zu einmaliger Blüte entfaltet haben.

Peronis Phantasien waren der Wirklichkeit nicht annähernd gerecht geworden. Es war ein Gesicht von erhabener Schlichtheit, halb verdeckt von schwarzem Haar. Es wirkte ganz gelöst und erweckte doch den Eindruck, Liebe zu verströmen; die Augen schienen vor Freude zu strahlen, und der Mund sah aus, als wollte er jeden Moment zu lachen beginnen. Das Seltsamste jedoch war, daß sich die Frage gar nicht stellte, ob sie schön war oder nicht; sie war sie selbst. Peroni hatte dergleichen nie zuvor erlebt.

»Na, was sagen Sie dazu?« Die Stimme der Freifrau schien von weither zu kommen.

»Sie ist wundervoll ...«

»Dachte mir, daß es Sie umhauen würde.«

Peroni zwang sich, das Fresko analytisch zu betrachten. Es war über der Tür angebracht und zeigte Jacopa *en miniature,* kniend, die Hände zum Gebet gefaltet, zu Füßen einer sehr viel größeren Gestalt, hölzern und leblos, die zweifellos den heiligen Franz darstellen sollte. Allmählich schlich sich ein Einwand in Peronis Sinn.

»Woher wissen wir eigentlich, daß sie das sein soll?« fragte er.

»Ich habe mich schon gefragt, wann Sie wohl auf diesen Gedanken kämen«, entgegnete die Freifrau, die sich anhörte, als wäre sie sehr zufrieden mit sich. »*Sie* wissen, daß sie es sein soll, weil es überhaupt das einzige Gesicht auf der Welt ist, das zu der Frau gehören könnte, die jene Briefe geschrieben hat. Ich bin jedoch eher auf Umwegen darauf gestoßen. Letztes Frühjahr kam ich auf einer Wanderung hier oben vorbei, als es plötzlich zu regnen anfing, da habe ich mich hier untergestellt. Das Fresko war damals in einem viel schlechteren Zustand als heute. Zum Beispiel fehlte Jacopas Kopf vollständig. War von irgendeinem Idioten übertüncht worden. Ich konnte lediglich erkennen, daß es sich um eine kleine kniende Frauenfigur handelte. Nichts Bemerkenswertes. Solche knienden Bittsteller findet man in vielen mittelalterlichen Werken – Skulpturen wie Gemälden. Doch dann fiel mir hieran eine Einzelheit auf, die mir eigentlich etwas hätte sagen müssen, doch es hat noch ein bißchen gedauert, bis ich begriff, was es war. Das da!«

Mit genau abgestimmter Theatralik richtete Freifrau Iolanthe den Strahl ihrer Taschenlampe auf den Umhang der Frauenfigur. Ungefähr über dem Herzen erkannte Peroni etwas, das aussah wie ein großes T.

»Das Tau-Kreuz«, sagte die Freifrau. »Tau ist das griechische T. Der heilige Franz zeigte eine besondere Verehrung für das Tau-Kreuz. Wissen Sie noch, wie es in Jacopas Brief hieß? ›Das einzige sichtbare Zugeständnis, das ich dem Gedenken an ihn mache, ist ein Tau-Kreuz, das ich auf meinen Umhang genäht habe.‹ Ich dachte mir, daß es in Assisi nicht viele Frauen gegeben haben kann, die mit einem Tau-Kreuz auf ihrem Umhang herumspaziert sind, und noch weniger, die man zusammen mit dem heiligen Franz abgebildet hätte. Ergo, mein lieber *Commissario,* mußte es Jacopa sein. Ich habe mich mit *Commendatore* Palanca in Verbindung gesetzt, dem Direktor des Amtes für Denkmalpflege.«

»Ich kenne ihn.«

»Ach, natürlich, Sie stammen ja aus derselben Gegend, nicht wahr? Prima Bursche. Er ist sofort gekommen, um sich die Sache anzusehen; er meinte, man könne da wohl etwas machen, und nicht mal einen Monat später waren bereits Fachleute bei der Arbeit. Das da ist das Ergebnis.«

Peroni hatte ein schlechtes Gewissen, weil er Freifrau Iolanthe insgeheim beschimpft hatte. »Es war wirklich sehr liebenswürdig von Ihnen, daß Sie mich hierhergeführt haben«, sagte er aufrichtig in dem Versuch, einiges wiedergutzumachen.

»Ich habe mir gedacht, daß es Sie freuen würde«, sagte sie. »Es erfüllt einen immer mit Befriedigung, das Gesicht eines Menschen zu sehen, den man liebt.« Sie zündete sich eine toskanische Zigarre an und warf ihm einen ihrer sonderbaren Seitenblicke zu. »Jetzt müssen wir aber zurück zu Alice und KaF.«

Kapitel 16

»Wir essen heute mit Rocco zu Mittag«, verkündete Assunta am nächsten Morgen beim Kaffee. »Im Excelsior«, betonte sie.

Die Zeit, die seit der Verabredung vergangen war, hatte die Aussicht darauf nicht unbedingt reizvoller gemacht. Sie rechnete mit einem Austausch von Platitüden und Wichtigtuerei, während ihr Bruder und Rocco eine Stunde lang ihre jeweiligen Rollen als Polizei-*Commissario* und Direktor des Amtes für Denkmalpflege spielen würden. Selbst Achille schien darüber nicht sonderlich begeistert. Indes hatte es fast den Anschein, als wäre ihre Ankündigung gar nicht zu ihm durchgedrungen.

»Mhm?« machte er, diesen Eindruck bestätigend. »Was hast du gesagt?«

»Unser Mittagessen mit Rocco«, sagte sie. »Es ist heute.«

»Unser Mittagessen mit Rocco«, wiederholte er, doch die Worte hatten offenbar keinerlei Bedeutung für ihn.

Sie musterte ihn zuerst neugierig, dann besorgt. Er sah ausgesprochen abgespannt aus. »Alles in Ordnung mit dir, Achille?« fragte sie.

»Was? Oh ja, alles in bester Ordnung.«

Da kam ihr ein Gedanke. »Warst du im Krankenhaus?«

»Krankenhaus? Was sollte ich im Krankenhaus?«

»Deine Hand!«

»Ach, nein – hab' ich total vergessen. Ich bin da einer Sache auf der Spur, die vielleicht ...«

»Du bist wohl nicht ganz bei Trost! Wenn deine Hand sich entzündet, kann das gefährlich werden.«

»Ich gehe heute hin. Ich muß nur vorher noch ein paar Bücher durchsehen.«

»Bücher?«

»Davon wollte ich dir ja gerade erzählen – ich habe was rausgefunden, das wirklich sehr wichtig sein könnte.«

»Über *Signora* Guidi?«

»Das war nur der Anfang, aber die Sache ist wesentlich komplizierter.« Seine Müdigkeit zeigte sich plötzlich noch deutlicher. »Wahrscheinlich komme ich nie dahinter.«

»Achille«, sagte Assunta, »dir ist doch hoffentlich klar, daß das gefährlich werden könnte.«

»Meine Hand, meinst du?«

»Ich rede jetzt von etwas anderem. Du bist nicht befugt, hier Ermittlungen anzustellen. Weiß der Himmel, was die sich alles einfallen lassen, wenn das rauskommt. Du weißt, wie gemein und rücksichtslos manche Leute sind, wenn sie von so etwas Wind bekommen – besonders, wenn du derjenige bist. Es gibt bestimmt eine Menge von deinen Kollegen, die alles dafür geben würde, den Rudolfo Valentino der italienischen Polizei in Schwierigkeiten zu bringen.«

»Du brauchst dir meinetwegen keine Sorgen zu machen.«

»Ich wünschte, ich könnte da so sicher sein.« Ihr kam ein weiterer Gedanke. »Es könnte nicht vielleicht sein, daß da noch eine Frau im Spiel ist?«

Sie war es gewohnt, seinen Gesichtsausdruck zu deuten, doch nun entdeckte sie etwas in seinem Gesicht, das ihr wirklich Rätsel aufgab.

»Ich wünschte, man könnte es auf einen so einfachen Nenner bringen«, erwiderte er, »aber das kann man nicht.«

»Na schön, aber denk auf jeden Fall daran, deine Hand verarzten zu lassen.«

Was hatte Lorenzo Florio-Levi bei seinen Forschungen über die Geschehnisse im Assisi des Jahres 1230 Bedeutendes herausgefunden? Falls sein Tod die Folge seiner begeisterten Reisen in die Vergangenheit war – eine Annahme, zu der Peroni immer stärker neigte –, dann war dieser Tod selbst schon ein deutlicher Hinweis, daß er wirklich auf etwas Wichtiges gestoßen war.

Aber was? Was mochte vor über 700 Jahren nur geschehen sein, daß im Assisi des 20. Jahrhunderts daraus ein Mord erwuchs? Was immer es auch war, Jacopa de Settesoli hatte dabei zweifellos eine entscheidende Rolle gespielt.

Die beiden Adressen, die ihn zu *Signora* Rosalba und Freifrau Iolanthe geführt hatten, waren ihm zunächst als der große Durchbruch erschienen, doch – auch wenn Jacopa für ihn inzwischen fast lebendiger war als eine Frau aus Fleisch und Blut – war er in dem eigentlichen Fall, Lorenzos Tod, nicht einen Schritt weitergekommen.

Nachdem er die ganze Nacht lang unentwegt darüber nachgegrübelt hatte, war Peroni zu dem Schluß gekommen, daß ihm nur eine Möglichkeit offenstand, nämlich die Bücher in Lorenzos Wohnung genauestens durchzusehen. Vielleicht fanden sich in dem ganzen historischen Bodensatz ja ein oder zwei Körnchen Wahrheit.

Also machte er sich erneut auf den Weg zur Werkstatt Florio-Levi; nachdem er unter den unverhohlen neugierigen Blicken der Gnome den Raum durchquert hatte, betrat er jetzt ein weiteres Mal das Büro der sympathischen Sekretärin.

»Buon giorno«, begrüßte sie ihn, und es hörte sich so an, als würde sie sich freuen, ihn zu sehen.

»Es kann nicht so weitergehen, daß ich Sie nur als die reizende Sekretärin kenne«, sagte er. »Ich wüßte sehr gern, wie Sie heißen.«

»Bonato«, entgegnete sie, »Raffaella Bonato. Aber steht das denn nicht in dem Bericht Ihres Kollegen?«

Das, dachte Peroni, war ein ganz außergewöhnlich dummer Fehler gewesen. Er hätte ihn mit einem beiläufigen »Ach ja, natürlich« überspielen können, doch aus irgendeinem Grunde behagte es ihm nicht, sie zu belügen. »Ich habe den Bericht meines Kollegen nicht gelesen«, sagte er. »Die Dinge liegen ein wenig anders.«

»Ach ja?« Interessiert, amüsiert, abwartend.

»Ich bin zwar tatsächlich Polizei-*Commissario,* aber nicht in Perugia stationiert. Ich habe keinerlei Befugnis, in dieser Angelegenheit Ermittlungen anzustellen.«

»Und das ist schlimm?«

»Sogar sehr schlimm. Wenn ich von der Camorra dicke Schmiergelder annähme, würde sich daran niemand sonderlich stören, aber solche Unkorrektheiten werden nur äußerst ungern gesehen.«

Sie lächelte, dann wurde sie ernst. »Aber weshalb ermitteln Sie dann in der Sache?«

»Das weiß ich selbst nicht genau. Ich habe zur Zeit Urlaub, und ich mache zufällig bei der Wallfahrt mit, an der auch *Signora* Guidi teilgenommen hat. Als sie am Mittwoch verhaftet wurde, wollte ich einfach nicht glauben, daß sie schuldig ist. Ich halte ihre Geschichte für wahr.«

Raffaellas Augen blickten plötzlich alarmiert. Sie hatte sich zwar sofort wieder unter Kontrolle, doch es war unverkennbar gewesen. Sie richtete sorgfältig ein Blatt Papier in der Schreibmaschine aus. »Sie müssen einen guten Grund für diese Annahme haben.«

»Eigentlich nicht. Jedenfalls vorerst nicht. Aber es könnte sein, daß ich langsam eine Vorstellung davon bekomme, weshalb er ermordet wurde.«

»Und wie kann ich Ihnen helfen?«

»Möchten Sie mir denn überhaupt helfen?«

Sie überlegte. »Es hat keinen Zweck, sich gegen die Wahrheit zu wehren. Was also kann ich tun?«

»Ich möchte noch einmal Lorenzos Bücher durchsehen.«

»Nur zu. Sie kennen ja den Weg.«

Peroni erhob sich. »Sie waren sehr freundlich.«

Sie schien wegen irgend etwas verunsichert. »Da wäre nur eine Sache . . .«

»Ja?«

»Es ist wahrscheinlich nicht von Bedeutung, aber – naja, vor ein paar Tagen habe ich den Schlüssel zu diesem Haus verloren. Ich habe meistens zwei bei mir. Und das war der Ersatzschlüssel.«

»Wenn am Dienstag abend noch jemand hier war, dann hätte er also mit diesem Schlüssel hereinkommen können?«

»Möglich.« Der Gedanke behagte ihr nicht.

»Wo haben Sie ihn verloren?«

»Da gibt es etliche Möglichkeiten.«

»Wo hatten Sie den Schlüssel?«

»In meiner Handtasche.«

»Hätte ihn irgend jemand aus Ihrer Tasche entwenden können?«

Das Telefon klingelte, und sie schien über diese Unterbrechung froh zu sein. Sie redete einige Minuten über das Verpacken und Ausliefern von Glas, wobei sie geschickt Notizen stenographierte.

»Haben Sie dem Ermittlungsbeamten aus Perugia von dem Schlüssel erzählt?«

»Nein, ich hatte noch gar nicht bemerkt, daß ich ihn verloren hatte.«

»Wer wußte, daß Sie immer einen Ersatzschlüssel bei sich tragen?«

Sie wollte etwas sagen, überlegte es sich dann aber offenbar anders. »Hören Sie«, sagte sie statt dessen, »ich muß die Bestellung hier machen. Ich habe heute noch viel zu erledigen. Macht es Ihnen etwas aus, wenn wir unser Gespräch auf später verschieben?«

In Anbetracht der Tatsache, daß er hier, wie er ihr gestanden hatte, gar nicht zuständig war, konnte Peroni kaum widersprechen. »Wann machen Sie Feierabend?«

»Sieben Uhr.«

»Kann ich Sie dann abholen?«

»Das wäre mir recht. Sie finden ja selbst zu den Büchern.«

Es kam ihm vor, als wäre sie erleichtert, ihn los zu sein.

Der bloße Anblick des Buches war beängstigend. Es war ein bibliographisches Schwergewicht, mit dem man problemlos jemanden hätte erschlagen können. Sein Einband war in tiefem Schwarz gehalten, als wäre es in Trauer wegen seines Inhalts. Aber wenn schon sein Anblick beunruhigend war, so war es sein Titel erst recht: *Ein historischer Abriß über Assisi bzw. Ascesi,* verkündete es gleichsam im gleichförmigen Ton einer Universitätsvorlesung, *von seinen prähistorischen Anfängen in der frühen Eisenzeit bis heute, unter besonderer Berücksichtigung der Etruskerherrschaft, der anschließenden Eroberung durch Rom und der dadurch erfolgten Erhebung der Stadt in den Rang eines Municipium, der Völkerwanderung und der nachfolgenden langobardischen Herrschaft, gefolgt vom Kampf gegen den Feudalismus und die lange Ghibellinen-Tradition, sowie eine detaillierte topologische Untersuchung der Stadt und ihrer näheren Umgebung nebst ausführlichen geographischen, architektonischen und archäologischen Betrachtungen und einem umfangreichen Überblick über die Flora und Fauna auf dem Monte Subasio.*

Dieses Monument puren Stehvermögens war in den achtziger Jahren des 19. Jahrhunderts erschienen, und Peroni hatte es, in Ermangelung eines anderen Kriteriums, ausgesucht, weil es das umfangreichste in Lorenzos Sammlung war. Er öffnete den Buchdeckel, der ihn an ein Gefängnistor erinnerte, und begann, nach dem 13. Jahrhundert zu suchen.

Als er fündig geworden war, blieb er, wie ein Rennboot auf einer Sandbank, in dem Kampf zwischen Guelfen und Ghibellinen stecken, in den Assisi tief verstrickt war. Er wollte die Suche schon als hoffnungslos aufgeben und es mit einem weniger voluminösen Band versuchen, als er plötzlich in dem politischen Dschungel eine unerwartete Lichtung entdeckte.

»Im Jahr des Heils 1230«, so las er, »trug sich ein Ereignis von besonderer Tragweite zu, ja sogar zwei Ereignisse, denn das eine ging dem anderen voraus, und in großen Scharen strömten die Menschen aus Italien und Ländern der ganzen Welt nach Assisi, um an diesen Ereignissen teilzunehmen: nämlich die Einweihung der unteren der beiden Kirchen, aus denen heute die weltberühmte Basilika San Francesco besteht, und die Überführung der sterblichen Überreste des großen Wundertäters aus der Kirche San Giorgio, wo sie bis zur Fertigstellung von Bruder Elias' monumentalem Bauwerk aufbewahrt worden waren, in die Krypta der Basilika, wo sie heute ruhen.«

Mit dem Gefühl, auf etwas gestoßen zu sein, tastete Peroni sich durch den zähen Text, doch als er am Ende der Beschreibung angelangt war und der Autor wieder auf seine Guelfen und Ghibellinen zu sprechen kam, stellte er fest, daß er keineswegs klüger geworden war als zuvor. Nach wie vor stand nur zweierlei fest: Die Unterkirche war eingeweiht worden, und der Leichnam des heiligen Franz war von San Giorgio dorthin überführt worden.

Er legte den *Historischen Abriß* wieder dahin, wo er ihn gefunden hatte, und versuchte es aufs neue, doch das nächste halbe Dutzend Bücher, das er aufs Geratewohl herausfischte, bestätigte nur, daß Lorenzo sich mit dem Assisi des 13. Jahrhunderts beschäftigt hatte.

Der achte Band schließlich war dünner als seine Vorgänger, sah aber nicht sehr viel verheißungsvoller aus. *Auszug aus den Regierungsberichten der Serenissima* lautete der Titel, und tatsächlich enthielt das Buch kaum mehr als Listen mit den Namen von Leuten, die im Auftrag der Republik Venedig verschiedene Reisen nach Padua, Mailand und anderen Städten unternommen hatten, samt den in Dukaten ausbezahlten Spesen. Er wollte das Buch bereits zurücklegen, als ihm plötzlich ein Name ins Auge stach, der zuoberst auf einer der Listen stand.

Bartolomeo Morosini. Der Mann, der, wie Michele Aquila Jacopa berichtet hatte, die venezianische Gesandtschaft nach Assisi geleitet hatte. Das Datum stimmte, wie er mit wachsender Erregung feststellte, Mai 1230, und unter den fünf Namen, die auf den Morosinis folgten, befand sich auch der von Michele selbst. Diese sechs Männer waren von 25 berittenen Begleitern, Wachleuten und Trägern eskortiert worden.

Die Spur, der Lorenzo gefolgt war, lag einmal mehr offen zutage, doch in welche Richtung sie führte, war noch immer nicht zu ergründen. Das war der Besuch, den Michele Jacopa versprochen hatte. Was war zwischen ihnen vorgefallen? Und welche Bedeutung hatte dies für Lorenzos Nachforschungen 700 Jahre später?

Peroni nahm sich die Bücher mit frischem Mut vor, doch wieder hatte er kein Glück. Stapelweise Geschichtsbände, die alle mehr oder weniger den gleichen Zeitraum behandelten, aber es war keiner darunter, soweit er das anhand von Stichproben beurteilen konnte, der ihm irgend etwas sagte, was er nicht längst wußte.

Schließlich griff er nach dem letzten Buch. Es war 1935 erschienen und trug den Titel *Venezianische Porträts,* und das Inhaltsverzeichnis machte deutlich, was das Buch hier zu suchen hatte, denn es enthielt ein Porträt des Bartolomeo Morosini. Peroni schlug auf.

»Im Dogen-Palast hängt ein Gemälde von Bartolomeo Morosini«, hieß es da, »und ein Blick darauf genügt, um zu erkennen, warum dieser Mann in der Republik so großes Ansehen genoß. Das Gesicht ist schmal, von großer Intelligenz, es trägt deutliche Züge von Skrupellosigkeit. Die Nase ist lang, der Mund verhärtet, und die Augen erinnern an die eines Habichts auf Beutejagd. Wollte man der venezianischen Politik der ersten Hälfte des 13. Jahrhunderts ein Gesicht geben, so müßte es dieses sein.

Die explosionsartige Ausweitung des Handels innerhalb eines unglaublich kurzen Zeitraums machte die Republik zur reichsten Europas. Dieses Verdienst gebührte im großen Maße ihm, seinen diplomatischen Missionen im Osten, insbesondere Konstantinopel, in deren Gefolge stets Verträge und Geschäfte abgeschlossen wurden, die sogar die ehrgeizigsten Geschäftsleute unserer Tage in Erstaunen versetzen würden.

Doch trotz all seiner hervorstechenden Merkmale wirkt das Gesicht Bartolomeo Morosinis auf Frauen nicht ansprechend. Nach allem, was über sein Privatleben in Erfahrung zu bringen ist, hat ihn das allerdings nicht sonderlich bekümmert, denn er blieb unverheiratet und begegnete dem anderen Geschlecht mit größter Verachtung.

Seine Verachtung, so scheint es, erstreckte sich jedoch nicht auf jüngere Mitglieder des eigenen Geschlechts; er soll eine ausgeprägte Vorliebe für junge Männer teutonischer Herkunft gehegt haben. Aus zeitgenössischen Dokumenten geht überdies hervor, daß zu seinem Gefolge meist ein deutscher Berater oder Wächter gehörte.

Daß Morosini schließlich gänzlich von der politischen Bühne Venedigs veschwand, wird allgemein damit erklärt, daß er unerwartet einer Krankheit erlag. Die genauen Umstände sind jedoch keineswegs geklärt, und es existiert kein schlüssiges Beweismaterial. Nach Ansicht des Verfassers dieser Schrift ist allerdings nicht auszuschließen, daß es zwischen ihm und dem gefürchteten Rat der Drei zu einer Meinungsverschiedenheit kam, die zur Folge hatte, daß er überstürzt das Exil wählte. Und wenn er nicht ein so verschlagener und erfahrener Politiker gewesen wäre, müßte die Hypothese in Betracht gezogen werden, daß andere sein Verschwinden inszenierten.

Seine politische Laufbahn begann während der letzten Dekade des 12. Jahrhunderts ...«

Darüber hinaus fand sich nichts von besonderem Interesse, die Gesandtschaft nach Assisi wurde mit keinem Wort erwähnt. Nach kurzem Nachdenken nahm Peroni ein Blatt Papier und schrieb die Namen der beteiligten Personen auf. Jacopa selbst und ihre beiden Söhne, Giovanni und Graziano; Morosini und Michele Aquila; zwei Mönche – der gestrenge, unleidliche und unaufhaltsame Elias sowie der sanfte, rätselhafte Giles; das Oberhaupt der Bürger, *Messer* Ugo, und seine Frau; der Stadtausrufer Ilario. Zehn Personen.

Nein, Moment mal, vielleicht gab es da noch eine elfte. Die Schilderung Morosinis hatte auf die Existenz eines jungen Deutschen hingewiesen. Peroni nahm sich erneut den Auszug aus den Regierungsberichten vor und ging die Namensliste noch einmal durch. Corrado di Turingia. Eindeutig deutscher Abstammung. Peroni fügte den Namen seiner Liste hinzu.

Also elf Personen, und die Kulisse war noch immer da, rings um ihn, seit dem 13. Jahrhundert praktisch unverändert, als sie auf dieser Bühne ihr Drama aufführten. Aber was für ein Drama war das gewesen? Pirandello hatte *Sechs Personen suchen einen Autor* geschrieben: Peroni hatte es nun mit elf Personen zu tun, die ein

Theater-Manuskript suchten. Wenn es überhaupt ein Manuskript gab, in dem sie alle vorkamen.

Er ging erneut die Liste durch, und dabei kam ihm die Idee, daß er, wenn er die Namen im jeweiligen Index der verschiedenen Bücher überprüfte, vielleicht etwas zutage förderte, das ihm bisher verborgen geblieben war. Es war ein ermüdendes Unternehmen, doch nach 20 Minuten wurde er fündig.

Als er in dem voluminösen Band, mit dem er seine Nachforschungen begonnen hatte, Ilario il rubicondo nachschlug, stieß er auf eine Danksagung. Der Autor, so ihr Wortlaut, dankte Signorina Zuzzi, der Tochter des verstorbenen Prof. Zuzzi, für die freundliche Erlaubnis, die Manuskripte der *Chroniken des Ilario il rubicondo* zu sichten, die ihr Vater zusammengetragen hatte. Hierbei handelte es sich zweifellos um die fehlende Sammlung, deren Auffindung Lorenzo sich zum Ziel gesetzt hatte.

Im Telefonbuch von Assisi gab es nur einen Zuzzi, einen gewissen *Dott.* Ottavio, doch er erwies sich als der richtige, und er war sogar erreichbar.

»Ich kann Ihnen nur das mitteilen«, sagte er, als Peroni seine Frage gestellt hatte, »was ich Signor Florio-Levi gesagt habe, als er mich zu Beginn des Jahres das gleiche gefragt hat. Meine Großmutter hat die Sammlung der Bibliothek der Minoriten in Assisi als Schenkung überlassen.«

Kapitel 17

»Wir haben es mit einer äußerst ernsten Krise innerhalb der Linken zu tun, die nicht durch ideologische Abstraktionen, sondern durch Konflikte ausgelöst wurde, die die zukünftige Einheit und den inneren Zusammenhalt der Partei angesichts der vielfältigen ...«

Aus irgendeinem Grund fesselte der Leitartikel der ›Unità‹, des täglichen Sprachrohrs der Kommunistischen Partei Italiens, die Aufmerksamkeit von *Commissario* Zanetti nicht so wie sonst. Der Grund war natürlich die bourgeoise Affäre in Assisi. Irgend etwas daran stimme nicht. Alles deutete darauf hin, daß *Signora* Guidi Lorenzo Florio-Levi erschossen hatte, und trotzdem war Zanetti besorgt. Seine Erfahrung sagte ihm, daß eine politisch ungebildete Frau bei systematischer Befragung sofort zusammenbrechen würde, doch inzwischen befand sie sich seit mehr als 36 Stunden in Polizeigewahrsam, und sie behautpete nach wie vor hartnäckig, daß Florio-Levi noch lebte, als sie ihn verließ.

Und zu allem Übel wirbelte ihr Mann, der Anwalt war und sich offenbar nichts daraus machte, daß seine Frau und Florio-Levi ihm Hörner aufgesetzt hatten, in Perugia einen Sturm des Protestes auf.

Er zwang sich, seine Aufmerksamkeit wieder ganz der ›Unità‹ zu widmen. »Die objektiven und subjektiven Neuerungen innerhalb der Partei sollten mit aller gebotenen Schärfe analysiert werden, um zu ergründen, wie sich der Zustand der Arbeiterbewegung auf politischer, gewerkschaftlicher und kultureller Ebene manifestiert ...«

Das Telefon auf Zanettis Schreibtisch klingelte, und er nahm gereizt den Hörer ab. »Zanetti.«

»Ein Anruf von außerhalb für Sie, *Dottore*. Der Mann will seinen Namen nicht nennen, aber er behauptet, er hätte Informationen über den Assisi-Mord.«

»Stellen Sie durch.« Eine kurze Pause und ein Klicken.
»*Commissario* Zanetti?«
»Mit wem spreche ich?«
»Es tut nichts zur Sache, wer ich bin. Ich habe Informationen, die für Sie von Interesse sein könnten.«
Es hätte eine helle Männer- oder eine dunkle Frauenstimme sein können; in jedem Fall eine mit an Sicherheit grenzender Wahrscheinlichkeit verstellte Stimme.
»Was für Informationen?«
»Ein Mann, der sich fälschlicherweise als Polizist ausgibt, stellt in Assisi Nachforschungen an. Er hat die Mitarbeiter der Werkstatt Florio-Levi befragt.«
Am anderen Ende der Leitung wurde der Hörer aufgelegt. Zanetti blickte hilflos auf seine ›Unità‹ hinab und suchte nach einer Eingebung. FASCHISTISCHE SCHIKANEN, lautete die Schlagzeile. Besser hätte man es kaum ausdrücken können.

Peroni hatte das starke Gefühl, hier schon einmal gewesen zu sein, vielleicht in einem Traum. Er erkannte die endlosen gebohnerten Gänge, in denen jeder Schritt widerhallte und die zu einem riesigen Labyrinth zu gehören schienen, die gewaltigen Mosaiken und Bilder, die offenbar aus dem 19. Jahrhundert stammten. Er erinnerte sich an das allenthalben herrschende Zwielicht und die Stille und die typischen Anstaltsgerüche, in denen der hartnäckige Duft des Abendessens vom Vortag mit dem des heutigen Mittagessens konkurrierte. Doch in dem Traum war er allein gewesen, während ihn jetzt ein Mönch begleitete, der munter über Fußball schwatzte.
»Was für ein Spiel! So eins hat es seit der Weltmeisterschaft nicht mehr gegeben. Obwohl«, fügte er eilfertig hinzu, als die franziskanische Höflichkeit die Oberhand über das Fußballfieber gewann, »Sie als Neapel-Fan naturgemäß befangen sein werden.«
»Aber nein«, erwiderte Peroni großzügig, ohne indes hinzuzufügen, daß Fußball ihm so egal war, daß er nicht einmal die Geschicke der Mannschaft seiner Heimatstadt verfolgte.
»Das ist klug von Ihnen«, sagte der Mönch, als hätte Peroni einen sauberen theologischen Treffer gelandet. »Wohlgemerkt, was den Fußball betrifft, bin ich durchaus für Patriotismus, nicht aber für Chauvinismus – der ganze Spaß ist dahin, wenn man sich nur für seine eigene Mannschaft begeistern kann. Da wären wir.«

Der letzte Satz reihte sich so nahtlos an die übrigen, daß Peroni fast schon damit rechnete, nun in ein Stadion geführt zu werden. Der Mönch nahm einen der Schlüssel, die an der weißen Kordel um seine Taille klimperten, beugte sich vor, um eine Tür zu entriegeln, und trat dann zur Seite, um Peroni in einen Raum zu lassen, der, soweit er dessen Ausdehnung in der Dunkelheit abzuschätzen vermochte, ohne weiteres ein Stadion hätte sein können. Doch dann schaltete der Mönch das Licht an, und die Fans, die in dichtgedrängten Reihen saßen, entpuppten sich als Bücher.

»Also dann, Ilario il rubicondo«, sagte der Mönch, während er einen Karteikasten öffnete. »Sie sagen, wir hätten ein Manuskript mit Auszügen aus den *Chroniken.* Ich kann zwar nicht behaupten, daß mir das je untergekommen ist, aber wir haben Berge von Zeug, das man uns als Schenkung überläßt und in das dann nie wieder jemand hineinschaut.«

»In das, was ich suche, hat in diesem Jahr schon einmal jemand hineingeschaut.«

»Wirklich? Dann muß jemand anders die Ausleihe vorgenommen haben. Ah, da haben wir's ja. Ilario il rubicondo, *Chroniken,* Auszüge aus MS, Schenkung Zuzzi 1889, Col. SR 295. Setzen Sie sich doch. Es kann ein Weilchen dauern, bis ich es herausgesucht habe.«

Doch schon nach wenigen Minuten war er wieder da, staubig und zerzaust, und schwenkte triumphierend ein kleines Buch, als wäre es ein Silberpokal. »Da ist es!« rief er. »Leichter zu finden, als ich gedacht hatte. Lassen Sie sich ruhig Zeit. Ich bin in der Nähe, falls Sie etwas brauchen.« Nach diesen Worten brach er zu den entlegenen Winkeln der Bibliothek auf, wobei seine Gangart verdächtig danach aussah, als dribbelte er einen unsichtbaren Ball.

Peroni schlug die in Leder gebundenen Manuskripte auf. Er begann, die verschnörkelte, schräge Handschrift zu studieren. Warum Ilario für seine Zoten bekannt war, fand er rasch heraus; wenn man ihm glauben wollte, so war Assisi im 13. Jahrhundert genauso ein Sündenbabel wie Dantes Hölle. Nachdem er diesen Pfuhl von Verderbtheit etwa eine Viertelstunde überflogen hatte, entdeckte er den Namen Franziskus. Er ging zurück an den Anfang des Verses und begann, ihn Wort für Wort zu entziffern:

»Und wenn vom Himmel am heutigen Tag
Franziskus hinab auf den Sarg blicken mag,
In dem man trägt sein Gebein
In das Leichenhaus aus Stein,
Erbaut von Mönch Elias' Hand,
Dessen Brüder alle als Lügner bekannt,
Scheint die Sonn' hell auf die Leute,
Die Heuchler-, Gauner- und Hurenmeute.
Jedoch die Sünder vor dem Herrn
kommen jetzt von nah und fern.
Es sind Römer und Griechen, lüstern und gierig,
Sie sind aus Florenz und, noch schlimmer, Venedig,
Das uns mit einem Troß von Gesandten beehrt,
In dem kein Weib, doch eine Hur' mitfährt.«

Irgend etwas in Peronis Hirn war zum Zerreißen gespannt, wie ein Draht, an dem ein Gewicht hängt.

»Der Troß darf in der Rocca Minore logieren,
Wo immer seltsamere Dinge passieren,
Denn obwohl sich sechs hineinbegeben,
Sind nun noch fünf davon am Leben.
Corrado der Deutsche lebt nicht länger,
So trägt's die Kunde zu dem Sänger.«

Die elf Personen hatten also doch ein Skript gehabt. Peroni lehnte sich auf seinem Stuhl zurück und starrte auf das Geschehen, als würde es sich vor ihm in der Luft abspielen. Die Kleinere Festung. Das konnte nur die sein, wo *Signora* Guidi verhaftet worden war, und ein Mord, der sich dort ereignet hatte, würde erklären, wieso die Vergangenheit Peroni in dem Turmzimmer wie eine Wildkatze angefallen hatte.

Welches Motiv konnte es für den Mord an Corrado geben? Der Geliebte eines Mannes wie Morosini war, das lag auf der Hand, in einer gefährlichen Position. Vielleicht hatte Corrado irgendwelche venezianischen Staatsgeheimnisse herausgefunden und versucht, seine Informationen zu verkaufen. Oder er hatte irgend etwas über Morosini selbst in Erfahrung gebracht und gedroht, seine Informationen gegen ihn zu verwenden.

Peroni hetzte im Geist etlichen Spuren nach, die ihn zu einer möglichen mittelalterlichen Intrige in höchsten Kreisen führen mochten, und dann, wie ein Hund, dem mit einem Mal aufgeht, wie albern es ist, Schmetterlinge zu jagen, hielt er inne. Es war sinnlos, ohne weitere Anhaltspunkte ins Blaue hinein zu spekulieren.

Doch eines stand jetzt eindeutig außer Zweifel. Der Mord an Corrado mußte bei Lorenzos Erforschung der Vergangenheit irgendeine Rolle gespielt haben. Er hatte Material für seine Magisterarbeit recherchiert und war auf das hier gestoßen. Und dann? Nun, dann hatte er vermutlich in den *Chroniken* weitergesucht. Peroni beschloß, das gleiche zu tun.

Da Professor Zuzzi lediglich Auszüge hatte sammeln können, blieben diese zwangsläufig zusammenhanglos, die Ereignisse wirkten mitunter völlig aus dem Kontext gerissen wie Fragmente eines Mosaiks. Doch es gab verschiedene Hinweise darauf, daß einige Zeit vergangen war, und Peroni beschlich das Gefühl, daß das entscheidende Jahr 1230 mittlerweile schon weit zurücklag. Er wollte die Suche gerade aufgeben, als sein Blick auf einen anderen vertrauten Namen fiel.

Es war absurd. Er kam sich vor wie ein Teenager, der unerwartet auf den Namen des Mädchens stößt, in das er verliebt ist. Und dann erinnerte er sich der seltsamen Bemerkung, die Freifrau Iolanthe über das Fresko in der Räuberhöhle gemacht hatte.

Ganz unten auf einer Seite war der Name.

»Jacopa, von der Sonnen Sieben
Ist stets ein wildes Weib geblieben ...«

Peroni blätterte die Seite um und las:

»Er zapfte vom Fasse den süßen Wein
Und später tat er Pisse rein.«

Er starrte auf die Seite. Er hatte mit einem Skandal, einer Beschimpfung gerechnet, aber das hier war einfach Nonsens. Und dann, als er einige Zeilen darunter las, begriff er warum: Ilario redete gar nicht mehr von Jacopa, sondern von einem betrügerischen Händler. Aber wieso brach die Passage über sie so abrupt ab? Er blätterte zurück zu der vorherigen Seite, um nach einer Erklärung zu suchen, doch er fand keine. Erst als er zwischen die Seiten blickte, sah er, was geschehen war.

Eine Seite war säuberlich herausgetrennt worden.

Kapitel 18

Scansani parkte den Wagen in der Nähe der Basilika Santa Chiara und ging dann über den Corso Mazzini in Richtung Innenstadt. Assisi hatte seine ganze Mai-Pracht entfaltet, der Himmel war von einem strahlenden Blau, und in der sanften umbrischen Brise flatterten kleine Fähnchen. Hier und da sorgten Gestalten in mittelalterlichen Kostümen für ein noch bunteres Bild, und die Touristen umringten sie mit klickenden Kameras und riefen und schrien in den verschiedensten Sprachen durcheinander wie hysterische Papageien in einem Vogelhaus. Die Kleider der jungen Frauen leuchteten mit den Fähnchen um die Wette.

Scansani fühlte sich so einsam wie ein Gespenst auf einer Hochzeit. Die Frauen verwirrten ihn furchtbar. Er war etwas dicklich und hatte eine Knollennase mit einer Kerbe in der Mitte, aus der kleine Härchen wuchsen. Zudem waren seine Augenbrauen in der Mitte zusammengewachsen, was ihm einen mürrischen Ausdruck verlieh. Außerdem litt er unter vorzeitiger Kahlköpfigkeit und Mundgeruch. Aus all diesen Gründen wirkte er auf Frauen nicht sehr anziehend, was ihn jedoch nicht hinderte, sie wiederum äußerst reizvoll zu finden, so daß ihm der Anblick attraktiver Frauen, wie er sich ihm an diesem Morgen in Assisi reichlich bot, große Probleme bereitete. Meistens versuchte er, diese Probleme zu verdrängen, indem er sich in seine Arbeit vertiefte, doch heute blieb der gewohnte Effekt aus, vielleicht weil er aus dem Auftrag, mit dem er betraut war, einfach nicht schlau wurde.

Als er die Piazza del Commune erreichte, beschloß er, daß ein Bier ihm nur guttun könnte, doch nachdem er vor einem *Caffè* Platz genommen hatte, bemerkte er zu seinem Leidwesen, daß die junge Frau, die an den Tischen bediente, nicht minder attraktiv war als jene auf dem Corso Mazzini: Sie sah schlicht aus – was es noch schlimmer machte –, hatte langes dunkles Haar und lebhafte Augen. Er verschanzte sich hinter seinen Gedanken an die Arbeit, wie jemand sich bei heftigem Regen hinter dem hochgeschlagenen Kragen seines Regenmantels verschanzt.

Commissario Zanetti hatte von einem anonymen Anrufer erfahren, daß irgend jemand, der sich als Polizist ausgab, herumlief und Fragen über den Florio-Levi-Mord stellte, und er, Scansani, hatte den Auftrag, diese Person aufzuspüren. Die Sache hatte mehrere Nachteile. Zum einen war der Anruf, wie die meisten anonymen Anrufe, vermutlich nur ein blöder Witz gewesen. Zum anderen, selbst wenn dem nicht so war, mußte es sich bei dem falschen Polizisten einfach um einen Spinner handeln, denn kein vernünftiger Mensch wäre so dumm, ein solches Risiko einzugehen. Und schließlich stellte sich die Frage, wie man ihn finden sollte.

Diese Gedanken verflüchtigten sich augenblicklich, als Scansani sah, daß die Kellnerin auf ihn zukam. Natürlich nur, um seine Bestellung entgegenzunehmen, doch hatte sie ein kleines Lächeln auf den Lippen, das darauf schließen ließ, daß ihr diese Aufgabe nicht gänzlich unangenehm war. Zum tausendsten Mal kam die alte Hoffnung wieder schwankend auf die Beine: Das war endlich die Frau, die hinter der Schale den wahren Kern erkannte.

Und dann, noch immer mit dem angedeuteten Lächeln auf den Lippen, ging die Frau schnurstracks an ihm vorbei, als wäre er gar nicht da. Die Hoffnung ging einmal mehr zu Boden und wurde ausgezählt, während er ihr nachblickte. Sie blieb vor einem Mann stehen, der auch allein an einem Tisch saß. Einer aus dem Süden, er sah unverschämt gut aus, mit absolut gleichmäßigen, sehr weißen Zähnen, die zum Vorschein kamen, als er das Lächeln der Frau erwiderte.

Scansani starrte ihn voller Verachtung an.

Peronis Lächeln war wirklich ernst gemeint. Obwohl Jacopas Bild noch immer seine Gedanken beherrschte, konnte er nicht anders, als sich an dem Anblick der jungen Frau zu erfreuen, die seine Bestellung entgegennehmen wollte. Ihre umbrische Schönheit paßte zu Olivenbäumen und Reliquienschreinen am Straßenrand und staubigen Wegen im Sonnenlicht.

»Si, Signore?«

»Un Campari Soda, per piacere.« Es war ein Campari-Soda-Morgen.

Sie lächelte wieder und verschwand, so daß Peroni über seinen Fund in der Klosterbibliothek nachgrübeln konnte. Die Freude darüber war noch immer ungetrübt. Seine Schlußfolgerung war also richtig gewesen. Ungeachtet der Beweislast hatte er recht gehabt und die Polizei von Perugia unrecht. Die Medien würden das als echte Sensation betrachten!

Doch dann ebbte seine Freude allmählich ab. Ohne die fehlende Seite würde es niemals zu dieser Sensation kommen, und die Chancen, sie zu finden, waren gering. Die nachlassende Freude hinterließ einen faden Nachgeschmack von Hoffnungslosigkeit.

Seine Laune besserte sich ein wenig, als er zusah, wie die junge Frau mit seinem Drink aus der Bar kam und ihn vor ihm auf den Tisch stellte, worauf ein weiteres beiderseitiges Lächeln erfolgte und sie sich unauffällig zurückzog.

Als Peroni an dem eisgekühlten Campari nippte, spürte er, daß ihn jemand anstarrte. Ohne sich etwas anmerken zu lassen, blickte er kurz in die Richtung, aus der das Starren kam, und entdeckte einen unglücklich aussehenden Mann mit einer Nase in der Form einer Glühbirne. Der Mann fixierte ihn mit offensichtlicher Abneigung, und dennoch vermochte Peroni aus dem ordnungslosen Archiv seiner Erinnerung keine Informationen über ihn zutage zu fördern. Trotzdem war da irgend etwas. Irgend etwas wie ein nicht besonders angenehmer, aber altvertrauter Geruch. Es dauerte eine knappe Zehntelsekunde, bis Peroni kapierte, was es war.

Der Mann war ein Polizist.

Peroni beäugte ihn heimlich und frage sich, ob er irgendwie in die Ermittlungen im Fall Florio-Levi verwickelt war, und falls ja, wie. Doch kurz darauf trank der Mann sein Bier aus, legte etwas Geld auf den Tisch und ging.

Peroni sah auf seine Armbanduhr. Es blieb ihm noch etwas Zeit bis zu dem Mittagessen mit Rocco, und ein Pochen in seiner linken Hand legte den Schluß nahe, daß es klug wäre, diese Zeit zu einem Besuch im Krankenhaus zu nutzen. Er griff nach seiner Rechnung.

»Ihre mitternächtliche Bergtour hat Ihnen nicht geschadet, wie ich sehe, *Commissario.*«

Das Glas vor ihm auf dem Tisch vibrierte beim Klang von Freifrau Iolanthes Stimme. Er erhob sich, um sie zu begrüßen. Heute wurde ihre imposante Erscheinung von einem großen Schlapphut und einem Spazierstock mit Silbergriff unterstrichen.

»Campari Soda?« fragte sie, während sie auf seine Einladung hin Platz nahm. »Ja, ich nehme das gleiche, mit einem Schuß Wodka. Man sagt, Campari ist der köstlichste Aperitif überhaupt und der für die Leber schädlichste. Und da wir gerade von Aperitifs reden, haben Sie schon mal darüber nachgedacht, *Commissario,* daß die Zahl der Sorten, die es in Italien gibt, nur in der Zahl der politischen Parteien ihresgleichen findet? Da muß es doch irgendeinen Zusammenhang geben, aber ich bin bislang noch nicht dahintergekommen, welcher das sein könnte. Wäre es voreilig zu fragen, wie Ihre Untersuchung vorankommt?«

»Ich denke, das wäre es wohl«, entgegnete Peroni, »aber es wird mir trotzdem ein Vergnügen sein, Ihnen Bericht zu erstatten.«

Tatsächlich ergriff der neapolitanische Selbstdarsteller in ihm die Gelegenheit beim Schopfe, seine Meisterschaft unter Beweis zu stellen, und gleichzeitig freute er sich, daß sie ihm die Möglichkeit gewährte, seine Gedanken zu ordnen.

»Ich bin«, sagte sie, »wie man so schön sagt, ganz Ohr.«

»Sie erinnern sich doch, daß Bruder Giles Blut vorhergesagt hat?«

»Und ob.« Sie hob ihr Glas, um ihm wortlos zuzuprosten, und für einen Augenblick wirkte es wie ein blutgefüllter Kelch.

»Also, ich glaube, ich weiß jetzt, was er damit meinte. Im Mai 1230 wurde in Assisi ein Mord begangen.«

Der Selbstdarsteller hätte sich keine spektakulärere Reaktion erhoffen können. Die Freifrau stierte ihn an, und ihr Mund klappte auf. »Ein Mord?« sagte sie. »Das ist zu schön, um wahr zu sein! Erzählen Sie.«

Peroni fuhr zu erzählen fort, und sie lauschte der Geschichte wie ein leichtgläubiges Kind im Puppentheater. Als er geendet hatte, pfiff sie anerkennend. »Eins zu null für Sie, *Commissario* – wenn nicht noch mehr. Die wunderbarste historische Detektivarbeit, die mir je in meinem Leben untergekommen ist. Natürlich wußte ich von Ilario, aber ich habe seine Spur nie so weit verfolgt. Also hat der junge Florio-Levi einfach eine Seite aus dem Manuskript gerissen, was? Und die nächste Frage lautet vermutlich wieso?«

»Genau. Und der einzig mögliche Hinweis ist der, daß Lorenzos Aufmerksamkeit von Ilario auf Jacopa gelenkt wurde. Ich habe versucht, mir über die Reihenfolge klarzuwerden, nach der sich die Dinge ereignet haben müssen, was aber auch nicht sonderlich hilfreich war. Zuerst bekam Lorenzo für seine Magisterarbeit das

Thema Ilario il rubicondo zugewiesen – das genaue Datum läßt sich nachprüfen. Dann besorgte er sich Bücher, die sich allgemein mit der entsprechenden Zeit befassen, und in einem dieser Bücher entdeckte er eine Danksagung, in der der Name des anonymen Gelehrten aus dem 19. Jahrhundert erwähnt wird, der Auszüge aus den *Chroniken* gesammelt hat. Er setzte sich mit der Familie in Verbindung und fand heraus, daß die Manuskripte als Schenkung an die Bibliothek der Minoriten gegangen waren. Und so stieß er auf den Mord an Corrado und – die fehlende Seite. Von da an arbeitete er so gut wie gar nicht mehr an seinem Thema und konzentrierte sich statt dessen auf Jacopa.«

»Mhm«, machte die Freifrau und schnaubte nachdenklich in ihren Wodka-Campari, »und noch mal, weshalb hat er die Seite entwendet? Weil der Inhalt in irgendeiner Weise nützlich oder hilfreich war? Nein, nein, nein.« Sie warf Peroni den ironischhumorvollen Seitenblick eines Schachspielers zu, der einen falschen Zug vermeidet, den sein Gegner von ihm erwartet hat. »Er hätte sie problemlos abschreiben können.« Sie und Peroni nickten sich fast verschwörerisch zu. »Damit bleibt nur eine Möglichkeit übrig. Er wollte absolut sichergehen, daß niemand außer ihm diese Seite zu Gesicht bekommt.«

»Ganz meine Meinung«, nickte Peroni. »Also enthält diese Seite vermutlich den Schlüssel zum ganzen Fall. Sie knüpft die Verbindung zwischen Mai 1230 und heute, zwischen Corrado und Lorenzo. Diese Schlußfolgerung ist an und für sich zwar perfekt, aber solange wir nicht wissen, was drauf steht, hilft uns das auch nicht weiter.«

Dies versetzte die Freifrau in einen Trancezustand. Sie summte monoton vor sich hin und schaukelte auf den Hinterbeinen ihres Stuhles vor und zurück. Nachdem sie das eine Weile getan hatte, hörte sie auf und nahm einen langen nachdenklichen Zug an ihrer toskanischen Zigarre. Dann öffnete sie den Mund, und Peroni wartete voller Ehrfurcht auf eine Äußerung, doch statt dessen schüttelte sie ein heftiger Hustenanfall, und erst nach vielen Schlucken Wodka-Campari im Wechsel mit kräftigen Schlägen auf den Rücken, zu denen sie Peroni gestenreich aufforderte, war sie bereit zu sprechen. Erneut ließ sie die Sapnnung wachsen, und dann sprach sie ein einziges Wort: »Etwas.«

»Wie bitte?« sagte Peroni.

»Etwas«, wiederholte sie, »im Gegensatz zu Jemand. Generationen von Jemands sind seitdem gestorben, daher muß man vernünftigerweise jede direkte menschliche Verbindung ausschließen. Aber ein Etwas hat Bestand. 700 Jahre sind nichts für ein Etwas.«

Peroni blickte sie mit einiger Bewunderung an und dachte, daß eine so erstklassige Schlußfolgerung eigentlich von ihm hätte kommen müssen. Doch dann fragte er sich, ob sie nicht lediglich den Schwerpunkt des Problems verrückt hatte.

»Sie haben ganz recht«, sagte er, »aber worum es sich bei dem Etwas handelt, bleibt ein Rätsel.«

»Ein französischer Dominikaner, dessen Name mir im Moment entfallen ist«, begann Freifrau Iolanthe überraschend und etwas salbungsvoll, »hat ein Rätsel einmal als etwas an sich Dunkles definiert, das alles, was es umgibt, in Licht taucht. Mit einem solchen Rätsel, *Commissario,* haben Sie es hier zu tun.«

Kapitel 19

Das Excelsior, dachte Assunta, machte seinem Namen alle Ehre. Wo man hinsah, glänzendes Besteck, schneeweiße Tischtücher und funkelndes Kristall. Die Kellner waren von so unterwürfiger Zurückhaltung wie Bestattungsunternehmer der Spitzenklasse, und die gedämpften Stimmen und der feierliche Tonfall der Gäste erinnerten an Trauernde bei einer Beisetzung.

Und mittendrin, vollkommen im Einklang mit dem erlesenen Rahmen, saß Rocco, der sich nun erhob, um sie zu begrüßen.

»Meine liebe Assunta, wie schön, dich zu sehen.« Als er ihre Hand nahm, fielen ihr die teuren Manschettenknöpfe auf, die aus dem Jackettärmel herausglitten wie ein Rolls aus seiner Garage. »Und wo ist Achille?«

»Ich glaube, er ist im Krankenhaus, um sich die Hand verbinden zu lassen. Er wird noch kommen.«

»Vielleicht trinkst du mit mir ein Glas Sherry, während wir warten?«

Oh, *santo cielo!* Sherry, dachte Assunta, auch das noch.

»Danke«, sagte sie laut. Und während sie an dem Zeug nippten und Höflichkeiten austauschten, dachte sie, das Schlimmste daran war, daß man sich solchen Dingen nicht widersetzen konnte. Man mußte sie einfach hinnehmen wie die Menstruation und den Tod.

»Ah, da kommt Achille ja«, rief sie wenig später und ein wenig erleichtert.

Die beiden Männer schüttelten sich die Hand wie Staatsoberhäupter. »Assunta und ich trinken gerade einen Sherry, Achille.«

»Ich bleibe bei Campari, wenn's recht ist.«

Rocco gab die Bestellung flüsternd an einen Kellner weiter und studierte einen seiner Manschettenknöpfe, während sich eine Gesprächspause über die drei Musketiere senkte.

»In Assisi zu arbeiten muß für einen Direktor des Amtes für Denkmalpflege ein Traumjob sein«, meinte Achille.

»Es ist mit sehr viel Arbeit verbunden«, sagte Rocco. »Und wie ist Venedig für einen Polizei-*Commissario?*«

»Leider kommt man sich vor wie ein Detektiv in einem Museum«, erwiderte Peroni und fügte rasch hinzu, »womit ich natürlich nichts gegen Museen gesagt haben will.«

»Nein, nein, natürlich nicht - ich verstehe durchaus, was du meinst.«

Wieder geriet das Gespräch ins Stocken und wurde diesmal von Rocco wieder in Gang gebracht.

»Ich nehme an, du hast schon von dem Mord hier gehört.« Bei ihm klang das, als wäre er auf einer Gartenparty. »Recht ungewöhnlich für Assisi.«

»Ich bin der Sache nachgegangen.«

»Und wie ist deine - mhm, professionelle Einschätzung?«

»Ich weiß eigentlich zu wenig, um mir eine Meinung zu bilden.«

»Ja-a-a«, zog Rocco das einsilbige Wörtchen in die Länge, »das leuchtet mir ein.« Er nippte an seinem Sherry. »Bemerkenswerte Familie, die Florio-Levis.«

»Du kennst sie?«

»Ich hatte mit ihnen zu tun - Buntglas, du verstehst schon.«

»Ach ja, natürlich.«

»Und der junge Mann - wie war noch gleich sein Name? Lorenzo - hat mich vor etwa einem Monat wegen irgendeiner Arbeit konsultiert, an der er schrieb. Wollte etwas über eine Frau aus dem 13. Jahrhundert wissen, eine gewisse Jacopa de Settesoli.«

Es kam Assunta so vor, als flackere irgendwo in der Teilnahmslosigkeit ihres Bruders ein Fünkchen Interesse auf.

»Hast du ihm weiterhelfen können?«

»Ich habe ihm zwei Adressen gegeben. Eine von einem Haus, in dem sie mal gewohnt haben soll, die andere von einer exzentrischen Engländerin hier in Assisi, die angeblich eine Biographie über sie schreibt. Danach habe ich ihn nicht mehr gesehen.«

Jetzt meinte Assunta, ein zufriedenes Schimmern in den Augen ihres Bruders erkennen zu können, so als hätte sich irgend etwas aufgeklärt.

»Soviel ich weiß«, fuhr Rocco fort, »findet die Beerdigung am Montag statt.«

»Dann sind wir schon wieder in Verona.«

»Ja, natürlich. So, ich nehme an, ihr habt Hunger, also bestellen wir.« Sie bekamen Speisekarten so groß wie Reklametafeln, und Rocco führte sie durch die Annehmlichkeiten der umbrischen Küche und Weine, als wären sie zwei Minister auf Staatsbesuch. Assunta fiel auf, daß der Ober ihn mit *Commendatore* ansprach, und sobald sie bestellt hatten, kam Peroni, wie sie dachte, mit einem Anflug von Neid darauf zu sprechen.

»Du bist also *Commendatore,* Rocco?«

»Naja, das gehört zu den Dingen, die der Job mit sich bringt«, sagte Rocco und blickte dabei auf seinen anderen Manschettenknopf. »Ach, übrigens«, fuhr er fort, »ich habe die hier heute morgen geschenkt bekommen, und da ich sie selbst nicht verwenden kann, habe ich gedacht, ihr hättet vielleicht Lust. Es sind Einladungen zu einem Helikopterflug über Assisi und die nähere Umgebung am Samstag nachmittag. Eine Veranstaltung, die die Stadtverwaltung zum 1. Mai für VIPs organisiert hat.«

Er setzte ganz selbstverständlich voraus, stellte Assunta fest, daß er selbst ein VIP war. Nicht zu glauben, dachte sie, daß ich diesen Weltmeister in Wichtigtuerei mal leidenschaftlich geliebt habe. »Wie nett von dir«, sagte sie.

In diesem Moment unterbrach sie eine gedämpfte, jedoch aufgeregte Frauenstimme. »*Commendatore* Palanca!« sagte sie, wobei sie sich anhörte, als befände sich ihre Besitzerin auf einer Papstaudienz. »Was für eine reizende Überraschung!«

Die beiden Männer erhoben sich, und Rocco, weltmännischer und galanter denn je, stellte Peroni und Assunta vor.

»Ein Polizei-*Commissario!*« wisperte die Dame und richtete den Strahl ihrer Bewunderung abrupt auf Peroni. »Wie beruhigend, einen moralisch integren Mann kennenzulernen! Genau das sage ich immer zu *Commendatore* Palanca – und ich versichere Ihnen, das ist heutzutage keine Floskel, besonders in einer Stadt wie Assisi, wo sich allerlei Gesindel herumtreibt, Drogen nimmt und Gitarre spielt. Man trifft sogar viele vermeintlich anständige Leute und hört schon bald die ungeheuerlichsten Dinge über sie.«

Sitzend, die Hand um ein Glas Wein gelegt, blickte Assunta zu den beiden Männern hoch. Sie glaubten tatsächlich, was die Frau da schwatzte. Achille und Rocco, die das ganze farbenprächtige Sündenspektrum des *scugnizzo* ausgekostet hatten, fanden es in keiner Weise lächerlich, geschweige denn unangebracht, als Säulen moralischer Integrität betrachtet zu werden.

»Ganz im Ernst«, fuhr die Dame fort, »ich habe schon oft gedacht, ich müßte mir die Hände waschen, nachdem ich erfahren hatte, was einige Leute, denen ich die Hand gegeben habe, verbrochen hatten. Heutzutage weiß man nicht mehr, wen man vor sich hat!«

Praktisch das erste, was Assunta an Rocco bemerkt hatte, als sie ihm drei Tage zuvor in der Basilika über den Weg gelaufen war, waren die tiefen Linien gewesen, die sein Gesicht wie ein kompliziertes, scheinbar planloses Netz durchfurchten. Und nun schienen all diese Linien zu erzittern, als würden sie von einer heftigen, aber unbestimmten Empfindung aufgewühlt. »Sogar«, sagte er, »bei einem Direktor des Amtes für Denkmalpflege?«

Plötzlich, zu ihrer ungläubigen Freude, erkannte Assunta, daß die Linien von unterdrücktem Gelächter aufgewühlt wurden. Noch nicht offenbar, bahnte es sich wie eine kraftvolle Quelle seinen Weg an die Oberfläche.

»Sogar«, sagte ihr Bruder, »bei einem Polizei-*Commissario?«*

Ihre Freude verdoppelte sich, als sie sah, daß auch Achille davon angesteckt wurde.

»Aber nicht doch«, sagte die Dame kokett, »gewisse Leute bilden eine Ausnahme. Das erkenne ich sofort. Sie, mein lieber *Commissario,* Sie, *Commendatore* – und auch Sie, *Signora«,* schob sie an Assunta gewandt nach, »Sie sind transparent. Bei Ihnen sieht man gleich, daß Sie noch nie etwas Unredliches oder Anstößiges getan haben. Für so etwas habe ich einen unfehlbaren Instinkt.«

Die Quelle war zum Springquell geworden, der jetzt hervorsprudelte, indem die beiden in unbändiges Gelächter ausbrachen, in das Assunta unwillkürlich einstimmte. Der Dame verschlug es angesichts dieser ausgelassenen Heiterkeit die Sprache, doch nach einem Augenblick – wohl weil sie zu dem Schluß kam, es müsse mit ihrem eigenen unbewußten Sinn für Humor zusammenhängen – fiel sie etwas nervös in das Lachen ein. Assunta, Rocco und Peroni wurden hilflos mitgerissen, und die Dame lachte verhalten weiter. Schließlich, als der Springquell nicht nachlassen wollte, legte sie ein zaghaftes Lächeln auf und sagte: »Ich muß jetzt leider gehen.«

»Ich hoffe«, sagte Rocco, »Sie verschwenden unseretwegen keine kostbare Seife.«

Bei diesen Worten zeichnete sich auf ihrem Gesicht völlige Verunsicherung ab. Sie trat ein paar Schritte zurück, wandte sich um und watschelte in Panik davon.

Rocco und Achille ließen sich, übermannt von einer Kraft, gegen die sie nicht ankonnten, auf ihre Stühle sinken, ohne darauf zu achten, daß ihnen von allen Seiten Blicke zugeworfen wurden, die die gesamte Palette von Mißfallen bis Entsetzen zum Ausdruck brachten.

»Ober«, rief Rocco mit einer Stimme, die sich eher für eine billige *Osteria* geschickt hätte als für das Excelsior, »bringen Sie uns zwei Literkrüge Weißwein!« Und als sie kamen, schenkte er randvoll ein, nicht die Weingläser, sondern die größeren, die für das Wasser gedacht waren. Kein Direktor des Amtes für Denkmalpflege, der bei klarem Verstand war, hätte so etwas getan, dachte Assunta vergnügt. Dann setzte er noch eins drauf, indem er ein Päckchen Nazionali-Zigaretten ohne Filter hervorholte, die billigste und stärkste Sorte auf dem Markt, die sie alle drei in den guten alten Zeiten geraucht hatten.

»Ich habe diese verdammten Dinger immer dabei«, sagte er, während er ihnen und sich selbst Feuer gab. »Es sind die einzigen Zigaretten, die mir schmecken, aber ich traue mich nie, sie zu rauchen, außer auf dem Klo. *Chin-chin!*«

Mit dem beinahe rituellen Ernst von drei Musketieren, die endlich wieder zueinander gefunden haben, kippten sie den Wein in einem Zug runter, und er füllte die Gläser wieder auf.

»Alle beobachten uns«, sagte Assunta.

»Sollen sie doch«, sagte Rocco.

»Hoffentlich amüsieren sie sich«, sagte Achille.

Assuntas Becher der Freude war randvoll.

»Ich fühle mich«, sagte Peroni, »als ob ich nach vielen Jahren Verstopfung ein sehr starkes Abführmittel genommen hätte.«

Mit äußerster Zurückhaltung, als wären sie Gäste von einem anderen Stern, wurde ihnen das Essen serviert, und während sie aßen, begannen sie, über die Vergangenheit zu sprechen. Sie tranken so viel Wein, daß Assunta die Übersicht über die Zahl der Krüge verlor und mit einem nicht gerade damenhaften Kichern bemerkte, daß sie sich zu Hause in Verona bei mehr als einem bereits mißbilligend geäußert hätte.

»Aber wieso eine Wallfahrt?« sagte Rocco irgendwann. »Angesichts meiner Position muß ich euch eure vergeben. Aber eine

Wallfahrt als Pauschalreise! Das hätte ich nie von dir gedacht, Achille.«

»Sie ist schuld«, sagte Peroni, wobei er sich wie Adam anhörte, der erklärt, wie das mit dem Apfel gewesen ist.

»Madonna santissima!« sagte sie, als Rocco sich ihr zuwandte, »ich mußte einfach mal raus! Was dagegen? Manche Frauen unternehmen Kreuzfahrten oder Skiurlaub. Mir hat man eben eine Wallfahrt als Pauschalreise angeboten. Vogel, friß oder stirb. Ich habe angenommen.«

»Und was habt ihr alles unternommen, seit ihr hier seid?«

»Ich habe mir Gebäude angesehen. Er«, sie wies mit dem Kinn auf Peroni, »hat angefangen, der Frau nachzustellen, die den Buntglasmann erschossen hat. Seit ihrer Verhaftung schnüffelt er herum.«

»Dann weißt du also doch etwas darüber?« sagte Rocco und schwenkte einen vorwurfsvollen Finger unter Peronis Nase. »Du gerissener Hund!«

»Ich hatte keine Lust, mich dem Direktor des Amtes für Denkmalpflege anzuvertrauen.«

»Er sagt«, warf Assunta ein, »selbst wenn *Signora* Guidi auf ihn geschossen hätte, sie hätte nicht getroffen.«

Rocco lachte heiser. »Das klingt plausibel, obwohl ich bezweifle, daß es vor Gericht akzeptiert würde.«

»Was hast du außerdem in der Hand, Achille?« fragte Assunta neugierig. »Du hast gesagt, du hättest eine Spur.«

»Es ist alles noch ein bißchen dürftig.«

»Dürftig«, sagte Rocco, angenehm nuschelnd, »klingt das in dieser Runde nicht ein bißchen zu sehr nach *Commissario?«*

»Erzähl's uns trotzdem«, bat Assunta. »Dürftig oder nicht dürftig.«

»Es ist auch kompliziert«, sagte Peroni.

»Weißt du, was er jetzt macht?« wandte sich Rocco an Assunta. »Früher, wenn er hinter irgendeiner tollen Sache her war, hat er immer erst mal nicht drüber gesprochen, weißt du noch? Hat so getan, als ob das Reden darüber alles verderben würde. Das gleiche Spiel spielt er jetzt.«

Trotz ihres weinumnebelten Zustandes hatte Assunta den Eindruck, daß es ihrem Bruder widerstrebte, etwas preiszugeben, und darüber war sie verägert. »Wenn du mich fragst, ist da wieder eine Frau im Spiel«, sagte sie.

»Mit größter Wahrscheinlichkeit.«

»Komm schon, Achille - erzähl!«

»Wir sind ihm nicht gut genug, Assunta - zwei betrunkene *scugnizzi,* und er ist ein bedeutender Ehrenmann - der Tyrone Power der italienischen Polizei!«

»Rudolfo Valentino, wenn ich bitten darf«, protestierte Peroni. »Na schön, ich erzähl's euch ja, wenn ihr unbedingt drauf besteht, aber gebt mir nicht die Schuld, wenn es euch verworren, kompliziert und widersprüchlich vorkommt. Ich glaube, es hat alles damit angefangen, daß ich einfach nicht glauben konnte, daß *Signora* Guidi Lorenzo Florio-Levi erschossen hat, also hab' ich mir gedacht, ich könnte herauszufinden versuchen ...«

»... also hab' ich mir gedacht, ich könnte herauszufinden versuchen, ob es in seinem Leben irgend etwas weniger Offensichtliches gab, weswegen man ihn getötet haben könnte.«

Angesichts der dramatischen Neubelebung der alten Verbundenheit zwischen ihnen schämte Peroni sich dafür, daß es ihm widerstrebte, offen zu reden. Es lag daran, daß er sich davor fürchtete, irgend etwas über den wahren Charakter dieser anderen Frau zu verraten, deren Existenz Assunta mit ihrem untrüglichen Instinkt erraten hatte. Auch ohne die zweifellos spöttischen und frivolen Kommentare der beiden war er sich über seine eigenen Gefühle noch zu sehr im unklaren, und so erzählte er die Geschichte, indem er Jacopas Namen möglichst selten erwähnte, und einen gewollt unpersönlichen Ton wahrte.

Während er noch sprach, hatte er mit einem Mal das seltsame Gefühl, die Mosaiksteine der Geschichte vor seinem geistigen Auge zu sehen, erhellt von einem psychedelischen Licht, das sie erst in eine Farbe, dann in eine andere tauchte, manchmal so grell erleuchtet wie von einem Blitz, manchmal kaum mehr als ein Glimmen, hin und wieder völlig in pechschwarzer Dunkelheit.

Das war das Ergebnis der Unmengen von Wein, die er trank; das und vielleicht auch seine Hand. Assunta hatte recht gehabt - er hätte ins Krankenhaus gehen sollen.

Aber eigentlich war es ihm so oder so egal. Er war viel zu sehr mit dem halluzinatorischen Schauspiel in seinem Kopf beschäftigt, mit den Mosaiksteinen, die sich wie in einem Kaleidoskop verschoben, während er sprach. Sie bildeten unaufhörlich neue Muster, zeigten aber nie ganz das vollständige Bild. Und doch hatte er das

Gefühl, daß sich, wenn die Lichter nur lang genug anblieben, eben dieses Bild zeigen würde. Wie eine endlose Zahl Affen mit einer endlosen Zahl Schreibmaschinen, die schließlich die *Göttliche Komödie* hervorbringen.

»... wo ich die beiden Adressen gefunden habe, die du ihm gegeben hattest. Im ersten Haus – dem von Jacopa soundso – wohnt eine Art Geisha, sehr schön, aber superedel.«

»Aha!« sagte Assunta. »Was hab' ich gesagt?«

Erleichtert über diesen Fehlschluß, strengte Peroni sich so gut er konnte an, entsprechend verlegen auszusehen. »Weißt du irgend etwas über sie?« fragte er Rocco.

»Ob du's glaubst oder nicht, ich hatte nur dienstlich mit ihr zu tun, wegen des Hauses. Mir ist zu Ohren gekommen, daß sie die Geliebte eines reichen Geschäftsmannes ist, der sie in unregelmäßigen Abständen besucht.«

Das paßte ins Bild, dachte Peroni. »Jedenfalls«, sagte er, »nachdem ich bei ihr gewesen war, bin ich zu der zweiten Adresse gegangen – das Haus einer exzentrischen Engländerin. Von ihr habe ich erfahren, daß ...«

Unter anderem, daß ein Rätsel etwas an sich Dunkles ist, das alles, was es umgibt, in Licht taucht. Seine Stimme auf Automatikbetrieb gestellt, stellte Peroni fest, daß er sich allein auf diesen Gedanken konzentrierte. Dieses dunkle Etwas, so kam es ihm vor, war die Quelle des psychedelischen Lichtes.

»... daß ein junger Deutscher im Turm der Kleineren Festung ermordet wurde ...«

Ein kleiner Teil von Peronis Verstand redigierte sorgsam seine Darstellung der Ereignisse, und er bemerkt, daß er den Besuch in der Rauberhöhle und Jacopas Freskoporträt ausgelassen hatte. Gleichzeitig wurde ihm allmählich bewußt, daß in den wechselnden Mosaikmustern irgend etwas verborgen war, das er nur zu erkennen brauchte. Aber sein geistiges Auge starrte vergeblich darauf.

»... was so ungefähr alles ist«, hörte er sich abschließend sagen.

»Neapolitanischer Barockkitsch!« sagte Assunta.

»Was?«

»Nichts als neapolitanischer Barockkitsch – und der ist kitschiger als jeder andere Kitsch der Welt.«

»Ich habe euch vorher gewarnt, daß es kompliziert und widersprüchlich ist«, sagte Peroni gekränkt.

»Aber du hast nicht gesagt, daß es Kitsch ist. Du hattest schon immer einen Hang dazu, Achille. In kleinen Dosen macht das deine Stärke aus, aber das hier ist außer Kontrolle geraten. *Signora* Guidi und die Geisha müssen dir zu Kopf gestiegen sein.«

»Du unterschätzt Achilles Instinkt, Assunta«, sagte Rocco.

»Achilles Instinkt! Ihr beide habt schon immer so getan, als wäre sein Instinkt so etwas wie eine bessere Form der päpstlichen Unfehlbarkeit. Die berühmte weibliche Intuition kommt da nicht annähernd ran!«

»Du bist bloß neidisch, Assunta.«

»Neidisch!«

Während er dem Gezänk zuhörte, mußte Peroni daran denken, wie Rocco ihn früher immer vor Assuntas Angriffen verteidigt hatte, indem er die ganze Diskussion in eine Art verliebtes Geplänkel zwischen den beiden umlenkte. Doch nur ein kleiner Teil seiner Aufmerksamkeit war auf ihren Wortwechsel gerichtet. Der Rest konzentrierte sich auf die phantasmagorischen Muster und versuchte, herauszufinden, was es in ihnen zu entdecken gab.

Dann wurde es plötzlich von einem grellen gelben Schein erhellt, und zu seiner Überraschung erkannte Peroni, daß es keine Antwort war, sondern eine Frage. Oder genauer gesagt zwei Fragen.

»Entschuldigt mich einen Augenblick«, sagte er, »ich muß mal telefonieren.« Und noch ehe sie protestieren oder Fragen stellen konnten, war er verschwunden.

Er wählte Freifrau Iolanthes Nummer, sie war sofort am Apparat. »Sie hören sich an, als wären Sie auf Sauftour«, sagte sie.

»Bin ich auch.«

»Sehr vernünftig. Was kann ich für Sie tun?«

Peroni sagte es ihr.

»Soweit bin ich noch nie gegangen«, entgegnete sie. »Und selbst wenn wir es für möglich hielten, was könnte es nützen?«

»Ich könnte dadurch in Erfahrung bringen, warum Corrado und Lorenzo getötet wurden.«

Ein lauter Pfiff zerriß Peroni beinahe das Trommelfell, und danach war am anderen Ende der Leitung Freifrau Iolanthes monotones Summen zu vernehmen. »Passen Sie mal auf«, sagte sie schließlich. »Sie könnten den alten Fürst Frangipani fragen – der Knabe, von dem ich Ihnen erzählt habe, der in dem *Palazzo* in Rom wohnt, wo die Auktion war. Er kennt sich gut mit sowas aus.«

»Tatsächlich? Ich rufe ihn sofort an.«

Das nahm die Freifrau mit einem deftigeren Lachen auf. »Fürchte, das ist sinnlos«, sagte sie. »Er ist ein ziemlicher Einsiedler – hat kein Telefon. Es bleibt Ihnen nichts anderes übrig, als selbst hinzufahren.«

Und dann fiel Peroni ein, daß Raffaella Bonato ihm bei ihrer ersten Begegnung erzählt hatte, daß Lorenzo auch nach Rom gefahren war, und sie ihn als »besonders gut aufgelegt, so als hätte er den entscheidenden Hinweis bei einer Schatzsuche bekommen«, beschrieben hatte. Es paßte. Er sah auf seine Armbanduhr. Es war bereits nach fünf. Wenn er jetzt losfuhr und alles glattlief, könnte er bis Mitternacht zurück sein. »Können Sie mir die Adresse geben?« fragte er.

Sie gab sie ihm durch. »Es gibt da noch so eine alte Glocke mit Klingelzug«, sagte sie, »und haben Sie Geduld, es kann an die zwanzig Minuten dauern, bis er aufmacht. Er hat einen weiten Weg, und aufgrund seiner körperlichen Verfassung bewegt er sich sehr langsam.«

Peroni dankte ihr und legte den Hörer auf. Wenn dieser Ausflug ihm nicht die Antwort brachte, würde er sie vermutlich niemals erfahren.

Kapitel 20

Während er auf den Mietwagen wartete, rief Peroni die Werkstatt Florio-Levi an; die angenehm tüchtige Stimme von *Signorina* Raffaella meldete sich.

»Es ist etwas dazwischengekommen«, sagte er. »Ich muß heute abend noch weg. Macht es Ihnen etwas aus, wenn wir unser Treffen auf morgen verschieben?«

»Nein, das ist überhaupt kein Problem«, sagte sie, und es kam ihm so vor, als hörte sie sich erleichtert an. »Aber ...«

»Dann rufe ich Sie morgen an.«

»Ja, aber da ist noch etwas. Heute morgen war ein Polizist hier, der Fragen über Sie gestellt hat.«

»Oh.«

»Er hat mich gebeten, den Mann zu beschreiben, der sich als Polizist ausgibt und auf eigene Faust in dem Mord ermittelt. Ich habe ihn so gut ich konnte abgewimmelt und ihm eine ziemlich schlechte Beschreibung von Ihnen gegeben.«

»Das war nett von Ihnen.«

»Er hat auch *Signorina* Florio-Levi befragt. Ich glaube zwar nicht, daß er viel aus ihr herausbekommen hat, aber er hat auch mit den Leuten in der Werkstatt geredet, und die hatten keinen Grund, ihm nicht alles zu sagen, was sie wissen.«

»Ich verstehe.«

»Es geht mich ja nichts an, aber - seien Sie vorsichtig.«

»Ich werde mein Bestes tun. Und danke, daß Sie ihm eine schlechte Beschreibung gegeben haben.«

»Nichts zu danken.«

»*Buona sera, Signorina.*«

»*Buona sera.*«

Als Peroni den Hörer auflegte, wurde ihm plötzlich übel und schwindelig, so daß er sich gegen die Wand der Telefonzelle lehnen mußte. Aber das ging vorbei, und als er herauskam, teilte man ihm mit, daß der Wagen bereitstand. Er stieg ein und fuhr los.

Obwohl sein gemieteter Ritmo keineswegs unter dieselbe Kategorie fiel wie Freifrau Iolanthes KaF, besaß er doch seinen eigenen Willen, und zwar einen Willen, der mit dem Peronis unvereinbar war. Die Gänge sprangen entweder heraus oder waren völlig blockiert, die Spiegel verstellten sich bedenklich von selbst, der Fahrersitz schien fest entschlossen, Peroni gegen das Lenkrad zu quetschen.

Während er mit dem Vehikel kämpfte, versuchte Peroni – so nüchtern, wie das sein zweifellos fiebriger Zustand zuließ –, die Konsequenzen der Neuigkeit abzuschätzen, die *Signorina* Raffaella ihm soebenn mitgeteilt hatte. Wie hatte die Polizei erfahren können, daß er in dem Mordfall Florio-Levi ermittelte? Offensichtlich hatte jemand, der davon wußte, sie informiert. Der Gedanke war zwar verführerisch, daß dieser Jemand das getan hatte, weil Peroni die richtige Spur verfolgte, doch das verfügbare Beweismaterial ließ einen solchen Schluß nicht zu. Wie standen die Chancen, daß die Polizei ihn ausfindig machte? Zur Zeit, mit einer ungenauen Beschreibung und keinem unmittelbaren Anhaltspunkt, der zu Rosalba oder Freifrau Iolanthe geführt hätte, einigermaßen schlecht. Doch je länger er da war, desto größer wurden sie. Das klügste wäre, so urteilte der *Commissario,* Peronis gestrenger innerer Mentor, so bald wie möglich nach Venedig zurückzukehren. Wäre er dort erst wieder im Dienst, dürfte es kein Problem sein, mit allen eventuellen Konsequenzen fertig zu werden, die seine leichtsinnigen Eskapaden womöglich nach sich ziehen mochten. Er säße wieder fest im Sattel, ausgestattet mit allen amtlichen Vollmachten.

In Assisi, so fuhr der vernünftige Beamte fort, hatte er viel zu verlieren und nichts zu gewinnen. Assunta hatte recht: Was er da machte, war riskant. Falls herauskam, daß ein Polizist seines Ranges in Konkurrenz zu der offiziellen Untersuchung auf eigene Faust ermittelt hatte, würden nicht wenige Leute dankbar die Gelegenheit ergreifen, ihm eins auszuwischen. Ein derartiges Fehlverhalten, die politische Brisanz, die solche Dinge in Italien immer begleitet, würde ausreichen, seine Karriere zu ruinieren.

Das einzig Vernünftige war, schleunigst den Rückzug anzutreten und auf der Stelle damit anzufangen, indem er seine derzeitige Mission aufgab, die der klassischen Suche nach der Nadel im Heuhaufen glich und ihm nur noch mehr Ärger einbringen konnte.

Und abgesehen von dem weltfremden Charakter seines Ausflugs machte eigentlich schon das damit verbundene Risiko für Leib und Leben einen Abbruch dringend erforderlich. Benommen und fiebrig, mit einer entzündeten Hand, war er nicht in der Verfassung, eine lange Nachtfahrt zu unternehmen. Und zu allem Übel war er noch immer von den Unmengen Wein benebelt, die er gemeinsam mit Rocco und Assunta konsumiert hatte. Sich in diesem Zustand hinters Steuer zu setzen war halber Selbstmord.

Das Lenkrad schien sich zu wehren, als der Ritmo widerwillig auf die Auffahrt zur *autostrada* rollte.

Und Assuntas höhnische Bemerkung über neapolitanischen Barockkitsch war absolut berechtigt. Er dachte sich nur unnötige und absurde Komplikationen aus. Wie sollten denn Ereignisse des 13. Jahrhunderts das Leben von Menschen im 20. Jahrhundert beeinflussen? Die Lösung, daß es sich um einen Streit zwischen Liebenden handelte, war sehr viel einleuchtender.

An diesem Punkt wurde die vernünftige Argumentation von einem sibyllinischen Raunen unterbrochen, das er erstaunt und mit einigem Mißtrauen als die Stimme des *scugnizzo* identifizeirte, der ewigen Geißel des *Commissario*. Aber, sagte das Raunen, letzten Endes hat Lorenzo nach irgend etwas gesucht, Corrado wurde wegen irgend etwas getötet. Solche Dinge passieren, und du wirst deines Lebens nicht mehr froh, solange du nicht herausgefunden hast, warum. Und dabei Gesundheit, Karriere, Verstand und vielleicht sogar dein Leben aufs Spiel setzen? fauchte der *Commissario* zurück. Machen wir uns doch nichts vor: Das Ganze ist bereits viel zu weit gediehen. Man kann ein herrlich erfülltes Leben führen, ohne die Nase in Dinge zu stecken, die sich im 13. Jahrhundert in Assisi zugetragen haben.

Es dämmerte. Die roten und grünen Lichter an der Zahlstelle der *autostrada* leuchteten hell vor ihm auf. Kehr um, bevor es zu spät ist, drängte der *Commissario*. Du bist vor ein paar Kilometern an einem Motel vorbeigekommen. Fahr dahin zurück, laß deine Hand verarzten, verbring die Nacht dort, ruf Assunta an, sie soll dorthin kommen, und fahr morgen früh nach Verona zurück. Das ist das einzig Gescheite.

Und Jacopa? flüsterte der *scugnizzo,* willst du sie im Stich lassen?

Das ist ja das Verrückteste an der ganzen Geschichte! polterte der *Commissario,* das hast du von Anfang an selbst gesagt. Es gibt keine Jacopa, die du im Stich lassen könntest. Sie liegt seit über sieben Jahrhunderten in ihrem Grab. Los, fahr zurück zu dem Motel, dann kommst du wieder zu Verstand.

Diesmal hatte der *Commissario* unbestreitbar recht. So wie die Dinge augenblicklich lagen, war es purer Wahnsinn, an der Sache dranzubleiben. Als Peroni sich der Zahlstelle näherte, riß er am Steuer, um zu wenden.

Ob die Tatsache, daß er es dann doch nicht tat, seinem halbdelirösen Zustand zuzuschreiben war, dem widerspenstigen Willen des Ritmo oder einer hinterhältigen Intervention des *scugnizzo,* sollte ein Rätsel bleiben. Doch noch ehe er die Verhandlungen wiederaufnehmen konnte, hatte er ein Ticket gezogen und dem Ritmo erlaubt, in Richtung Rom zu fahren.

»Das sage ich jetzt eher als Neapolitaner und weniger als Direktor des Amtes für Denkmalpflege, aber in diesem Gebäude fühle ich mich am wohlsten.«

Assunta betrachtete den Tempel, vor dem sie standen, und dessen sechs hohe Säulen, die das Dach der Vorhalle trugen. »Er ist – untypisch«, sagte sie und hielt diese Bemerkung sogleich selbst für töricht.

»Genau«, sagte Rocco. »Weil er heidnischen Ursprungs ist. Im Innern befindet sich eine christliche Kirche, aber den heidnischen Geist, der hier herrscht, hat man nie ganz zerstreuen können. Nicht umsonst nennt man ihn noch heute den Tempel der Minerva. Und deshalb fühle ich mich hier so wohl. Ich glaube, die meisten Neapolitaner bleiben trotz ihrer christlichen Fassade im Grunde immer Heiden. Ich bestimmt. Und ich bin mir ziemlich sicher, daß es bei dir und Achille genauso ist.«

Assunta musterte ihn, wie er so neben ihr stand, und dachte, daß sein langes, häßliches, narbiges Gesicht sie an einen heidnischen Gott erinnerte. Plötzlich bekam sie Angst. Vielleicht hatte er recht, und auch sie war eigentlich eine Heidin, und all die sorgsam aufgebaute Christlichkeit ihres Lebens – Heirat, Familie, Messe am Sonntag, Beichte und der ganze Rest – nichts als Fassade.

Bislang hatte sie die Erregung genossen, die Rocco in ihr weckte, seit die Dame in dem Restaurant, ohne es zu wollen, sein *scugnizzo*-Selbst entfesselt hatte. Sie hatte sich dem Gefühl in der Gewißheit hingegeben, daß es ein begrenztes, vorübergehendes Abenteuer war, verglichen mit dem sicheren, dauerhaften Rahmen, den ihre Familie in Verona darstellte. Doch nun war sie nicht mehr ganz davon überzeugt, daß dieser Rahmen wirklich so sicher und dauerhaft war. Die Vergangenheit, die sie in ihren romantischen Träumen als eine kurze Flucht vor Hausarbeit und Kindern heraufbeschworen hatte, war plötzlich greifbar geworden und drohte, sie für immer auf die endlosen Lichtungen hinter heidnischen Wäldern zu entführen.

»Du hast mir noch nichts über deine Ehe erzählt«, sagte Rocco, als sie die paar Stufen hinaufstiegen, die zwischen den Säulen hindurch in die Vorhalle führten.

»Da gibt's auch nicht viel zu erzählen«, erwiderte sie und achtete darauf, daß sich ihre Stimme normal anhörte. »Nach einer gewissen Anzahl von Jahren gleichen die meisten glücklichen Ehen einander im großen und ganzen.«

»Dann ist deine also glücklich?«

»Oh ja.« Sie versuchte, ruhig und nicht etwa trotzig zu klingen.

»Erzähl mir mehr.«

Sie fing an, von Giorgio zu erzählen, von ihrer Beziehung und den Kindern, und schämte sich fast dafür, wie armselig und banal sich alles anhörte.

»Das bezeichne ich nicht als Glück«, sagte Rocco, als sie geendet hatte, »das bezeichne ich als Resignation.«

»Was ist denn mit deiner Ehe?« wich sie ihm aus.

»Die Hölle auf Erden«, sagte Rocco. »Veronica ist ein neurotisches, eifersüchtiges Luder. Wir haben ein großes Haus in den Bergen Richtung Gualdo Tadino, und es gibt dort nicht einen einzigen Quadratzentimeter, wo sich meine Seele zu Hause fühlt.«

Assunta wurde von einer Welle unheiliger Freude erfaßt. »Warum verläßt du sie dann nicht?«

»Weil sie reich ist.«

»Du hast noch nie ein Blatt vor den Mund genommen, was?«

Nach dem hellen Licht der Maisonne war es in der Vorhalle fast völlig dunkel. Assunta stand in einer Ecke mit dem Rücken an die Wand gelehnt, Rocco stand vor ihr und stützte eine Hand gegen die Steine neben ihr. So stehen junge Liebespaare zusammen, dachte sie.

»Welchen Sinn sollte das haben? Ich habe zu lange am eigenen Leib erfahren, was Armut ist, und jetzt, da ich über eine Geldquelle verfüge, habe ich nicht vor, sie aufzugeben.«

Sie fand diese Skrupellosigkeit alles andere als abstoßend, sie gefiel ihr sogar. Andere Männer hätten die kühle Berechnung kaschiert; Rocco stellte sie offen zur Schau, und sie hielt ihm das als Männlichkeit zugute.

»Noch nicht mal, wenn du dich in eine andere verlieben würdest?« Sie wußte selbst nicht, ob ihr die Frage bloß herausgerutscht war, bevor sie sich bremsen konnte, oder ob sie es bereitwillig zugelassen hatte.

»Das käme darauf an, wie sehr ich sie lieben würde.«

Zum erstenmal seit mehr Jahren, als sie zählen konnte, spürte Assunta, daß sie attraktiv war. Diese Attraktivität, die, so hatte sie geglaubt, schon längst durch Plackerei und eine strenge, aggressive Mutterrolle ausgelöscht worden war, schien ihr wie exotischer Schweiß aus den Poren zu dringen, und sie wußte sehr genau um die Wirkung, die sie damit bei Rocco erzielte. Das verlieh ihr ein Gefühl von Macht.

Auch seine andere Hand stützte sich jetzt auf den Stein hinter ihr, so daß seine Arme sie wie ein Käfig einschlossen, und sein häßlich-schönes Gesicht, das leicht und nicht unangenehm nach Grappa duftete, näherte sich ihr. Sie hatte das Gefühl, durch die Hintertore von Minervas Tempel auf die endlosen Lichtungen getragen zu werden.

Und dann, ohne zu wissen warum, schob sie ihn zurück.

»Nicht jetzt, Rocco – jedenfalls noch nicht. Ich kann nicht aus einer Laune heraus mein ganzes Leben über Bord werfen. Nicht, wenn ich fast volltrunken bin. Laß mich zurück ins Hotel gehen – ich möchte erst mal wieder nüchtern werden.«

Rocco betrachtete sie, und die Linien in seinem Gesicht zuckten rätselhaft, um schließlich ein schiefes Lächeln zu formen. »Na schön«, sagte er, »ich will dich nicht drängen. Aber kann ich dich morgen vormittag ausführen? Ich möchte dir die Stadt zeigen. Assisi am 1. Mai, das ist ein Anblick, den man nicht versäumen darf. Ein erstaunlich heidnischer Anblick.«

»Das wär' schön.«

Er nahm ihren Arm, und sie kehrten den endlosen Lichtungen den Rücken und gingen zurück nach Assisi. Doch Assunta wußte, daß sie morgen auf ihn warten würde, wie ein junges Mädchen, das zum erstenmal verliebt ist.

Kapitel 21

Peroni begriff sofort, was Freifrau Iolanthe mit Fürst Frangipanis Zustand gemeint hatte. Der alte Mann war fast völlig nach vorn gebeugt, so daß seine Stimme ungefähr aus der Höhe von Peronis Bauchnabel herauf erklang.

»Ein *Commissario* von der Polizei, sagen Sie? Ich bin erfreut, Ihre Bekanntschaft zu machen.«

Seine Hand kam nach oben, um Peronis zu schütteln, und so lächerlich die Geste, die von diesem gekrümmten Körper ausging, auch aussehen mochte, hatte sie doch etwas ungemein Liebenswürdiges, als ob der Fürst einen ganz besonderen Ehrengast empfangen wollte.

»Kommen Sie doch herein. Leider sieht es bei mir ein wenig unaufgeräumt aus.«

Peroni wunderte sich kurz über den Mangel an Erstaunen, mit dem der Fürst die Tatsache hingenommen hatte, daß sein nächtlicher Besucher ein Polizist war. Doch als er durch die wuchtige Tür trat, wurde seine Aufmerksamkeit sogleich von der Umgebung gefesselt. In der großen Halle mit ihren von Laken verhüllten Möbeln war es trotz des warmen römischen Abends draußen kühl, und sie wurde nur durch die flackernde Laterne erhellt, die der Fürst in der Hand hielt. Auf Peroni, in seinem halb abgetretenen Zustand, wirkte die unheimliche Szenerie ganz alltäglich.

»Soll ich vorausgehen? Sie müssen entschuldigen, aber es gibt kein elektrisches Licht. Seit ich hier allein bin, habe ich es abstellen lassen. Es tut mir in den Augen weh.«

Sie stiegen die staubige Wendeltreppe hinauf. Peroni war von der außerordentlichen Liebenswürdigkeit des alten Mannes beeindruckt. Das war nicht die reservierte Höflichkeit, wie er sie bei den meisten Menschen erlebte, es war auch nicht einfach nur gutes

Benehmen, es war etwas wie spontaner Respekt vor einer Würde, die Peroni bis dato niemals bei sich vermutet hätte.

Und dann wurde ihm schlagartig bewußt, daß der Fürst ein Nachkomme Jacopas war und daß auch sie sich so verhalten haben mußte. Es war natürlich lächerlich, die Verbindung so weit zu fassen; bei all der Zeit, die vergangen war, hatte es sicher reichlich genetische Mutationen gegeben, die nahezu jeden lebenden Europäer ebenso zum Nachkommen Jacopas machte wie den Fürsten. Aber trotzdem, es war dieselbe Familie.

»Wir haben leider ein schönes Stück zu gehen. Als ich mir im entlegensten Winkel, wo früher die Räume der Dienerschaft lagen, eine Wohnung einrichtete, haben viele darin die wunderliche Marotte eines alten Mannes gesehen – und manche sind noch deutlicher geworden. Tatsächlich jedoch ist es der komfortabelste Teil des Gebäudes.«

Das Laternenlicht warf den Schatten seiner nahezu kreisrunden Gestalt, gefolgt von Peroni, von einer Wand zur anderen, Korridore hinunter und Treppen hinauf. Mitunter sprangen ihre Schatten sogar bis zu den hohen Decken empor, als verfügten sie über einen eigenen Willen und spielten nach komplizierten Regeln miteinander Fangen.

Peroni, dessen Verstand genauso beunruhigend flackerte wie das Laternenlicht, kam es so vor, als ob diese Expedition durch den verlassenen Palast nie enden wollte, doch schließlich blieb der Fürst in einem mit Linoleum ausgelegten Steinflur vor einer Tür stehen.

»Hier wohne ich«, verkündete er und öffnete die Tür. »Ein wenig beengt, aber erheblich geräumiger als der Sarg, der meine nächste Unterkunft sein wird.«

Der Raum war wahrhaftig sehr klein und von klösterlicher Schlichtheit. Ein Bett mit einem nackten Holzkreuz über dem Kopfende, ein Holztisch, ein paar Stühle, ein einfacher Schreibtisch und ein großes Bücherregal, doch die Kerzen- und Laternenbeleuchtung vermittelten Peroni das Gefühl, über die Grenze zu einem Märchenland zu stolpern.

»Nehmen Sie doch Platz«, sagte der Fürst. »Ich hoffe, Sie sehen mir die spartanische Ausstattung nach. Würden Sie mir gestatten, diese Unbequemlichkeit mit einem Glas Frascati zu lindern?«

Peroni gestattete.

»Dieser Wein«, sagte der Fürst, während er zwei Gläser füllte, »ist der einzige Luxus, den ich mir noch leisten kann. Beklagenswerterweise sind die Weingüter der Familie in andere Hände übergegangen, doch die Bauern sind so freundlich, mich weiterhin zu beliefern.«

Während der Kopf des Fürsten noch immer unerbittlich gen Boden gedrückt wurde, hob er sein Glas und prostete Peroni mit einer anmutig feierlichen Geste zu. Sie tranken. Peroni vermochte später nicht zu sagen, ob es an seiner fiebrigen Aufgewühltheit lag, aber es kam ihm vor, als habe der Wein ein gleichsam überirdisches Aroma, anders als jeder Frascati, den er je in seinem Leben gekostet hatte.

»Ich stehe«, sagte der Fürst, nachdem sie den Wein einige Augenblicke lang schweigend genossen hatten, »zu Ihrer Verfügung.«

»Verzeihen Sie mir die Bemerkung«, sagte Peroni, »aber Sie scheinen nicht im geringsten erstaunt darüber, daß ein Polizist Sie zu so später Stunde aufsucht.«

»Ich bin davon ausgegangen, daß Sie mir Ihr Anliegen schon erläutern werden, wenn Sie es für angebracht halten.«

Man fordert Menschen nicht auf, sich zu rechtfertigen, schien die sanfte, liebenswürdige Stimme sagen zu wollen.

»Vielleicht ist mir das am ehesten mit einer weiteren Frage möglich«, sagte Peroni. »Ist Ihnen der Name Lorenzo Florio-Levi ein Begriff?«

Es war von Nachteil, daß er das Gesicht des Fürsten nicht sehen konnte, denn dadurch entgingen ihm jene Reaktionen, die sich nur in den Augen zeigen, doch als er die Stimme wieder hörte, klang sie ebenso gelassen und distanziert wie zuvor.

»Das ist er allerdings. Er hat mich vor ungefähr zwei Wochen besucht.«

»*Buona notte, papa.*«

Raffaella beugte sich vor und drückte ihrem Vater einen Kuß auf die Stirn. Wie immer, wenn ihr regelmäßiger Besuch am Freitagabend zu Ende ging, fühlte sie sich hin und her gerissen. Sie sehnte sich danach, an die frische Luft zu kommen, raus aus diesem stickigen, klaustrophobischen Zimmer, vollgestopft mit Hunderten von alten Familienfotografien und wertlosem altem Plunder, der die Erinnerungen eines ganzen Lebens enthielt. Aber sie empfand auch Reue und Bedauern bei der Vorstellung, ihn allein zu lassen. Er war ganz allein, und abgesehen von einer Frau, die bei ihm saubermachte, waren Raffaellas Besuche alles, was er hatte. Darüber hinaus war jeder von beiden für den anderen der einzige noch verbliebene enge Verwandte, und auch wenn es keine großartigen Gespräche zwischen ihnen gab, so war ihre Zuneigung doch aufrichtig.

»Sei lieber vorsichtig, Raffaella«, sagte er.

»Vorsichtig? Aber warum denn?«

»Wenn das alles stimmt, was du mir da erzählt hast, dann ...«

»Ach Papa, mach dir darüber keine Gedanken! Mir passiert schon nichts.«

»Sei trotzdem vorsichtig.«

Sie warf einen Blick auf die massive Uhr, der sie als kleines Mädchen ihre Geheimnisse anvertraut hatte. *»Santo cielo!«* rief sie. »Ich muß aber wirklich los, Papa – wir haben fast Mitternacht; ich muß zu Fuß nach Hause und morgen früh um acht schon wieder fix und fertig im Büro sein.« Sie gab ihm noch einen Kuß. »Ruf mich an, wenn du irgend etwas brauchst, und nächsten Freitag komme ich wieder zum Abendessen. *Ciao,* Papa!«

»*Ciao,* Raffaella.«

Wie immer, wenn sie sich verabschiedeten, hob er die Hand mit einer kleinen Geste, die ein Gruß sein mochte oder auch der schwache Versuch, sie zurückzuhalten. Und sie machte sich rasch auf den Weg, um das Schuldgefühl, eigentlich herausfinden zu müssen, was davon zutraf, gar nicht erst aufkommen zu lassen.

Die Wohnung ihres Vaters lag in einem Gebäude wie viele andere, die auf ansteigenden Terrassen aufgereiht standen. Die Stadtverwaltung von Assisi, die mit erbarmungslosem Eifer ihr mittelalterliches Erbe behütete, hätte eher für Massenmord Verständnis aufgebracht als für modernen Wohnungsbau in der Nähe des Stadtkerns. Aber Menschen brauchen Häuser, um darin zu leben, und so verbirgt sich diese funktional durchschnittliche Vorortsiedlung von Assisi diskret hinter dem Monte Subasio, ohne sich indes ihrer Geschichtsvergessenheit zu schämen.

Raffaella ging um die Rückseite des Hauses, in dem ihr Vater wohnte, herum und stieg die erste von zahlreichen Treppen hinunter, durch die eine Terrasse mit der anderen verbunden war. Es war eine warme, sternenklare Nacht, und sie freute sich auf den zwanzigminütigen Fußweg heim nach Assisi, der ihr Gelegenheit bieten würde, über manches nachzudenken.

Sie erreichte das Ende der Treppe und bog in eine der Gassen ein, die durch die Vorstadt führen.

Sie war tief in Gedanken versunken und hörte nicht, daß hinter ihr, ein Stück weiter die Straße hinab, ein Wagen angelassen wurde.

Peroni war wie elektrisiert. Er hatte mehr als nur gehofft, auf der richtigen Spur zu sein, doch die Bestätigung dessen zeitigte die gleiche Wirkung wie ein plötzlicher Goldschimmer in ausgegrabener Erde.

»Wußten Sie«, fuhr Peroni fort, »daß er letzten Dienstag ermordet wurde?«

»Ermordet? Der arme Junge? Wie entsetzlich!« Wieder wäre ein Blick auf das Gesicht des Fürsten unendlich hilfreich dabei gewesen, festzustellen, ob er wirklich so vollkommen unvorbereitet war, wie seine Worte vermuten ließen, doch der bestürzte Ton klang echt. »Wirklich, ich hatte keine Ahnung. Wie ist das passiert?«

»Er wurde erschossen. Darf ich fragen, warum er Sie aufgesucht hat?«

»Er sagte, daß er dabei sei, seine Magisterarbeit zu schreiben, und daß er in diesem Zusammenhang Informationen über zwei Mitglieder meiner Familie aus dem 13. Jahrhundert benötigte.«

Ein weiterer Goldschimmer.

»Zwei sagen Sie? Und über welche?«

»Die Söhne einer gewissen Jacopa de Settesoli.«

Damit war ein mittelgroßer Goldklumpen freigelegt.

»Konnten Sie ihm irgend etwas berichten?«

»Ich konnte ihm einige Informationen geben, ja. Natürlich waren sie nur bruchstückhaft; es ist schwierig, eine zusammenhängende Darstellung des Lebens von Menschen zu geben, die schon vor so langer Zeit gestorben sind. Aber ich interessiere mich sehr für solche Dinge, und die Umstände waren äußerst günstig, da in meiner Familie stets schriftliche Aufzeichnungen angefertigt wurden, so daß umfangreiches Material zur Verfügung steht. Einiges davon konnte ich zusammentragen und so seine Frage beantworten.«

»Würde es Ihnen etwas ausmachen, mir mitzuteilen, was Sie ihm erzählt haben?«

»Ganz und gar nicht. Vielleicht füllen wir zuvor noch einmal unsere Gläser?« Peroni erhob keinen Einwand gegen diesen Vorschlag. »Besagte Jacopa de Settesoli hatte zwei Söhne«, fuhr der Fürst forst. »Giovanni, der ältere, schlug eine militärische Laufbahn ein und war für seine außerordentliche Tapferkeit und Großherzigkeit bekannt.«

Peroni dachte an Jacopas ersten Brief an ihre Söhne, in dem sie Giovannis Neigung erwähnte, sich kopfüber in jedes Abenteuer zu stürzen: »... ein solcher Charakterzug geht mit Mut und Großherzigkeit einher«.

»Er kämpfte in vielen Kriegen, und 1248 stach er zu einem weiteren Kreuzzug in See, diesmal unter Ludwig IX. Als sie gegen Kairo zogen, wurde er bei einem überraschenden und heftigen Angriff der Sarazenen getötet.« Es entstand eine Pause, und der gekrümmte Leib schien sich unter einem jähen Schmerzanfall zu verkrampfen. »Was Graziano betrifft«, fuhr der alte Mann fort, »so machte er eine entschieden weniger ehrenhafte Karriere, die mit einem unehrenhaften Tod endete.«

»Ich hoffe, daß Du, Graziano, Deine Sichtweise korrigierst, nach der die Welt ein Obstgarten ist, in dem Dir die saftigsten Äpfel zukommen.«

»Er lief von zu Hause fort, als er noch keine Zwanzig war, und kehrte nie wieder zurück. Um sein Leben ranken sich vielerlei Legenden. Er soll sowohl Söldner als auch Straßenräuber gewesen sein, in einem gewalttätigen Zeitalter war er wegen seiner Brutalität berüchtigt. Die seltsame Geschichte seines Todes ist indes schriftlich belegt, obgleich die eigentlichen Hintergründe nie geklärt wurden und es gewiß auch nicht mehr werden. Einige Zeit nach dem Tode seiner Mutter in Assisi tauchte er in der Stadt mit einer kleinen Bande von Schurken auf, die er sich offenbar selbst zusammengesucht hatte. Er wurde eines Nachts überrascht, als er mit ihnen einen bewaffneten Überfall auf die Neue Kirche unternahm.«

Peronis Verstand schärfte sich augenblicklich. Für die Neue Kirche hatte *Signora* Guidi ein ungewöhnliches Interesse an den Tag gelegt.

»Sie leisteten ungeheuer heftigen Widerstand«, fuhr der Fürst fort, »und es kam zu einer regelrechten Schlacht in Assisi. Graziano und, soweit wir wissen, all seine Spießgesellen wurden dabei getötet. Mehr ist nicht bekannt.«

Das ist doch recht viel, dachte Peroni aufgeregt. »Wie hat Lorenzo auf diese Geschichte reagiert?« erkundigte er sich.

»Mit überaus erstaunlicher Erregung. Ich weiß noch, daß mir seine Reaktion auf diese Entdeckung von Material für seine Abschlußarbeit reichlich übertrieben vorkam.« Der gekrümmte

Körper spannte sich plötzlich. »Aber Sie wollen doch wohl nicht andeuten, mein lieber *Commissario,* daß zwischen dem, was ich Ihnen eben erzählt habe, und dem Tod des unglücklichen jungen Mannes, der vor zwei Wochen bei mir war, eine Verbindung existiert?«

»Ich denke, daß ich genau das andeuten will«, entgegnete Peroni.

Das Licht, das von der Dunkelheit des Rätsels ausging, wurde heller.

Während Raffaella die Straße entlangging, dachte sie über den außergewöhnlichen und wirklich gutaussehenden Polizisten nach, der unter Vorspiegelung falscher Tatsachen in diesem Fall ermittelte. In ihrer Position hätte sie diesbezüglich energischer auftreten müssen. Und war er überhaupt Polizist? Wenn seine erste Geschichte erlogen gewesen war, wieso dann nicht auch seine zweite? Aber andererseits, welches Motiv hätte er, sie zu belügen? Außerdem vertraute sie ihm intuitiv, was sie von dem unbestreitbar echten Polizisten nicht behaupten konnte.

Sie bemerkte den Wagen nicht, der nun langsam hinter ihr her die Straße hinabrollte.

Aber vertraute sie ihm wirklich, oder hegte sie eher eine gefährliche Schwäche für ihn, was etwas völlig anderes wäre? Und falls sie ihm wirklich vertraute, warum hatte sie ihm dann nicht die ganze Geschichte mit den Schlüsseln erzählt? Weil, so antwortete sie sich selbst, ein Polizist nun mal ein Polizist blieb. Wenn sie ihm alles erzählt hätte, was schließlich nicht mehr als ein vager, wenn auch entsetzlicher Verdacht war, wer weiß, was er dann mit diesen Informationen angefangen hätte? Er hätte alles verderben können.

Raffaella erreichte die gewundene Hauptstraße, die hinunter in die mittelalterliche Stadt führte. Sie sah den Wagen nicht, der am Ende der Gasse anhielt, die sie gerade verlassen hatte.

Aber er gehörte nicht zu der Sorte, die alles verpfuscht. Einem Mann, der seine eigene Karriere aufs Spiel setzte, um die Wahrheit herauszufinden, an die er glaubte, durfte man vertrauen. Es wäre besser gewesen, wenn sie ihm alles gebeichtet und ihn um seinen Rat gebeten hätte, anstatt sich so zu verhalten, wie sie es getan hatte.

Raffaella ging weiter die dunkle, menschleere Straße hinab. Die Lichter der Vorstadt waren jetzt hinter einer Kurve verschwunden und die Lichter von Assisi noch nicht in Sicht.

Weder sah noch hörte sie den Wagen, der nun hinter ihr in die Hauptstraße einbog.

Die Befürchtungen ihres Vaters waren natürlich grundlos. Sie war nicht in Gefahr. Trotzdem, was sie getan hatte, war unüberlegt gewesen.

Sie wollte die Straße überqueren.

Falls der gutaussehende Polizist wie vorgesehen am Abend gekommen wäre, hätte sie ihm alles erzählt. Er hätte ihr die Last abgenommen, die einzige zu sein, die davon wußte, und sie hätte sich jetzt keine Sorgen mehr zu machen brauchen. Dann also morgen. Er hatte gesagt, daß er sie morgen anrufen würde, und sobald er das tat, würde sie ihm alles erzählen. Dieser Entschluß erleichterte sie sehr.

Der Wagen war ganz plötzlich da, noch ehe sie reagieren konnte. Ihr war, als bräche eine verhängnisvolle schwarze Masse wie eine Lawine über sie herein. Sogar in ihrer Panik, als sie noch wegzulaufen versuchte, fragte sie sich, wieso die Scheinwerfer ausgeschaltet waren. Dann machte der Wagen einen leichten Schlenker und erfaßte sie voll. Nie zuvor hatte sie auch nur entfernt eine solch brutale Wucht empfunden wie bei diesem Aufprall; es war, als wäre die Welt um sie herum explodiert. Sie spürte, wie sie unglaublich lange durch die Luft flog. Dann schlug sie unsagbar heftig auf den Boden auf, und alles in ihr zerbarst bis auf einen letzten beharrlichen Funken Bewußtsein.

Dann zertrümmerte der Horror ihren Kopf, und auch dieser letzte Funke erlosch.

Kapitel 22

Es schien, als hätte das Mittelalter komplett die Macht übernommen. Wo man auch hinsah, überall Fahnenträger, Minnesänger, Gaukler, Armbrustschützen, Trommler und andere Musikanten, und alle trugen sie Wams und Strumpfhose in leuchtenden Farben. Um Geschicklichkeit zu demonstrieren, wurden grellbunte Fahnen geschwenkt oder hingen an Mauern und Häusern und Geschäften. Die Bars waren in Schenken zurückverwandelt worden und zum Bersten gefüllt. Assisi hatte sich kopfüber in die ausschweifende und heidnische Anbetung des Frühlings gestürzt.

Als Peroni wieder dort eintraf, war er einen Moment lang über diesen plötzlichen ungezügelten Aufmarsch des Mittelalters überrascht, denn er hatte vergessen, daß der 1. Mai war. Doch nachdem ihm die Erklärung für das kostümierte Tollhaus aufgegangen war, vergaß er den ganzen Trubel bis auf den lästigen Umstand, daß er sich durch die Menge kämpfen mußte, um an sein Ziel zu gelangen: zur Neuen Kirche.

Seit er von Grazianos geheimnisvollem Überfall und Tod erfahren hatte, war er überzeugt, daß das Ziel seiner eigentlichen Wallfahrt hier zu suchen war. Lorenzo war ihm natürlich voraus, doch ganz gleich welches Etwas am Ende der Fährte zu finden wäre – vorausgesetzt, es gab eins –, und selbst wenn Lorenzo es entfernt hätte, das Gebäude selbst oder eine Person, die damit verbunden war, mußte ihm die Antwort liefern.

Nachdem er Fürst Frangipani verlassen hatte, war sein erster Impuls gewesen, unverzüglich zurück nach Assisi zu fahren, doch dann hatte er sich klargemacht, daß das nicht nur töricht, sondern auch sinnlos wäre, da die Kirche bereits geschlossen war. Statt dessen hatte er irgendwo eine Pizza gegessen und war zu dem Ritmo zurückgegangen, um eine Stunde im Wagen zu schlafen, bevor die Rückfahrt anstand. Als er jedoch erwachte, dämmerte bereits der

Morgen, und er war angenehm überrascht, daß er sich erfrischt und gestärkt fühlte und daß seine Hand sich offensichtlich wieder beruhigt hatte.

Er hatte den seltsam willfährigen Ritmo zurück nach Assisi gesteuert, und als er dort eingetroffen war, waren die Feiern zum 1. Mai bereits in vollem Gange gewesen. Dann, nachdem er den Wagen beim Autoverleih abgegeben und sich erkundigt hatte, wo die Neue Kirche lag, bahnte er sich nun mühsam seinen Weg durch die Menge.

Die Kirche lag zentral, und so brauchte er selbst unter diesen äußerst widrigen Bedingungen nur wenige Minuten, um dorthin zu gelangen. Doch als er den kleinen Platz davor erreichte, blieb er entsetzt stehen und sah sein ganzes kunstvolles Gebäude von Hypothesen zu Staub und Asche zerfallen. Denn die Neue Kirche war genau das, was ihr Name verhieß - neu. Sie mußte ungefähr aus dem 17. Jahrhundert stammen, und, welch treffliche Ironie des Schicksals, sie war im kitschigen Barockstil erbaut.

Seine Hoffnungen flammten kurz wieder auf, als er die Kirche betrat und feststellte, daß sie auf den Überresten des Geburtsortes des heiligen Franz errichtet war, die teilweise besichtigt werden konnten. Doch dieses Aufflammen war wirklich nur von kurzer Dauer, denn obwohl ein Teil des Bauwerks an dieser Stelle die vergangenen 700 Jahre überbrückte, handelte es sich doch nicht um die Neue Kirche.

Zutiefst niedergeschlagen verließ er das Gebäude und bahnte sich seinen Weg durch die farbenfrohe Menge, ohne irgend etwas wahrzunehmen. Nachdem er eine ganze Weile herumgeirrt war, kam er an eine Stelle, die er noch vom ersten Tag in Erinnerung hatte. Es war ein steinerner Bogengang, oben am Hang neben der Kathedrale von San Ruffino. Don Sereno hatte erzählt, daß man diese Stelle das Tor der Winde nannte. Und wirklich blies selbst an einem so milden Morgen wie heute der Wind vom Monte Subasio herab.

Er blickte auf und sah eine leuchtend farbige Tafel an der Wand mit einem Zitat aus dem *Sonnengesang* des heiligen Franz: »Gepriesen seist du, mein Herr, / durch Bruder Wind und durch Luft und Wolken / und heiteren Himmel und jegliches Wetter, / durch welches du deinen Geschöpfen den Unterhalt gibst.« Er hatte das verrückte Gefühl, als ob die mittelalterliche italienische Sprache ihn zurück durch die Jahrhunderte entführen würde, in eine Zeit lange vor dem Bau der Neuen Kirche.

Dann, als er den Blick von der Tafel nach unten wandte, erblickte er eine Gruppe kostümierter Menschen, die durch das Tor traten. Einige waren zu Pferde, und er mußte zurückweichen, um sie passieren zu lassen.

Die Gruppe wurde von einem prachtvoll gekleideten Mann Mitte Fünfzig angeführt. Er hatte ein hageres kluges Gesicht, die Lippen waren zusammengepreßt, und seine Augen erweckten den Eindruck, als hielten sie nach einem Meuchelmörder Ausschau. Unmittelbar zu seiner Rechten ritt ein attraktiver, hart aussehender junger Mann mit blondem Haar. Die beiden lösten in Peronis Kopf ein Déjà-vu aus, obwohl er nicht sogleich begriff, wieso. Dann verstand er. Die Männer paßten genau in die Vorstellung, die er sich von dem venezianischen Gesandten Morosini und seinem jungen deutschen Geliebten Corrado di Turingia gemacht hatte.

Bei Licht besehen, mußte die Gesandtschaft, die eben an diesem Tag des Jahres 1230 aus Venedig kommend in Assisi eingetroffen war, ganz ähnlich ausgesehen haben wie diese neuzeitliche Gruppe. Sie bestand aus ungefähr einem halben Dutzend Würdenträgern, und durch das Tor war die berittene Eskorte samt Wache zu sehen.

Während Peroni zusah, hielten die Reiter an, und der Mann, der Morosini hätte sein mögen, stieg vom Pferd und begrüßte händeschüttelnd einen kleinen dicken Mann, der ihn mit einem verschlagenen Blick aus seinen Schweinsäuglein willkommen hieß.

Plötzlich packte Peroni schreckliche Furcht. Vielleicht war seine Hand doch nicht besser geworden, und die Vergangenheit fiel jetzt heimtückisch in seiner Wirrheit über ihn her. Zweifellos hätte der dicke Mann *Messer* Ugo da Palazzo sein können, der den venezianischen Gesandten begrüßt.

Er wußte, er würde die Verbindung nur kappen können, indem er sich davonmachte, aber er war körperlich außerstande, sich vom Fleck zu bewegen. Er starrte weiter - fasziniert, entsetzt, verschreckt, versunken - auf diese Reitergruppe. Einer von ihnen, ein gutaussehender junger Mann mit einem intelligenten, ein wenig spottlustigen Gesichtsausdruck, nutzte die Pause, um mit jemandem zu sprechen, der hinter dem Tor stehen mußte, so daß Peroni diesen Jemand wegen des Gedränges aus Pferden und Menschen nicht sehen konnte.

Er machte ein paar Schritte, um von einem anderen Blickwinkel aus beobachten zu können, und dann, nachdem ihm das gelungen war, spürte er, wie all seine vorherigen Empfindungen von einer gewaltigen Welle unglaublichen Entzückens fortgerissen wurden. Die Person, mit der der junge Mann sprach, war eine Frau in einem mittelalterlichen Kostüm. Sie trug das gleiche rostbraune Gewand wie jene Frau, die er bei seiner Ankunft in Assisi kurz gesehen hatte, und ihr Gesicht, daran bestand kein zweifel, war das der Frau auf dem Fresko.

Sie lauschte mit verhaltener Freude auf die Worte des jungen Mannes und nickte ab und zu. Es sah so aus, als ob sie sich verabredeten.

Dann geschah das völlig Unerwartete. Sie hob die Augen, dunkles Kastanienbraun, und sah Peroni über die Straße hinweg an. Sie zeigte keine Reaktion, aber sie nahm ihn für eine, wie es ihm schien, lange Zeit wahr, registrierte seine Existenz; und er erkannte sie auf die gleiche Weise. Wären sie ein Liebespaar gewesen, die Intimität hätte nicht größer sein können. Endlich senkte sie den Blick wieder, und es war, als würde sie sich langsam, fast widerstrebend, in ihre eigene Zeit zurückziehen.

Jetzt kümmerte es ihn nicht länger, ob Sprünge in die Vergangenheit gefährlich waren oder nicht. Er stieß und drängte sich zwischen den Pferden und Menschen hindurch (war er der einzige in moderner Kleidung? Konnten die anderen ihn sehen? Solche Fragen huschten ihm durch den Kopf, während er lief, aber sie waren ihm nicht wichtig), bahnte sich einen Weg über die Straße.

Er rechnete damit, daß sie nicht da sein würde, aber sie war da. Sie hielt ihr Gesicht von ihm abgewandt, während sie dem Mann zuhörte.

In diesem Augenblick stieg der Anführer der Gruppe wieder auf sein Pferd, und die ganze Gruppe ritt weiter. Der gutaussehende Mann hob grüßend die Hand, als er sich wieder zu ihnen gesellte. Sobald er aus dem Weg war, sprach Peroni die Frau an.

»*Mi scusi . . .*«, begann er. Das war nicht sonderlich originell, aber Originalität brauchte Zeit.

»*Si?*« Sie wandte sich um und sah ihn an, gelassen und fragend, und Peroni starrte verzweifelt zurück. Die Gesichtszüge waren nicht unähnlich, aber das war nicht dieselbe Frau, und in ihren Augen las er keine Spur von Erkennen.

»Verzeihung«, sagte Peroni und stellte beunruhigt fest, daß er stammelte. »Ich dachte, wir hätten uns schon einmal gesehen. Verzeihen Sie bitte . . .«

»Keine Ursache.«

Ihr Lächeln schien sagen zu wollen, daß sie, auch wenn sie sich noch nicht kennengelernt hatten, nichts dagegen einzuwenden hätte, das nachzuholen, doch Peroni war nicht in der Stimmung, darauf einzugehen.

Kapitel 23

»Gibt es einen Zusammenhang zwischen den beiden Morden?«

Das war die Frage, die *Commissario* Zanetti befürchtete, seit er erfahren hatte, daß Raffaella Bonato am Vorabend bei einem Unfall mit Fahrerflucht getötet worden war. Es war ein naheliegender Schluß, daß die beiden Todesfälle zusammenhingen, doch wenn dem so war, dann konnte nahezu ausgeschlossen werden, daß *Signora* Guidi für den ersten verantwortlich war, und der Gedanke, daß er sich geirrt haben könnte, erzürnte Zanetti ebensosehr wie ein dramatischer Wahlstimmenverlust für die Partei.

Und der Umstand, daß diese Frage - die während der morgendlichen Besprechung in der *Questura* in Perugia gestellt wurde - ausgerechnet vom dortigen Polizeichef aufgeworfen wurde, machte das Ganze ungleich ärgerlicher. Denn der Polizeichef in Perugia war ein Faschist. Nicht einfach bloß ein Allerweltsfaschist wie jeder, der nicht Kommunist war, sondern ein eingetragenes Mitglied des *Movimento Sociale Italiano,* Erbe und direkter Nachfolger von Mussolinis Faschistenpartei.

»Die Möglichkeit besteht«, gab Zanetti widerstrebend zu.

Aber bislang immerhin nur die Möglichkeit, tröstete er sich selbst. Zunächst hatte er die Theorie aufgestellt, daß es wirklich nur der augenscheinliche Unfall mit Fahrerflucht war, doch da es keinerlei Bremsspuren gab, war das unwahrscheinlich. Er mußte diese Position gänzlich räumen, als der fragliche Wagen nur wenige Autominuten entfernt verlassen in einem kleinen Wäldchen aufgefunden wurde und sich herausstellte, daß er am Abend zuvor einem Architekten gestohlen worden war, der, was mittlerweile nahezu sicher war, in keinerlei Verbindung zu Raffaella Bonato oder den Florio-Levi stand und für beide Morde ein lupenreines Alibi hatte.

»Sie klingen nicht gerade überzeugt?« Der Ton des Polizeichefs war so honigsüß wie immer, wenn er besonders hinterhältig war.

»Ich möchte keine voreiligen Schlüsse ziehen, *Dottore*«, bemerkte Zanetti selbstgefällig. »Die einzige Verbindung ist ihr Arbeitsplatz, die beiden Tötungsarten sind völlig unterschiedlich.«

»Hegen Sie irgendeine andere Vermutung, *Dottore!*«

»Der Tod von *Signorina* Bonato«, sagte Zanetti, »weist die typischen Anzeichen eines Mafia- oder Camorra-Verbrechens auf.«

Wie er erwartet hatte, gab das dem Polizeichef zu denken. Das brutale Niedermähen eines Verräters mit dem Auto sah tatsächlich ganz nach Mafia oder Camorra aus.

»Gibt es irgendwelche Anzeichen dafür, daß sie Kontakte zu einer der beiden Organisationen unterhielt?«

»Nein, bislang liegt nichts vor, das uns Anlaß geben könnte, unsere Ermittlungen in diese Richtungen zu lenken.«

»Und liegt irgend etwas vor, das Ihnen Anlaß geben könnte, Ihre Ermittlungen in Richtung *irgendeines* möglichen Motivs für die Ermordung von *Signorina* Bonato zu lenken?«

Innerlich kochend versuchte Zanetti, politische Objektivität zu bewahren. »Nichts Genaues«, erwiderte er. Doch der Polizeichef schwieg, betonte so die Unzulänglichkeit der Antwort und zwang Zanetti, gegen sein besseres strategisches Wissen weiterzusprechen. »Falls Florio-Levi nicht von der Guidi ermordet wurde, dann hat der Tod von *Signorina* Bonato, was das Motiv angeht, vermutlich den gleichen Hintergrund.«

»Ah!« Lediglich ein Ausatmen, aber die Befriedigung, die es zum Ausdruck brachte, deutete an, daß Zanettis Eingeständnis in etwa gleichbedeutend war mit dem Abschied von der Politik der Planwirtschaft. »Ich nehme an«, fuhr der Polizeichef fort, wobei er seinen Vorteil mit aalglatter Skrupellosigkeit ausnutzte, »daß wir keine Ahnung haben, wie dieser Hintergrund aussieht?«

»Nein, *Dottore.*«

»Nun denn«, sagte der Polizeichef liebenswürdig, »erstens werden wir die zwei Todesfälle als *eine* Ermittlungssache behandeln, vorläufig jedenfalls, und zweitens möchte ich eine ausführliche Untersuchung der Lebensumstände von Florio-Levi und Raffaella Bonato.«

»*Si, Dottore.*«

»Übrigens, was hatte sie eigentlich so spät noch auf dieser Straße zu suchen?«

Zanetti empfand eine Woge der Erleichterung darüber, daß er den Reaktionären endlich einmal einen Schritt voraus war. »Sie hatte den Abend bei ihrem Vater verbracht«, sagte er. »Offenbar war es ihre Gewohnheit, zu Fuß zu ihm zu gehen, um bei ihm in diesem neuen Wohngebiet bei Assisi zu Abend zu essen.«

»Also hätte jemand, der mit ihren Gewohnheiten vertraut war, sie verfolgen und abpassen können?«

»*Si, Dottore.*«

»Haben Sie mit dem Vater gesprochen?«

»Ich hatte noch nicht die Zeit. Ich werde ihn sofort nach Beendigung dieser Besprechung aufsuchen.«

»Fein, ich denke, damit ist dann wohl klar, wie wir bis auf weiteres verfahren werden. Wir kommen heute nachmittag wieder zusammen, um die Todesfälle in Assisi weiter zu erörtern.« Er schien mit Genugtuung auf das politische Blutbad zu blicken, das er angerichtet hatte, dann fuhr er fort: »Ach, da ist doch noch etwas: Was ist mit diesem Mann, der vorgibt, Polizist zu sein?«

Scansani rutschte unglücklich hin und her; er sprach nicht gern vor Publikum. »Meine Nachforschungen sind noch nicht abgeschlossen«, sagte er. »Bislang hatte ich nur Gelegenheit, die Arbeiter in der Werkstatt Florio-Levi zu befragen, und die Beschreibung, die sie mir von dem Mann gegeben haben, weist eine gewisse – Widersprüchlichkeit auf. Die Arbeiter beschrieben ihn als südlichen Typ, wohingegen *Signorina* Bonato angab, er sei von eindeutig norditalienischer Erscheinung gewesen. Und *Signorina* Florio-Levi sagte ...« Er unterbrach sich, offensichtlich unsicher, ob er ihre Aussage überhaupt erwähnen sollte.

»Ja?« drängte der Polizeichef.

»Sie sagte«, fuhr Scansani widerwillig fort, »daß er wie ein Erzengel ausgesehen habe.«

Am ganzen Tisch zuckten die Augenbrauen in die Höhe.

Der Polizeichef trommelte mit den Fingern auf dem Tisch, und zwar derart, daß Zanetti sich an eine Provokation des rechten Blocks erinnert fühlte. »Wenn es etwas gibt«, sagte er schließlich, »das völlig unzweideutig im italienischen Bewußtsein verankert ist, dann ist es der Unterschied zwischen Norden und Süden, und daher erscheint mir, mal ganz abgesehen von irgendwelchen theoretischen Erwägungen, diese spezielle Widersprüchlichkeit höchst aufschlußreich.« Er hielt inne, faschistisch, hyänenhaft. »Ich gewinne allmählich den Eindruck, daß das Aufspüren dieses Mannes zu einer unserer höchsten Prioritäten wird.«

»Noch immer auf der Suche nach Jacopa, *Commissario?*«

Dies war vielleicht die einzige Stimme, die die Wolken aus Verwirrung und Schock zu durchdringen vermochte, von denen Peronis Verstand seit seinem Erlebnis am Tor der Winde verdunkelt war. Er wandte sich um und sah Freifrau Iolanthe sich ihm nahen wie ein Schlachtschiff. Die Tatsache, daß sie in vollem mittelalterlichem Putz stand, mit einem purpurroten bestickten Gewand, das prachtvoll hinter ihr herwallte, und einem Schleier, der fast so voluminös war wie das Führerhaus einer Lokomotive, ließ ihre Gestalt noch eindrucksvoller als gewöhnlich erscheinen. Diese vorübergehende dramatische Konzession an die Weiblichkeit beherrschte die Szene so stark, daß Peroni erst bemerkte, daß auch Alice dabei war, nachdem er sie einige Sekunden betrachtet hatte. Sie war in dieselben flattrigen, gedeckten Stoffe gehüllt, die sie bei ihrem ersten Treffen getragen hatte.

»Was für eine angenehme Überraschung«, sagte er, und es war ihm ernst damit.

»Gehen wir eine Flasche Wein trinken. Ich kenne eine hübsche, ganz anständige Kneipe gleich hier um die Ecke.«

»Iolanthe, meinst du nicht, eine Tasse Tee. . .«

»Ausgemachter Blödsinn, Alice! Kannst du dir das widerliche Zeug nicht aus dem Kopf schlagen? Seine Wirkung auf den menschlichen Magen ist unbeschreiblich. Edgar Wallace ist daran gestorben, weißt du. Und ich kannte mal einen Portier an einem Londoner Theater, der war hoffnungslos teesüchtig; seine Nieren . . .«

Während die Freifrau weiterhin mit weithin vernehmlicher Stimme Anekdoten zum besten gab, setzten sie sich Richtung Kneipe in Bewegung. Auf dem Weg dorthin fiel Peroni ein Liebespaar auf, das auf sie zukam, und er erkannte bestürzt, daß es sich um seine Schwester und Rocco handelte. Sie waren so miteinander beschäftigt, daß sie nur Zentimeter an ihm vorbeigingen, ohne ihn zu bemerken. Trotz seiner eigenen Gefühlswallungen reagierte Peroni auf diesen Anblick mit Beunruhigung. Ein kurzer Flirt war eine Sache, eine leidenschaftliche Romanze aber etwas ganz anderes.

»Da wären wir.« Freifrau Iolanthes Stimme ließ ihn seine Befürchtungen fürs erste zurückstellen.

Ihre Kneipe war so überfüllt, daß man den Eindruck gewann, die Leute türmten sich übereinander bis hoch hinauf zur Decke, doch die Freifrau verfügte über eine derart eindrucksvolle Persönlichkeit, ganz zu schweigen von ihren Schultern und ihrer Stimme, daß sie alle drei rasch einen Tischplatz nebst einer Flasche Wein sowie einer kleinen Tasse Kamillentee für Alice bekamen.

»Nun, *Commissario,* Sie haben meine Frage noch nicht beantwortet.«

»Welche Frage?«

»Suchen Sie immer noch nach Jacopa?«

»Ehrlich gesagt, habe ich noch vor ein paar Minuten gedacht, daß ich sie gesehen hätte.«

Er hatte das dringende Bedürfnis, sich mitzuteilen, aber der ganze Vorfall war so abwegig und unwahrscheinlich, daß er einen leichten Plauderton anschlug, damit seine Geschichte notfalls auch als Albernheit aufgefaßt werden konnte. Daher war er um so erstaunter, als sie ihn beim Wort nahm.

»Ist das wahr?« sagte sie und hob dann ihr Glas. »Prost! Erzählen Sie mir davon.«

»Natürlich war sie es nicht wirklich. Aber für einen kurzen Augenblick dachte ich ...« Unbeholfen versuchte er, sein Erlebnis in Worte zu fassen. »Und dann, als ich auf sie zuging«, schloß er, »stellte sich heraus, daß es nur eine junge Frau in einem mittelalterlichen Kleid war.«

»Sind Sie sich dessen so sicher?«

»Was wollen Sie damit sagen?«

»Oh, verstehen Sie mich nicht falsch, *Commissario.* Ich glaube nicht an Spiritismus oder solche Dinge – das ist alles ausgemachter Blödsinn, wenn Sie mich fragen, phosphoreszierende Quallen, die in der Luft schweben, und gierige alte Vetteln mit irgendwelchen versteckten Apparaturen. Ich glaube jedoch, daß die Zeit uns so manches Schnippchen zu schlagen vermag. Erinnern Sie sich noch an Einstein und all das Zeugs über Züge, die durch den Raum rasen und von unbeweglichen Beobachtern betrachtet werden? Ich will damit sagen, daß Zeit in gewissem Sinne ein künstliches Element ist, das für uns geschaffen wurde, damit wir darin leben können wie die Fische im Aquarium, weil wir in unserer gegenwärtigen Form nicht in der Zeitlosigkeit existieren könnten. Aber eben weil sie künstlich ist, kann sie Schwachstellen aufweisen, sie kann sozusagen aufgefaltet werden, so daß Menschen, die an völlig verschiedenen Punkten im zeitlichen Kontinuum leben, einander begegnen, bis sie sich wieder glättet.«

»Aber wer faltet sie denn auf?« fragte Peroni.

Die Freifrau bedachte ihn mit einem durchtriebenen Blick. »Egal wer«, sagte sie. »In unserem Fall könnte es Jacopa selbst sein. Sogar Sie könnten es sein.«

»Ich?« sagte Peroni verblüfft.

»Wieso nicht? Sie müssen nicht unbedingt Einstein gelesen haben, um Zeit auffalten zu können. Vielleicht tun Sie es, ohne es überhaupt zu wissen. Außerdem gibt es gewisse Orte, wo es leichter geht als an anderen. Und wenn ich einen Ort bestimmen müßte, an dem solche Falten am ehesten auftreten könnten, dann wäre das Assisi.«

»Aber wieso?«

»Mein Lieber«, rief die Freifrau und trank im Eifer des Gefechts ein ganzes Glas Wein in einem Zug aus, »schauen Sie sich doch bloß mal um! Die Vergangenheit ist hier allgegenwärtig! Im Grunde ist die Vergangenheit, wenn man sich einige Touristen ansieht, die herkommen, wesentlich lebendiger als die Gegenwart.«

Peronis wundergläubige neapolitanische Seele hätte diese Theorie nur allzu gern mit allem Drum und Dran akzeptiert, aber als vernünftiger, vom Norden beeinflußter Polizist sah er sich gezwungen, sie nicht minder pauschal abzulehnen. Sein Geist schwankte haltlos zwischen diesen beiden Positionen und fand kein Gleichgewicht.

»Apropos«, fuhr die Freifrau fort, wobei sie sich zurücklehnte und ihren Stuhl in einer Weise kippte, die angemessener gewirkt hätte, wenn sie ihre übliche Männerkleidung getragen hätte. »Ich hoffe, Sie lassen sich den Helikopterflug heute nachmittag nicht entgehen.«

Peroni erinnerte sich an die Tickets, die Rocco ihm und Assunta geschenkt hatte. »Bestimmt nicht«, sagte er.

»Fabelhaft! Genau das brauchen Sie jetzt. Ich bin der festen Überzeugung, daß man beim Fliegen die intensivsten Gefühlszustände erleben kann. Was Sie brauchen, *Commissario,* ist der Blick von oben.«

Kapitel 24

Die einzigen Feierlichkeiten, die *Commissario* Zanetti ertragen konnte, waren die *Feste dell'Unità,* lärmende Parteiveranstaltungen mit Tanz und Imbißständen, die in ganz Italien stattfanden, um den Verkauf der Tageszeitung der kommunistischen Partei zu fördern. Daher war er froh, in dem relativ ruhigen neuen Wohngebiet zu sein, wo er von der reaktionären Verherrlichung des finsteren Mittelalters verschont blieb, die in Assisi im Gange war.

Auf dem Treppenabsatz vor der Eingangstür zu der kleinen Wohnung, in der Raffaella Bonatos Vater lebte, standen ein paar Frauen, in deren Gesichtern sich eine Mischung aus Staunen und Erregung darüber abzeichnete, einem Gewaltverbrechen so nah gewesen zu sein. Zanetti kannte diese Reaktion gut und betrachtete sie als den typischen Wirklichkeitsschwund der Bourgeoisie.

Die Frauen identifizierten ihn sofort als Polizisten und traten zur Seite, um ihn vorbeizulassen. Er läutete, und die Tür wurde von einer weiteren Frau geöffnet, die offensichtlich in dieselbe Kategorie gehörte.

»*Questura*«, sagte er und präsentierte seinen Ausweis.

»Er trauert«, sagte die Frau. »Muß das jetzt sein?«

»Ich fürchte ja«, entgegnete Zanetti und dachte bei sich, wie merkwürdig es doch war, daß Menschen annahmen, bei amtlichen Verfahren könnten aufgrund persönlicher Umstände Ausnahmen gemacht werden.

»Er ist da drin.«

Ein Blick auf den alten Mann verriet Zanetti, daß die Befragung nicht einfach werden würde. Er saß am Tisch, starrte auf ein großes Foto seiner Tochter und gab seltsame röchelnde Laute von sich. Seine Situation, so gab Zanetti zu, war nicht gerade optimal, aber die Menschen könnten sich eine Menge unnötigen Leides ersparen, wenn sie lernen würden, solche Dinge politisch zu betrachten.

»Ihre Tochter war gestern abend zum Essen hier?« fragte er, nachdem er sich vorgestellt hatte.

Der alte Mann starrte ihn verständnislos an.

»Ihre Tochter«, setzte er erneut an, wobei er mit übertriebener Deutlichkeit sprach, als ob er einen Schwachsinnigen vor sich hätte, »war sie gestern abend hier bei Ihnen?«

Doch der alte Mann starrte nur weiter vor sich hin, als wäre Zanetti gar nicht da.

»*Signor* Bonato«, sagte Zanetti, mühsam die Geduld bewahrend, »falls Sie wollen, daß die Umstände des Ablebens Ihrer Tochter geklärt werden, müssen Sie wirklich versuchen, mit uns zusammenzuarbeiten.«

Die Augen des alten Mannes blieben so blick- und verständnislos wie zuvor. Zanetti sah sich mit einiger Verzweiflung um; das Problem schien unlösbar.

»Ist er immer so?« fragte er, wobei er aufstand und zu der Frau trat, die sich noch immer in dem Zimmer aufhielt.

»Er trauert«, erwiderte sie. Zanetti fühlte sich gereizt, denn er meinte, aus den Worten einen emotionalen, unpolitischen Unterton herauszuhören.

»Ich habe dich gewarnt.«

Das kam nicht von der Frau, und in der Stille klangen die Worte unheimlich. Als Zanetti sich umwandte, erkannte er, daß der alte Mann zu dem Foto seiner Tochter gesprochen hatte.

»Was meinen Sie damit?« fragte er und ging rasch zurück zum Tisch.

»Ich habe dich gewarnt«, wiederholte der alte Mann, noch immer mit dem Foto redend. »Ich habe dir gesagt, du sollst vorsichtig sein.«

»Wovor haben Sie sie gewarnt? Weshalb sollte sie vorsichtig sein?«

»Du hast gesagt, dir passiert schon nichts«, fuhr er fort, Zanettis Anwesenheit offenbar gar nicht registrierend, »abr du hast dich geirrt, nicht wahr?«

»*Signor* Bonato, bitte beantworten Sie meine Frage!«

»Wenn du geblieben wärst, wärst du jetzt noch am Leben.«

»*Signor* Bonato, wovor haben Sie Ihre Tochter gewarnt?«

Zu seinem großen Bedauern sah Zanetti, daß die Frau, die eigentlich gar nicht hätte da sein sollen, sich neben dem alten Mann niederkniete und mit der lächerlich sanften Stimme auf ihn einredete, die Frauen bei Kindern annehmen und die dem konstruktiven politischen Denken so abträglich ist. Und was noch schlimmer war, es schien zu funktionieren; sie drang zu ihm durch.

»Wovor haben Sie Ihre Tochter gewarnt?« wiederholte sie.

»Ich habe sie gewarnt, weil sie in Gefahr schwebte.«

»Wieso schwebte sie in Gefahr?«

Er hob den Kopf und sah sie an, Zanettis Anwesenheit offenbar noch immer nicht wahrnehmend. »Gestern abend haben wir über den Mord gesprochen«, sagte er. »Ich habe sie gefragt, warum die Frau ihn erschossen hat, und sie hat gesagt: ›Ich glaube nicht, daß sie ihn erschossen hat, Papa – und ich fürchte, ich weiß jetzt, wer es getan hat.‹«

Doch als auf Zanettis heftiges Drängen die Frau nachfragte, wen seine Tochter gemeint habe, schüttelte der alte Mann bloß den Kopf und antwortete, das habe sie ihm nicht sagen wollen.

An einem Ehrenplatz an der Wand hing ein großes Foto des verstorbenen Umberto von Savoyen, des früheren Königs von Italien, flankiert von breiten dreifarbigen Bändern.

»Seine verstorbene Majestät«, sagte Amos Butturini für den Fall, daß Scansani diese Tatsache übersehen hatte.

In dem Raum befanden sich zahlreiche Spiegel, und nach dieser einleitenden Ehrbezeugung vor der Monarchie begann der Zwerg, sich ausgiebig und mit Genuß darin zu betrachten. Und dort, wo es ihm nicht möglich war, sich mittels Spiegel zu bewundern, konnte er das anhand von Bildern tun, denn das Zimmer strotzte nur so von Fotos, die alle Amos Butturini zeigten, einschließlich eingerahmter Ausschnitte aus Zeitungen und Illustrierten. Man sah Amos, wie er triumphierend in die Kamera strahlte oder Größen des Showbusiness in den Armen lag, und es gab Überschriften wie DER ZWERG MIT DEM RIESENGEDÄCHTNIS und DAS WINZIGE WAHNSINNSGENIE.

Die Befragung hatte im Flur unter schwierigen Umständen begonnen, denn zwei anscheinend nicht zu bändigende Dalmatiner hatten es sich in ihre gefleckten Köpfe gesetzt, daß Scansani erschienen war, um ihren Miniaturmeister zu zerreißen, und sie hatten offensichtlich die Absicht, Scansani dabei zuvorzukommen. Erst nach einem mehrere Minuten währenden Tumult, der die Halle mit einem Wirbel aus schwarzen Flecken und schrillen Schreien (»Belle! Arlette! Sofort Platz, *Signorina!*«) erfüllt hatte, waren die Hunde irgendwie in den Garten bugsiert und Scansani in den *Salotto* geleitet worden.

»Es tut mir leid, daß wir Ihre Zeit erneut in Anspruch nehmen müssen«, sagte Scansani.

»Das macht keinerlei Umstände«, sagte Amos Butturini mit königlichem Großmut. »Trotz meiner monarchistischen Überzeugung halte ich es für meine Pflicht, alles in meiner Macht Stehende zu tun, um die Behörden zu unterstützen, auch wenn das Land eine Republik ist.«

»Ganz recht«, sagte Scansani, da ihm kein passenderer Kommentar einfiel. »Ich wollte von Ihnen wissen«, fuhr er fort, »ob noch jemand außer *Commissario* Zanetti versucht hat, Ihnen Fragen zu stellen, und sich als Polizist ausgegeben hat.«

Amos Butturini legte seinen großen Kopf schräg, wie ein umsichtiger Vogel, der einen verdächtigen Krümel inspiziert. Dann spitzte er die Lippen, dachte noch einen Augenblick nach und sagte schließlich: »Nein.«

Wieder ein vergeblicher Besuch, dachte Scansani.

Doch der Zwerg hatte seine Betrachtung des Krümels noch nicht beendet. Er besah ihn sich weiter, spitzte die Lippen noch etwas mehr und brachte dann ein zweites Wort heraus: »Warum?«

Scansani war verblüfft; er war es nicht gewohnt, daß Zeugen ihm Fragen stellten, aber der Zwerg hatte eine so gebieterische Art, daß er sich genötigt sah zu antworten: »Wir sind auf der Suche nach einem Mann, der fälschlicherweise behauptet, Polizist zu sein.«

»Beschreibung.« Zweifelsohne ein Imperativ.

»Bislang haben wir noch keine besonders genaue Beschreibung«, erwiderte Scansani mit dem Gefühl, sich verteidigen zu müssen. »Mehrere Zeugen haben ihn als einen Mann aus dem Süden beschrieben und . . .«

»Ich habe einen Mann, der aussah, als stamme er aus dem Süden, am Dienstag abend in der Nähe der Werkstatt Florio-Levi beobachtet. Sein Verhalten erschien mir verdächtig, und ich hatte den Eindruck, daß er *Signora* Guidi verfolgte.«

Wenn Scansani nicht gesessen hätte, hätte er das Gleichgewicht verloren. »Warum haben Sie das nicht schon früher erwähnt?« wollte er wissen.

»Weil mich niemand danach gefragt hat«, konterte der Zwerg mit königlicher Schlichtheit.

»Können Sie ihn beschreiben?«

»Ich verfüge über eine außergewöhnlich starke Beobachtungsgabe in Verbindung mit dem besten Gedächtnis in Italien seit Pico della Mirandola«, verkündete er und schaute dabei sachte lächelnd in den Spiegel, als ob er zu seinem Spiegelbild sagen wollte: »Er hat nicht den leisesten Schimmer, wie schlau wir sind.« Dann fuhr er laut fort: »Ein Meter 77, würde ich meinen, ungefähr 72 Kilo. Wohl das, was man gemeinhin als gutaussehend bezeichnet.« Ein weiterer Blick in den Spiegel schien zu sagen: »Aber kaum nach *unseren* Maßstäben.«

»Glattrasiert, ziemlich volle Lippen, entschlossenes Kinn, jedoch nicht spitz. Dichtes schwarzes Haar ...«

Scansani hatte in der Vergangenheit an mehreren Phantombildern mitgearbeitet und die Ergebnisse immer frustrierend und in den meisten Fällen unbrauchbar gefunden. Doch dies hier war etwas anderes. Amos Butturinis Beobachtung war so präzise und detailliert, daß Scansani vor seinen Augen förmlich ein fotografisch genaues Phantombild entstehen sah.

Seltsamerweise brachte er es nicht mit dem Mann in Verbindung, dessen Erscheinung ihm am Vortag in dem *Caffè* soviel Unmut bereitet hatte, aber vielleicht lag das daran, daß sein Verstand von einem einzigen Gedanken beherrscht wurde.

Das, was Amos Butturini da zusammensetzte, war das Phantombild eines Mörders.

Kapitel 25

Die Tür des Todes wurde von dem Drachen namens Emma geöffnet, und Peroni hörte von oben das Geplapper vieler Stimmen, begleitet vom Klang mittelalterlicher Musik. Eine einzelne männliche Singstimme, hell, aber sehr lieblich, die mit vollendeter Kunstfertigkeit von einer Laute begleitet wurde.

Der Drache trat zur Seite, um ihn einzulassen. Emma war keineswegs herzlicher als bei der ersten Begegnung, aber zumindest schien sie ihn erwartet zu haben.

»Bitte folgen Sie mir.«

Als Peroni das Haus betrat, traf ihn die luxuriöse Falschheit des Hauses wie ein Schwall heißer Luft. Emma führte ihn durch den Raum, in dem Rosalba ihn beim ersten Mal empfangen hatte, und dann eine mit dickem Teppich bedeckte Treppe hinauf.

Während er ihr folgte, versuchte Peroni, das Motiv für sein Kommen zu analysieren. Ihm war nicht nach teurem Essen und Trinken zumute, womit man ihn hier bestimmt beköstigen würde. Im Grunde war er überhaupt nicht hungrig. Von den diversen Flaschen Wein, die er mit Freifrau Iolanthe konsumiert hatte, war er mehr als nur leicht angetrunken. Seine Hand tat ihm wieder weh, er fieberte, und vielleicht war er dazu noch verrückt. Die einzige mögliche Erkärung war die, daß er nach Jacopa suchte. Vielleicht hatte ihn die Theorie der Freifrau stärker beeindruckt, als er sich eingestehen mochte. Und angenommen, es steckte überhaupt irgendein Sinn darin, dann gab es gewiß keinen Ort, an dem die Zeit sich besser auffalten ließe als in Jacopas Haus.

Er blickte auf und hoffte beinah, sie die Treppe herabkommen zu sehen, mit diesem Blick vollkommenen Erkennens, der die zeitliche Entfernung aufhob. Doch Rosalbas Inneneinrichtung war viel zu pompös. In einem solchen Haus hätte Jacopa niemals erscheinen können.

Am oberen Ende der Treppe geleitete Emma ihn durch einen Türbogen und zog sich dann zurück. Peroni befand sich in einem Raum, der den gesamten Frontbereich des Hauses einnahm. An einem Ende war eine niedrige Galerie, wo der Lautenspieler seinen eigenen Gesang begleitete, und es gab eine kleine Nische, die gerade groß genug war, um einem Paar bequem Platz zu bieten. Zwei lange Tische mit schneeweißen Tischtüchern waren mit einer exotischen Fülle von Speisen und Getränken überladen, wie Peroni sie noch nie gesehen hatte.

Der Raum war voller Menschen, sowohl mittelalterlich als auch modern gekleidet, als wollten sie dem Besucher Rätsel aufgeben, in welche Epoche er sich verirrt hatte. Aber diese Leute hatten noch etwas an sich, das Peroni irritierte, obwohl er es nicht zu benennen wußte: Er versuchte gerade, sich darüber klar zu werden, als Rosalba sich zu ihm gesellte.

»*Commissario,* wie schön, Sie zu sehen!«

In ihrem mittelalterlichen Kostüm, das ihr angeborenes Stilempfinden zum Ausdruck brachte, sah sie noch erlesener und vollkommener aus, und als sie ihm die Hand reichte – kühl, ausgesprochen feminin und gerade fest genug – empfand er einen lustvollen Schauder.

»Champagnercocktail?«

»*Grazie.*«

Sie nahm zwei von dem Tablett eines vorbeieilenden Dieners und reichte ihm ein Glas, berührte es zart mit dem ihren und deutete ein Lächeln an.

»Ich hoffe, Ihre Nachforschungen verlaufen erfolgreich, *Commissario?*«

Hörte Peroni da eine Spur von Ironie heraus? Er war sich nicht sicher. »Einigermaßen, vielen Dank.«

»Haben Sie herausgefunden, warum der arme junge Mann sich so für mein Haus interessiert hat?«

»Mittlerweile glaube ich«, log Peroni und dachte bei sich, daß es nicht ihr Haus, sondern das Jacopas war, »daß er nur an seiner Magisterarbeit interessiert war.«

»Enttäuschend.«

Plötzlich erblickte Peroni in dem Gedränge hinter ihr etwas, das seinen Mund trocken werden ließ. Dort stand, zwischen den kostümierten Gästen langweilig modern, Spaghetti, der Botenjunge der Camorra, der ihn in Venedig angeschossen hatte. Und nun begriff Peroni, was er zuvor nicht hatte benennen können. Er war in eine Versammlung der Camorra geraten. All diese Leute waren Freunde oder Freunde von Freunden. Wie konnte er hier rauskommen, bevor es zu spät war?

»Ich hatte gehofft, Sie könnten uns aufregende Neuigkeiten berichten.«

Spaghetti entdeckte Peroni fast genau im gleichen Augenblick, und seine Reaktion hätte einer gewissen Komik nicht entbehrt, wenn die Situation weniger verzweifelt gewesen wäre. Seine Gesichtszüge entgleisten vor Entsetzen, und nach einer regungslosen Schrecksekunde tauchte er, wild mit den langen Gliedern fuchtelnd, in der Menge unter, wie eine Krabbe, die sich im Sand eingräbt.

»Was darf ich Ihnen zu essen bringen. Vielleicht ein Scheibchen gebratenen Schwan?«

»Im Moment nicht, danke.«

Ihm wurde klar, daß es nicht leicht sein würde, hier rauszukommen. Mit dem Geschick einer Geisha spann Rosalba unsichtbare Seidenfäden, die ihn festhielten. Er suchte fieberhaft nach etwas, womit er sie hätte zerreißen können.

»Ah, *Commissario«,* sagte Rosalba jetzt, die offenbar über seine Schulter hinweg jemanden entdeckt hatte, »ich möchte Sie jemandem vorstellen.«

Es war, so erkannte er, zu spät.

Ein imposanter, intelligent aussehender Mann, nicht mehr ganz in den besten Jahren, mit üppigem grauem Haar, das an den Schläfen buschig wuchs, und der Sorte Augen, die alles sehen und nichts vergessen. Er trug teure moderne Kleidung und ein exquisit duftendes Parfüm. Ein gewöhnlicher Beobachter hätte ihn für einen Senator halten können. Peroni, mit seinem besonders entwickelten Instinkt und seiner Erfahrung, hielt ihn für ein hohes Tier der Camorra.

»*Cavaliere* Grassi«, sagte Rosalba.

Ein *Commissario,* ein *Commendatore,* eine Freifrau, ein Fürst und jetzt ein *Cavaliere,* dachte Peroni matt, dies entpuppte sich allmählich als eine Art Kartenspiel.

Grassis kraftvolle Hand schüttelte die seine, als ob sie einen Pistolengriff umfaßte.

»*Commissario* Peroni«, sagte er mit einer Stimme, die so bedrohlich glatt klang wie ein Eisberg, »muß nicht vorgestellt werden.«

Das klang, fuhren Peronis Gedanken aus eigenem Antrieb fort, als habe der *Cavaliere* den *Commissario* übertrumpft.

»Wollen wir uns setzen?« Die Aufforderung hörte sich freundlich an, doch dahinter lauerte unanfechtbare Autorität.

Rosalba entfernte sich mit einer dahingemurmelten honigsüßen Entschuldigung, und die Männer setzten sich in Sessel, die offenbar für sie reserviert gewesen waren. Peronis Verstand arbeitete angestrengt. Offenbar hatte Rosalba vor zwei Tagen seinen Polizeiausweis nicht bloß überprüft, sondern das Ding regelrecht durchleuchtet, und als sie ihre Einladung aussprach, sehr wohl gewußt, daß er Achille Peroni von der venezianischen *Questura* war. Aber wieso? Die Antwort darauf, da war er sicher, würde nicht lange auf sich warten lassen.

»Ich hoffe, Ihre Ermittlungen schreiten voran.« Diesmal war die Ironie unüberhörbar.

»Na ja, vorläufig handelt es sich um reine Routineuntersuchungen.«

»Ehrlich gesagt, *Commmissario,* ich wußte gar nicht, daß man Sie von Venedig hierherversetzt hat.«

»Das hat man auch nicht«, sagte Peroni. Es war sinnlos, sich herausreden zu wollen.

»Ach.« Nur eine knappe Silbe, die vielsagender war als eine stundenlange Rede. Nun denn.

»Ich war zufällig auf einer Wallfahrt«, sagte Peroni, »und lernte *Signora* Guidi kennen. Aufgrund dieser kurzen Bekanntschaft konnte ich nicht glauben, daß sie den Mord an Lorenzo Florio-Levi begangen hat, und daher fing ich an, eigene Nachforschungen anzustellen.«

Während er sprach, betrachtete Peroni die Nische, in deren Nähe sie saßen. Darin hatte sich ein junges Paar in mittelalterlichen Gewändern niedergelassen. Sie nippten Champagnercocktails und sahen sich in die Augen. Er beneidete sie.

»Glauben Sie noch immer, daß *Signora* Guidi unschuldig ist?«

»Eigentlich schon.«

»Das ist ja interessant. Schauen Sie, diese Affäre hat auch meine Aufmerksamkeit erregt, und ich habe gleichfalls ein paar Erkundigungen einziehen lassen, deren Resultate mich zu derselben Schlußfolgerung gelangen ließen.«

»Tatsächlich?«

»Noch einen Champagnercocktail?« *Cavaliere* Grassi schnippte mit den Fingern, und im Nu brachte man ihnen zwei neue Gläser.

»Ich vermute, Sie haben sich noch keine Meinung gebildet, wer denn nun wirklich der Schuldige ist?«

»Das läßt sich noch nicht sagen.«

»Wissen Sie, *Commissario,* ich habe mir nämlich eine Meinung gebildet. Und ich habe mir gedacht, daß Sie bestimmt erfahren möchten, wen ich als zweiten Kandidaten in Erwägung ziehe.«

»Sollten Sie das nicht besser der *Questura* in Perugia erzählen?«

»Oh, ich meine doch, Sie sollten es zuerst erfahren.«

»Warum das?«

»Ganz einfach: Weil ich gute Gründe zu der Annahme habe, daß *Sie* der Mörder von Lorenzo Florio-Levi sind, *Commissario.*«

Der Schluck Champagnercocktail in Peronis Kehle schien sich in eine Eiskugel zu verwandeln und der fröhliche Trubel um ihn herum zu Stein zu erstarren. Lediglich die helle, liebliche Männerstimme zur Laute sang in diesem Alptraum weiter wie zuvor.

»Das ist lächerlich«, sagte er endlich.

»Nicht so lächerlich, wie Sie vielleicht vermuten. *Signora* Guidi hat sie sichtlich beeindruckt, und Sie haben mehrmals versucht, sich ihr zu nähern. Sie ließ sich jedoch nicht herumkriegen. Das muß äußerst ärgerlich für Sie gewesen sein, *Commissario* – ein Mann von allgemein anerkannter Anziehungskraft bekommt eine Abfuhr von einer kleinen bourgeoisen Hausfrau. Und Sie waren sogar derart verärgert, daß Sie ihr, als *Signora* Guidi am Dienstag abend allein das Hotel verließ, heimlich folgten. Sie beobachteten, wie sie die Werkstatt Florio-Levi betrat, und begriffen, daß sie ihren Liebhaber besuchte. Das verwandelte Ihren Ärger in blinde Wut und Eifersucht. Sie brachen in das Haus ein – was Sie genau vorhatten, läßt sich nicht sagen, aber die Umstände erwiesen sich als günstig für Sie. *Signora* Guidi hatte ihre Handtasche im Flur von Florio-Levis Wohnung gelassen, und während die beiden im Wohnzimmer waren, durchsuchten Sie die Tasche und entdeckten ihre Pistole. Da hatten Sie den Einfall, wie Sie sich an beiden rächen konnten, ohne selbst in Verdacht zu geraten. Sie nahmen die Pistole an sich und warteten, bis *Signora* Guidi gegangen war. Dann erschossen sie ihn, verließen das Haus und warfen die Pistole an einer Stelle weg, von der sie wußten, daß die Polizei sie finden und so auf *Signora* Guidi kommen mußte.«

Peroni wurde klar, daß er sich gleichsam sein eigenes Leichentuch gewebt hatte. »Sie haben keine Zeugen«, sagte er und versuchte unbeeindruckt zu klingen.

»Im Gegenteil, eine ganze Reihe von Leuten kann bezeugen, daß Sie sich sehr für *Signora* Guidi interessiert haben. Man hat beobachtet, wie Sie ihr vom Hotel aus nachgingen und erst nach Mitternacht zurückgekehrt sind, und man hat Sie auch gesehen, als Sie die Werkstatt Florio-Levi betraten.«

Falsche Zeugen, aber das war bei der Camorra nicht anders zu erwarten; da wurden keine Kosten und Mühen gescheut.

»Und da ist noch eine Kleinigkeit«, fuhr *Cavaliere* Grassi in einem Ton fort, der Peroni das Schlimmste befürchten ließ. »Darf ich fragen, wo Sie gestern abend gegen Mitternacht waren?«

»Das geht Sie gar nichts an.« Er hoffte, resoluter zu klingen, als ihm zumute war.

»Vielleicht nicht, aber Sie dürfte das in nicht allzu ferner Zukunft durchaus etwas angehen. Gestern gegen Mitternacht wurde Raffaella Bonato von einem gestohlenen Wagen überfahren und getötet.«

Diese Mitteilung traf ihn mit unerhörter Wucht. Peroni war so erschüttert, daß er vorübergehend seine eigene mißliche Lage vergaß und voller Entsetzen und Trauer auf das geistige Bild der Sekretärin von Florio-Levi starrte.

»Die Polizei«, sprach *Cavaliere* Grassi weiter, »ist der Auffassung, daß sie um die Identität des wahren Mörders wußte und daß dieser, als er es erkannte, auch sie getötet hat.« Er stockte. »Sie hätten Zeit genug gehabt, um von Rom zurückzukommen, das wissen Sie, *Commissario*.«

Darüber wußten sie also auch Bescheid. Es war nicht das erste Mal, daß Peroni Grund hatte, über die Tüchtigkeit der Camorra zu staunen.

»Sie selbst haben vorhin gemeint, daß diese Informationen an die *Questura* in Perugia weitergeleitet werden sollten. Ich könnte mir vorstellen, daß sie dort mit großer Erleichterung aufgenommen würden, denn das Beweismaterial gegen *Signora* Guidi wird immer fadenscheiniger, und sie haben nichts weiter in der Hand. Andererseits gibt es keinerlei Grund, warum diese Informationen überhaupt an die *Questura* gehen sollten.«

Er hielt inne, um Peroni Gelegenheit zum Zugreifen zu geben, aber Peroni beschloß, ihm diese kleine Genugtuung vorzuenthalten.

»Mir ist eben der Gedanke gekommen, daß wir beide eine Art *Gentleman's Agreement* treffen könnten.«

Peroni erwog, einen Kommentar zu dem Wort *Gentleman* abzugeben, entschied sich aber dagegen.

»Sie führen seit einiger Zeit Ermittlungen über eine Organisation durch, der ich nahestehe.«

Zum erstenmal begriff Peroni in vollem Umfang, daß seine Suche nach der Wahrheit um Lorenzo ans Licht gezerrt hatte, was ihm in Venedig so lange verborgen geblieben war. Wie hatte Freifrau Iolanthe gesagt? Das Glück des Tüchtigen. Auch wenn diese Entdeckung ihn nun ruinieren würde.

»Es wäre hilfreich für mich, wenn ich einen vollständigen Bericht über Ihre Ergebnisse bekommen könnte.«

Peroni mußte an die Akte denken, die er nach Assisi mitgenommen hatte.

»Sie würden selbstverständlich eine großzügige Entschädigung erhalten, und niemand außer uns würde je von dieser Transaktion erfahren. Und ich bin mir sicher, daß dies nur der Beginn einer langen und für beide Seiten lukrativen Zusammenarbeit wäre.«

Ein Camorra-Bulle. Tja, warum eigentlich nicht? Was bedeutete in einer Gesellschaft, in der Korruptionsfälle so verbreitet waren wie Zigarettenkippen, schon ein Fall mehr oder weniger? Warum also nicht einfach das gute Leben endlich dankbar akzeptieren – in Anbetracht der Tatsache, daß die Alternativentscheidung ihn alles kosten würde?

Er stellte überrascht fest, daß er Hunger hatte, und ihm fiel ein, daß er seit der Pizza am Vorabend nichts mehr gegessen hatte. Gleichzeitig sah er durch eine Lücke im Gedränge einen riesigen mittelalterlichen Braten auf einem der Tische, dicht umstanden von vorzüglichen europäischen Weinen. Er mußte nur ja sagen, dann konnte er sich in ein opulentes Festbankett stürzen, als Ehrengast, dem anschließend eine Auswahl von Camorra-Liebchen zur Verfügung stehen würde, die in hellen Scharen Sinnlichkeit verströmten wie Kerzen auf dem Geburtstagskuchen eines Hundertjährigen.

Er wandte sich um, um ja zu sagen, und indem er das noch tat, fiel sein Blick erneut auf das Liebespaar in der Nische. Aber weniger die beiden, sondern vielmehr ihre Umgebung, versetzte ihn in Erstaunen. Der Teppich, die teure Tapete, das weiche, warme Licht waren verschwunden, ebenso der schreckliche perverse Luxus und die prassende Camorra-Horde um ihn, und er stand ganz allein vor der nackten steinernen Nische, die von einer einzigen Kerze erhellt wurde. Dann bemerkte er, daß das Paar jetzt ein anderes war, und ihm stockte das Herz, als er das rostbraune Kleid erkannte.

Sie redeten ernst miteinander über etwas von scheinbar großer Wichtigkeit. Und dann legte sie die Hand auf den Arm ihres Begleiters, als wolle sie ihn eine Weile zum Schweigen bringen, und drehte sich nach Peroni um. Erneut war zwischen ihnen tiefstes Erkennen, und er wußte, daß er eine Zeitfalte erlebte.

Plötzlich befand er sich wieder in der Gegenwart. Überall um ihn herum schnatterte die Camorra, die beiden in der Nische schlürften Champagnercocktails und begafften einander, der Luxus entweihte Jacopas Haus wie eine erstickende Staubwolke, und *Cavaliere* Grassi wartete auf seine Antwort. Peroni sah ihn an.

»Verpiß dich«, sagte er.

Kapitel 26

Kaffee, unverdünnt, schwarz und stark, ist ein fester Bestandteil der italienischen Lebensart. Ärzte mißbilligen ihn, das Finanzamt und die Barbesitzer schlagen Kapital aus ihm, doch die Italiener suchen weiter bei ihm Trost, Kraft und Anregung. Also nahm Peroni jetzt, da sein Leben in Scherben lag und er unentrinnbar in den Netzen der Camorra gefangen war, seine Zuflucht beim Kaffee.

Er saß in einer Bar in einer Nische, trank genüßlich seine dritte Tasse in Folge und durchlebte noch einmal zitternd die wütende Bestürzung, die sein Abgang in der Via Pozzo della Mensa verursacht hatte.

Was nun? Die Zukunft sah wahrlich düster aus. Und dann machte der Kaffee unerwartet einen Vorschlag. Falls, so sagte er, Peroni bald herausfände, wer Lorenzo Florio-Levi getötet hatte und auch, wie sich Peroni unvermittelt mit aufrichtiger Trauer erinnerte, Raffaella Bonato, so würde das der Camorra einen Strich durch die Rechnung machen und ihn gleichzeitig in die Lage versetzen, einen sensationellen Schlag gegen sie zu landen.

Und schon schienen seine Zukunftsaussichten eine Spur weniger düster. Ein doppelter Peroni-Coup. Die Camorra ausgeräuchert, die Polizei in Perugia dabei umgangen. Das Kaninchen des Triumphes würde aus dem Zylinder der Katastrophe hervorgezaubert werden.

Doch die Grundvoraussetzung dafür war, Lorenzos und Raffaellas Mörder aufzuspüren, und diesem Ziel war er noch keinen Schritt nähergekommen. Andererseits, so unterstrich der Kaffee, gibt es erste Anhaltspunkte, zusammenhanglos und unwahrscheinlich, aber doch erste Anhaltspunkte. Er mußte sie auf den Kopf stellen, durchleuchten, ergründen, und dann bestand immerhin eine Chance. Sie mochte verschwindend gering sein, aber er hatte in seinem Leben schon mehr als einmal eine winzige Chance genutzt.

Durch diese Gedanken ein wenig ermutigt, stürzte er den Rest des Kaffees in einem Schluck herunter, zahlte an der Kasse und ging dann noch rasch auf die Toilette, die aus einem stinkenden Loch im Boden bestand, was er perverserweise als tröstlich empfand. Die Toilettentür war zur Kasse hin durch eine viereckige Steinsäule abgeschirmt, und als er wieder herauskam und um die Säule herumging, lief er dem nächsten Ärger schnurstracks in die Arme.

Der Polizist, den er tags zuvor gesehen hatte, war gerade dabei, dem Barbesitzer etwas zu zeigen. Peroni konnte eben noch rechtzeitig zurück hinter die Säule treten, ohne entdeckt zu werden, und sich leise durch eine offenstehende Hintertür davonmachen, die er auf dem Weg zur Toilette entdeckt hatte.

Jetzt sah die Zukunft nicht nur düster aus, sondern geradezu ausweglos. Denn das, was der Polizist dem Besitzer der Bar gezeigt hatte, war ein Phantombild von Peroni, und das Ergebnis hätte kaum naturgetreuer ausfallen können, wenn er höchstpersönlich für Annigoni Porträt gesessen hätte. Jetzt, da dieses Bild in Umlauf war, waren seine Chancen, Nachforschungen anstellen zu können, gleich null.

Die Polizei rückte von der einen Seite näher, die Camorra von der anderen.

»Achille, ich glaube, ich werde Giorgio verlassen.«

»Was?«

Das Geräusch des Hubschraubermotors erschwerte die Unterhaltung. Vielleicht, so dachte Assunta, hatte sie sich deshalb entschieden, es ihm auf diesem albernen VIP-Flug zu erzählen; denn der gewältige Lärm dämpfte wohl irgendwie ihr heftiges Schuldgefühl.

»Ich habe gesagt, ich glaube, ich werde Giorgio verlassen«, schrie sie.

»Du spinnst!«

»Ich liebe Rocco!«

»Schon möglich, aber es ist deine Pflicht zu verzichten.«

»Pflicht! Das mußt du gerade sagen. Als ob du einen einzigen Gedanken an deine Pflicht verschwenden würdest, sobald eine hübsche Frau in der Nähe ist!«

»Ich bin nicht verheiratet.«

»Und meines Wissens bist du, was die Ehe angeht, auch nie besonders zimperlich gewesen.«

»Na schön - mach, was du willst! Das ist deine Sache. Aber halt mich da raus.«

Sie versanken erneut in schmollendes Schweigen. Assunta mußte sich zu ihrem Kummer eingestehen, daß er recht hatte. Sie hatte es ihm nur gebeichtet, weil sie gehofft hatte, etwas von ihrem Schuldgefühl loswerden zu können, und nun ärgerte sie sich, daß er ihren Entschluß nicht guthieß, sondern ihn mißbilligte, so wie sie selbst. Sie starrte zum Fenster hinaus. Kumuluswolken, die aussahen wie riesige ausgezupfte Baumwollflocken, zogen sich über Umbrien zusammen. Gewissensbisse begannen, an ihr zu nagen. Es war falsch gewesen, Achille damit zu belasten. Dann, als sie in sein Gesicht blickte, verwandelten sich ihre Gewissensbisse in besorgte Anteilnahme.

»Was ist los?« fragte sie.

Er spürte ihre Anteilnahme und reagierte. »Eine Frau, die ich neulich kennengelernt habe - die Sekretärin der Glaswerkstatt Florio-Levi - ist gestern abend vorsätzlich überfahren und getötet worden.«

»Oh, Achille - wie furchtbar!« Ob das, so fragte sie sich, die geheimnisvolle Frau gewesen war, deren Gegenwart sie zwar gespürt hatte, die sie aber nicht hatte identifizieren können? Sie blickte ihn kurz an und entschied sich dann dagegen; in seinem Ausdruck lag zwar Trauer, aber nicht die Trauer eines Mannes, der auf tragische Weise eine Frau verloren hat, die er liebte.

»Aber wieso?« sagte sie. »Denkst du - hat es was mit dem anderen Mord zu tun?«

»Mit Sicherheit. Sie wußte etwas. Und wenn ich gestern abend nicht weggefahren wäre, hätte sie es mir erzählt und wäre noch am Leben.« Er fiel in bedrücktes Schweigen.

»Und das ist noch nicht alles«, sagte er nach einer kurzen Weile.

»Was denn noch?«

»Ich habe Ärger mit der Camorra. Ich weiß jetzt, wo das Hauptquartier ist, nach dem ich gesucht habe. Und wer der Boß ist. Die Geschichte ist zu verwickelt, um dir alles im einzelnen zu erzählen, aber er hat gegen mich einen höheren Trumpf in der Hand als ich gegen ihn, obwohl seine Karten gezinkt sind. Er will, daß ich ihm die Ergebnisse meiner Ermittlungen zuspiele.«

»Und was hast du darauf geantwortet?«

»Ich hab' ihm gesagt, er soll sich verpissen.«

Assunta fing buchstäblich an zu zittern. Sie kannte die Camorra und deren Skrupellosigkeit aus ihren gemeinsamen Kindheitstagen als *scugnizzi,* und sie konnte sich ausrechnen, was für eine Vergeltung Achille mit einer solchen Provokation heraufbeschworen hatte.

»Und das ist nicht mal das Schlimmste«, fuhr er fort.

»Was kann denn noch schlimmer sein?«

»Die Polizei ist auch hinter mir her.«

»Wieso denn das? Woher weißt du das?«

»Ich habe gestern herausgefunden, daß nach mir gefahndet wird. Und kurz bevor wir heute nachmittag aufgebrochen sind, habe ich ein Phantombild von mir gesehen. Wie aus dem Gesicht geschnitten.«

»Aber wie das?«

»Irgend jemand muß ihnen von meinen Ermittlungen berichtet haben - irgend jemand, der mich aus dem Weg räumen will.«

»Was willst du jetzt tun?«

»Darüber denke ich gerade nach.«

In diesem Augenblick drehte der Hubschrauber jäh ab, und Peroni, der zum Gang hin saß, wurde quer über den Schoß seiner Schwester hinweg zum Fenster geschleudert. Tief unter ihnen lag Assisi, ein Durcheinander aus rosa und grauem Stein, das sich in üppig grüner Kulisse an den welligen Berghang schmiegte. Federwolken hatten begonnen, sich hoch am blauen umbrischen Himmel aufzutürmen, doch plötzlich rissen sie auf, und ein breiter Sonnenstrahl fiel auf die Stadt wie ein himmlischer Punktstrahler. Einen Augenblick lang starrte Peroni gebannt auf diese Szenerie, dann spürte Assunta, wie sich sein Körper heftig zusammenkrampfte. »Was hast du?« fragte sie erschreckt.

Er starrte weiter, und auf seinem Gesicht war der Ausdruck von jemandem, den ein zu grelles Licht geblendet hat.

»Was hast du, Achille?« fragte sie erneut, als er nicht antwortete.

Er blinzelte, als hätte er Mühe, sie klar zu erkennen. Dann wurde sein Gesicht untypisch ausdruckslos. »Nichts«, sagte er, »ich habe bloß die Aussicht bewundert.«

Sie war sicher, daß er log.

Kapitel 27

Sein Instinkt verriet Zanetti sofort, daß der Polizeichef ein politisches As im Ärmel hatte. Der Mann verströmte eine selbstgefällige und schmeichlerische Heiterkeit, die besonders unangenehm war.

»Dieses Phantombild«, sagte er und hielt es zwischen Daumen und Zeigefinger in die Höhe.

»*Si, Dottore*«, sagte Zanetti. Das konnte kaum der alles entscheidende Trumpf sein. Scansani hatte es mit Hilfe des Zwergen-Fernsehwunders anfertigen lassen, dessen außerordentliches Beobachtungs- und Erinnerungsvermögen unbestreitbar war.

»Je länger ich es mir angesehen habe, desto mehr hatte ich den Eindruck, dieses Gesicht schon einmal irgendwo gesehen zu haben. Sie haben keine Ahnung, wer das sein könnte?«

»Nein, *Dottore.*« Zanetti wußte, daß sein Chef ein Spielchen mit ihm trieb, und das ärgerte ihn maßlos.

»Möchten Sie mal raten?«

»Nein, *Dottore.*«

»Na ja, es mag ja sein, daß Sie die Person, an die ich denke, noch nie gesehen haben, daher bin ich vielleicht nicht ganz fair, aber ich habe ihn gelegentlich gesehen, die Ähnlichkeit ist wirklich verblüffend. Ob Sie es glauben oder nicht«, fuhr der Polizeichef fort, nun recht ausgelassener Laune, »der Mann auf dem Bild sieht meiner Ansicht nach wie *Commissario* Achille Peroni aus, der sogenannte Rudolfo Valentino der italienischen Polizei.«

Zanetti hatte Peroni nie kennengelernt oder gesehen, doch empfand er eine instinktive Abneigung gegen ihn. Alles, was er mit dem Namen verband, war reaktionär, und außerdem war ein schändlicher Personenkult um ihn entstanden. Er rang sich ein frostiges Lächeln ab. »Wirklich?«

»Wirklich!«

»Bemerkenswert.«

»Nicht wahr?«

Der Polizeichef lachte jovial, und Zanetti, der nicht wie ein linker Spielverderber aussehen wollte, zwang sich, in das Lachen einzufallen. Gleichzeitig fragte er sich, worauf das Gespräch wohl hinauslaufen würde.

»Aber es kommt noch besser«, fuhr der Polizeichef fort, »ich habe in Venedig, wo Peroni stationiert ist, angefragt und erfahren, daß er zur Zeit Urlaub hat. Ein paar weitere Erkundigungen haben ergeben, daß er diesen Urlaub in Assisi verbringt, wo er und seine Schwester an einer Wallfahrt teilnehmen.«

Zanettis erzwungene Heiterkeit erstarb auf der Stelle.

»Es sieht ganz so aus«, sagte der Polizeichef, »als ob sich unser Mann doch nicht fälschlich als Polizist ausgegeben hat. Er ist Polizist. Ich schlage also vor, Sie setzen sich so schnell wie möglich mit ihm in Verbindung.«

Zanettis Fahrt von Perugia nach Assisi wurde ebensosehr von Zorn wie von Kraftstoff angetrieben.

»Questura«, sagte er zu dem Angestellten am Empfang, wobei er das Wort wie einen Peitschenknall klingen ließ, »ich möchte einen gewissen *Dott.* Achille Peroni sprechen, der hier wohnt.«

»Seine Reisegruppe ist zur Zeit unterwegs«, entgegnete der Mann, durch dessen Höflichkeit Besorgnis schimmerte. »Ich habe gerade erst meinen Dienst angetreten, aber ich nehme an, der Herr, den Sie sprechen möchten, ist dabei. Doch zufällig habe ich die Dame, die mit ihm hier ist, eben erst gesehen. Ich glaube, sie ist auf ihrem Zimmer. Möchten Sie vielleicht mit ihr sprechen?«

Das muß die Schwester sein, dachte Zanetti. Er nickte, und der Mann am Empfang drückte einen Knopf der Haustelefonanlage und flüsterte diskret in die Muschel. »Sie kommt sofort nach unten«, sagte er dann.

Ein paar Minuten später kam eine blasse, angespannte, aber zweifellos attraktive Frau die Treppe herunter und sah Zanetti fragend und ängstlich an. Süditalienierin natürlich, mit allem, was dazugehörte, bürgerlich obendrein, doch unter der Angst und der bourgeoisen Erscheinung lag etwas Unbestimmbares, das aus ihr zu leuchten schien.

»Zanetti«, sagte er und reichte ihr die Hand, »wollen wir einen Moment Platz nehmen?«

Sie nickte, und sie gingen zu einer Sitzgruppe, die um einen niedrigen Glastisch postiert war.

»Ich muß unbedingt mit ihrem Bruder sprechen«, sagte er. »Vielleicht können Sie mir sagen, wo ich ihn finde?«

In ihren dunklen Augen flackerte etwas auf, was Zanetti nicht genau zu bestimmen vermochte. Vielleicht Furcht.

»Ich fürchte nein«, erwiderte sie nach kurzem Zögern, und dann, als er sie bedrohlich anblitzte wie ein Signalfeuer, fuhr sie in sorgsam gewählten Worten fort: »Ich weiß nicht, wo er sich aufhält.«

»Was?«

»Er ist verschwunden.«

Sie hatte an diesem Morgen erst kurz zuvor bemerkt, daß Peroni verschwunden war. Nach dem Helikopterflug war er allein losgezogen, weil er, wie er gesagt hatte, einige Ermittlungen anstellen wollte; kurz darauf war sie mit Rocco ausgegangen. Er hatte sie in ein rustikal eingerichtetes Restaurant in der Nähe von Perugia geführt, mit Holzbänken und -tischen und einem riesigen offenen Feuer, auf dem Steaks grillten und dessen Rauch einem in die Augen stieg. Das Essen und das Gespräch danach hatten sich länger hingezogen, und als sie schließlich ins Hotel zurückgekommen war, war sie müde und ein bißchen beschwipst gewesen und hatte keine Lust zu reden verspürt, daher war sie direkt auf ihr Zimmer gegangen.

Als Achille am nächsten Morgen nicht zum Frühstück heruntergekommen war, hatte sie sich nicht viel dabei gedacht, und sogar als ihr klar geworden war, daß er nicht im Hotel übernachtet hatte, maß sie dem keine große Bedeutung bei, sondern ging davon aus, daß er bei der unbekannten Frau weilte.

Als es jedoch immer später geworden war und er sich nicht hatte sehen lassen, war sie allmählich unruhig geworden. Sie hatte an seinen Ärger mit der Camorra gedacht, die schon aus geringen Anlässen rasche und blutige Rache zu nehmen pflegte. Sie hatte an seine Hand gedacht. Der Idiot hatte sie noch immer nicht verarzten lassen. Was, wenn er irgendwo krank daniederlag, im Delirium, und keinen Kontakt zu ihr aufnehmen konnte?

Ihre Gemütsverfassung hatte sich nicht gebessert, als ihr einer der anderen Wallfahrtsteilnehmer eine Zeitung zeigte, auf deren Titelseite sein Phantombild prangte. »Das könnte ja beinah Ihr

Bruder sein, oder?« hatte der Wallfahrer mit einem albernen Kichern gesagt.

Die Ähnlichkeit war tatsächlich besorgniserregend. Nur aufgrund der Leblosigkeit und Unwirklichkeit, die alle Phantombilder an sich haben, sprang sie einem nicht direkt ins Auge.

»Phantombilder täuschen«, hatte sie frostig erwidert und ihm die Zeitung zurückgegeben.

Oben in ihrem Zimmer hatte ein neuer Zweifel von ihren Gedanken Besitz ergriffen. Was, wenn Achille tatsächlich etwas mit dem Mord in der Buntglas-Werkstatt zu tun hatte? Er hatte zweifellos ein Auge auf *Signora* Guidi geworfen, und ganz gleich wie sehr er sich äußerlich dem Norden angepaßt hatte, im Grunde seines Herzens war er ein Neapolitaner geblieben, mit all der Hitzigkeit und Unberechenbarkeit, die diesem eigen ist. Und die Polizei hatte ja wohl einen Grund, nach ihm zu suchen.

Das einzig Positive daran war, daß sie es bald genug erfahren würde, falls er von der Polizei, und nicht etwa der Camorra, geschnappt würde. Gerade als ihr diese Gedanken durch den Kopf gingen, hatte der Mann von der Rezeption angerufen, um ihr mitzuteilen, daß ein Polizeibeamter sie zu sprechen verlangte.

»Verschwunden?« sagte Zanetti, als hätte sie ihn beleidigt. »Seit wann?«

»Seit gestern am späten Nachmittag.«

»Und Sie haben während der ganzen Zeit nichts unternommen?«

»Ich habe es erst heute morgen bemerkt. Selbst da habe ich gedacht - und das denke ich noch immer -, daß es dafür eine ganz einfache Erklärung geben muß.«

»Zum Beispiel?«

»Vielleicht hat er jemanden kennengelernt.« Lahm. »Und dort übernachtet.«

»Ist es üblich, daß er fortbleibt, ohne Bescheid zu sagen?«

»Er ist sein eigener Herr.«

»Ich nehme an, Sie wollen damit sagen, daß er die Nacht bei einer Frau verbracht hat.« Absichtsvoll brutal.

»Kann sein.«

Zanetti blickte auf seine Armbanduhr. »Es ist dreizehn Minuten nach elf. Er hätte sich doch inzwischen bestimmt bei Ihnen gemeldet?«

Assunta zuckte die Achsel. »Ich weiß es nicht.«

»Gibt es sonst noch eine Möglichkeit?«

Der Gedanke an die Camorra pulsierte in ihrem Kopf wie ein erschrecktes Herz. Falls Achille in ihrer Gewalt war, wäre es sicherlich am besten, wenn sie diesem Mann alles eröffnen und die Polizeimaschinerie in Gang setzen würde. Andererseits verhielt sich Achille bei seinen Ermittlungen genauso eifersüchtig wie bei einer Frau, und er würde es ihr gewiß nicht danken, wenn sie einem Kollegen den triumphalen Höhepunkt einer langwierigen und komplizierten Untersuchung verriet. Aber falls sein Leben in Gefahr war? Den langen Bruchteil einer Sekunde rang sie mit sich, für welchen Weg sie sich entscheiden sollte. Der zweite setzte sich durch.

»Nein«, sagte sie, »nicht daß ich wüßte.«

Das Wissen darum, daß sie log, zuckte zwischen ihnen hin und her, und einen Moment lang dachte sie, er würde diesen Punkt erneut in Angriff nehmen. Statt dessen hielt er inne und attackierte sie dann aus einer ganz anderen Richtung.

»Was hat Ihr Bruder seit Ihrer Ankunft in Assisi denn so gemacht?«

Wieder zögerte sie. »Das gleiche wie wir anderen auch. Sehenswürdigkeiten besichtigt.«

Er schwieg einen Moment, offenbar bemüht, sie zu verunsichern, dann feuerte er gekonnt den nächsten Schuß ab. »Würde es Sie überraschen, wenn ich Ihnen sagte, daß er in der Mordsache Florio-Levi unbefugterweise Ermittlungen angestellt hat?«

»Na ja, ich habe natürlich nicht immer gewußt, was er die ganze Zeit über gemacht hat ...«

»Er hat es Ihnen gegenüber also nicht erwähnt?«

»Nicht daß ich ...«

»*Signora,* wollen Sie mir etwa weismachen, daß Ihr Bruder, ein Polizeibeamter, Ihnen gegenüber einen Mord, der weniger als einen Kilometer von hier geschehen ist, nicht mal erwähnt hat?«

»Er hat ganz allgemein darüber gesprochen.«

»Nur ganz allgemein?« Plötzlich brach all die angestaute Wut aus Zanetti hervor. »Sie lügen!« sagte er. »Sie lügen auch, was seine Ermittlungen im Fall Florio-Levi betrifft. Ist Ihnen klar, daß ich Sie wegen Behinderung polizeilicher Ermittlungen festnehmen könnte?«

»Behinderung von was?« Die Stimme kam von jemandem, der scheinbar aus dem Nichts direkt hinter Assunta erschienen war.

Kapitel 28

»Behinderung von was?«
Mit einer Woge der Erleichterung erkannte Assunta Roccos Stimme.

»Wer sind Sie?« fragte Zanetti. Äußerst irritiert.

»Der Direktor des Amtes für Denkmalpflege«, sagte Rocco, wobei er seine Stimme majestätisch klingen ließ, »aber das tut nichts zur Sache. Jeder Bürger, vom Müllmann bis zum Präsidenten der Republik, hat die unbedingte Pflicht, sich einzumischen, wenn es eine unrechtmäßige Verhaftung zu verhindern gilt.«

»Das hier geht Sie nichts an«, beschied ihm Zanetti.

»Eine unrechtmäßige Verhaftung geht jeden etwas an, und sollten Sie die *Signora* weiterhin belästigen, hat sie augenblicklich Anspruch auf einen Anwalt, und es wird mir ein Vergnügen sein, den besten, den ich bekommen kann, auf der Stelle herbeizuschaffen.«

Es war klar, daß Zanetti, fürs erste, geschlagen war.

»Sie hören von mir«, sagte er.

»Ich bin sicher, die *Signora* wird entzückt sein«, entgegnete Rocco.

Zanetti ging.

»Das hätten wir«, sagte Rocco und verfiel wieder in den neapolitanischen Dialekt, wie in ein Paar bequemer Hausschuhe. »Du brauchst einen Drink. Was soll's denn sein? Scotch.« Er eilte zur Bar und kam mit zwei Gläsern zurück, die fast randvoll waren.

»Also, worum ging es denn gerade?« sagte er, als sie sich mit ihren Drinks niedergelassen hatten.

»Er sucht Achille.«

»Weshalb denn das?«

Während sie ihm von dem Phantombild erzählte, bemerkte sie, daß die übrigen Wallfahrer, die vermutlich ihr morgendliches

Besichtigungsprogramm absolviert hatten, wieder in die Hotelhalle strömten. »Es war ja nicht zu übersehen, daß er hinter *Signora* Guidi her war«, schloß sie, »wie kann ich da sicher sein, daß er mit der Sache nichts zu tun hat? Die Polizei muß doch irgend etwas in der Hand haben. Und woher haben sie seine Beschreibung für das Phantombild?«

»Ein Mißverständnis. Achille ist nicht der Typ, der wegen einer Frau einen Mord begeht. Wo steckt er überhaupt?«

»Das ist es ja gerade - ich habe keine Ahnung. Ich habe ihn seit gestern nachmittag nicht mehr gesehen.«

»Was?«

Sie spürte, daß die Wallfahrer sie beobachteten, sie kamen ihr neugierig und mitfühlend vor. Das war Einbildung, denn sie wußten ja nicht Bescheid; trotzdem hatte Assunta zunehmend das Gefühl, es nicht länger zu ertragen.

»Ich muß hier raus, Rocco«, sagte sie, »ich halte es nicht mehr aus, von all diesen Leuten angestarrt zu werden.«

»Ich mache mit dir eine Spritztour.«

»Nein - ich kann das Hotel nicht verlassen. Vielleicht meldet sich Achille.«

»Dann geh nach oben in dein Zimmer. Ich komme in ein paar Minuten nach. Welche Nummer hast du?«

»75. Aber sei um Himmels willen vorsichtig. Die sind jetzt schon neugierig genug.«

»Ich werde mehr als bloß vorsichtig sein - ich werde unsichtbar sein.«

Assunta stand auf und, von Blicken wie von hungrigen Mäusen verfolgt, durchquerte sie die Halle und ging die Treppe hinauf. Dann, ein paar Minuten nachdem sie ihr Zimmer erreicht hatte, klopfte es leise an der Tür, und Rocco trat ein.

»Eine Flasche Whisky! Oh, Rocco!«

»Ich habe auch zwei Gläser mitgehen lassen. Sonst hätten wir uns mit den Zahnputzbechern begnügen müssen. Hör mal, ich habe über Achille nachgedacht. Die Antwort ist einfach - der Lustmolch ist bei einer Frau.«

»Das hätte ich auch gedacht, aber so einfach ist das nicht.« Sie berichtete ihm von der Camorra.

»Ich verstehe«, sagte Rocco, das Faltennetz in seinem Gesicht ungewöhnlich reglos und ernst, »einen Camorra-Boß aufzufordern, er solle sich verpissen, kann man nicht als sehr besonnen bezeichnen.«

»Was sollen wir tun Rocco?«

»Trink erst mal.« Er reichte ihr einen noch größeren Scotch als den, den sie in der Hotelhalle gehabt hatte. »Hast du dem Bullen das mit der Camorra erzählt?«

»Nein, ich wollte, aber dann habe ich gedacht, daß Achille sauer wäre. Vorausgesetzt, sie haben ihn nicht erwischt. Aber wenn doch ...« Der Schatten des unvollendeten Satzes baumelte wie der eines Galgenstricks vor ihrem Gesicht. Bei seinem Anblick erschauerte sie und kippte ihren Whisky hinunter.

»Versuche, nicht daran zu denken, Assunta - obwohl man vermutlich keinen blöderen Rat geben kann.«

Tränen stiegen schmerzhaft in ihr auf. »Es ist alles meine Schuld!« sagte sie.

»Das ist doch Unsinn! Wieso soll das denn deine Schuld sein?«

»Diese elende Wallfahrt war meine Idee. Ich wollte unbedingt, daß er mitkommt. Ich hatte Langweile, und ich dachte, wir würden was Aufregendes erleben. Und jetzt das!«

Tränen flossen, groß und heiß. Sie spürte Roccos Arme um sich und ließ zu, daß er sie an sich zog. Er war so tröstlich wie ein Feuer an einem kalten Abend, und so ließ sie sich dankbar auf ihn ein.

»Wenn du nicht die Idee zu der elenden Wallfahrt gehabt hättest, wären wir uns vielleicht niemals wiederbegegnet. Zählt das etwa gar nicht?«

»Aber ja, Rocco, das weißt du doch!«

Es gab eine Bewegung, der sie nicht allzu genau auf den Grund ging, und dann, ohne daß sie wußte, wie sie dorthin gekommen war, lag sie mit Rocco auf dem Bett, und er küßte sie halb, halb leckte er ihr die Tränen ab. Sie versuchte, so etwas wie Widerstand aufzubieten, doch der Whisky und die Achterbahn der Gefühle, auf der sie fuhr, ließen den Versuch im Ansatz erlahmen.

»Wenn alles vorüber ist, Assunta«, hörte sie ihn sagen, »gehen wir zusammen fort. Schmeißen einfach alles hin und hauen ab. Was sagst du dazu?«

»Oh, Rocco, wenn du wüßtest, wie sehr ich mich danach gesehnt habe!«

Es sprachen zwar einige Gründe dagegen, das wußte sie, aber sie vermochte sich nicht darauf zu besinnen, denn Roccos Hände glitten nun mit leidenschaftlicher Entschlossenheit über sie hin. Sie fühlte seinen Mund sich auf ihren pressen, sie spürte seinen drängenden Körper, und sie ließ sich mitreißen.

Das Geräusch drang aus weiter Ferne zu ihr durch. Sie versuchte, ihm zu entkommen, indem sie sich tiefer in Rocco vergrub, aber es verfolgte sie. Dann ging ihr auf, daß es das Telefon war, und sie erinnerte sich an Achille.

»Pronto?«

»Signora dalla Vedova?«

»Si.«

»Einen Moment bitte. Ein Anruf für Sie. Ich stelle durch.«

Eine Pause, gefolgt von einer explodierenden Stimme. *»Pronto?* Assunta?«

Sie schloß die Augen und biß sich so fest auf die Lippen, daß Blut kam. Es war ihr Mann, Giorgio. *»Pronto«,* sagte sie. »Ja, ich bin's.«

»Wir wollten wissen, wie es dir geht.«

Sie war versucht, ihn anzuschreien, ihn mit Beschimpfungen zu überhäufen. Vielleicht war es das Wir, das sie davon abhielt. »Es geht mir gut.«

»Und Achille?«

Wenn sie es ihm erzählen würde, käme er auf der Stelle nach Assisi, was so ziemlich das letzte wäre, was sie jetzt gebrauchen könnte. Und falls Achille in den Händen der Camorra war, würde Giorgio es ohnehin früh genug erfahren. »Dem geht's gut«, sagte sie.

»Ihr vergnügt euch damit, alte Gebäude zu bestaunen, was?«

»Stimmt.«

Es entstand eine Pause am anderen Ende der Leitung. »Assunta, wir - äh - vermissen dich.«

»Ich vermisse euch auch.« Sie konnte nicht verhindern, daß es fade klang.

»Ich kann es kaum erwarten, dich wiederzusehen.« Diesmal war es das Ich, das sie den Atem anhalten ließ; etwas so Zärtliches hatte Giorgio seit Jahren nicht mehr zu ihr gesagt, und nun mußte er sich ausgerechnet diesen Augenblick dafür aussuchen.

»Danke, daß du angerufen hast«, sagte sie.

»Komm bald nach Hause.«

Als sie den Hörer auflegte, wurde ihr klar, daß dieser Anruf, im Guten wie im Schlechten, ihr Leben von Grund auf verändert hatte.

Kapitel 29

»Es gibt nur eine Ausnahme von der Regel, die besagt, daß Italiener ständig verschmähen, was ihrem Heimatland eigen ist, und alles preisen, was aus England kommt«, sagte Freifrau Iolanthe Higgins mit der Miene einer Richterin am Obersten Gerichtshof, die ein eindeutiges, aber kniffliges Gesetz erläutert. »Diese Ausnahme«, fuhr sie fort, »betrifft das Essen. Der Italiener, der der englischen Küche auch nur den kleinsten Bonus einräumt, muß erst noch geboren werden. Ich habe mir in meinem Leben unzählige überschwengliche Loblieder auf typisch englische Dinge angehört, die auf Kosten typisch italienischer Dinge hervorgehoben wurden, und stets kommt irgendwann der Punkt, wo das Gesicht des Redners einen Ausdruck äußersten Widerwillens annimmt, zumeist von dem Ausspruch begleitet: ›Aber das Essen!‹ Es geht über meinen Verstand, wie es möglich ist, daß so viele wohlmeinende Anglophile es fertigbringen, sämtliche Freuden der englischen Küche zu ignorieren.«

»Eines der größten Versäumnisse meines Lebens«, sagte Rocco, der sich mit der Freifrau einen höflichen Disput lieferte, »ist, daß ich Ihr Heimatland nie besucht habe, daher darf ich mir kein Urteil erlauben.«

»Sie werden gerade dazu in die Lage versetzt«, erwiderte die Freifrau, »ohne den Ärmelkanal überqueren zu müssen. Alice wird gleich das vielleicht berühmteste englische Gericht überhaupt servieren.« Sie hielt inne; ein Zirkusdirektor, der die Hauptattraktion einer Vorstellung ankündigt, hätte keine größere Spannung erzeugen können. *»Steak and Kidneypudding!«*

Ob sie es geprobt hatten oder nicht und Alice draußen vor der Tür nur auf ihr Stichwort gewartet hatte, war nicht eindeutig zu sagen, doch Tatsache blieb, daß sie just in diesem Augenblick mit einer großen, dampfenden Schüssel hereinkam.

»Ein Auflauf, muß ich betonen«, fuhr die Freifrau fort, »nicht etwa eine Pastete – ebenfalls köstlich, aber eine eher südländische, ja romanisierte Variante dieses wohl berühmtesten aller nordischen Gerichte. Lassen Sie mich servieren.«

Das Mittagessen war die Folge einer unerwarteten Begegnung, von der Assunta nicht wußte, ob sie darüber froh sein sollte oder nicht. Einerseits lenkte es sie wohl oder übel von anderen Gedanken ab; andererseits war ihr eigentlich nicht nach Gesellschaft zumute.

Nachdem Giorgio mit seinem Anruf ihre erotische Seifenblase zum Platzen gebracht hatte, hatten sie sich verlegen getrennt und sich in einer Bar außerhalb des Hotels verabredet, wo, wie Assunta hoffte, keine Wallfahrer sein würden, die ihr nachspionierten. Sie hatte an der Rezeption hinterlassen, wo sie zu finden war, und machte sich auf den Weg dorthin; doch noch ehe Rocco Zeit hatte, einen Drink zu bestellen, hatte sich eine unförmige, überschwengliche Engländerin auf sie gestürzt. Wie ein Mann gekleidet, trug sie eine abscheuliche, schlaff herabhängende Fliege und einen breitkrempigen Bohémien-Hut. Assunta hatte begriffen, daß sie die exzentrische Dame sein mußte, von der Achille beim Essen im Excelsior erzählt hatte.

»*Commendatore* Palanca, mein Lieber!« hatte diese Dame wie die gesamte Blechbläserabteilung eines Orchesters gedröhnt. »Was für eine reizende Überraschung!« Rocco hatte daraufhin Assunta als Peronis Schwester vorgestellt, eine Information, die die Dame mit theatralischer Bewunderung aufgenommen hatte. »Ja, hol' mich doch der Teufel! Die Schwester also? Erstaunlicher Bursche, Ihr Bruder. Habe noch nie einen so gutaussehenden Knaben kennengelernt, der dazu noch Grips im Kopf hat, zwei Dinge, die einander normalerweise ausschließen, aber bei ihm eine so natürliche Einheit bilden wie *Fish and Chips.* Apropos *Fish and Chips,* wie wär's, wenn Sie auf einen Happen zu mir nach Hause kämen? Und bringen Sie Ihren Bruder mit.«

Assunta und Rocco hatten einander angeblickt und Rocco darauf der Freifrau von Peronis Verschwinden berichtet.

»Meine Güte!« hatte diese gesagt. »Äußerst beunruhigend, das sehe ich auch so. Aber er taucht bestimtm wieder auf, seien Sie unbesorgt. Wie wir Engländer es etwas unfein ausdrücken würden, *Signora,* wenn Ihr Bruder in einen Abwasserkanal fallen würde, käme er mit einer goldenen Uhr im Mund wieder raus. Also kommen Sie ruhig trotzdem mit zu mir und essen Sie eine Kleinigkeit. Das bringt Sie auf andere Gedanken.«

»Ich fürchte, ich kann nicht«, hatte Assunta geantwortet, »ich muß im Hotel bleiben für den Fall, daß eine Nachricht eintrifft.«

»Das ist nicht nötig«, hatte Freifrau Iolanthe würdig gesagt, »ich sage denen, sie sollen bei mir anrufen, falls es etwas Neues gibt.«

Mit diesen Worten hatte sie sich zum Hotel aufgemacht, wobei sie beim Gehen den Spazierstock herumwirbelte. Assunta hatte Rocco angesehen, der, die Hände nach oben gewandt, mit einem schiefen Lächeln die Achseln zuckte. »So ist Freifrau Iolanthe nun mal«, hatte er gesagt. »Es ist besser, wir ergeben uns mit Anstand. Wie ich höre, ist das Essen in ihrem Hause ganz ausgezeichnet.«

»Außen trügerisch weich«, sagte Freifrau Iolanthe, während sie den Auflauf servierte, »und innen dampft und brutzelt es wie verrückt. *Buon appetito!*«

Für einen Augenblick herrschte Stille, als sie alle vier Alices Meisterwerk kosteten. Insgeheim fand Assunta das Essen widerwärtig.

»Ein wahrhaft englisches Meisterwerk!« rief Rocco, und die Freifrau und Alice strahlten beide vor Zufriedenheit, ohne offenbar den doppelsinnigen Charakter dieses Urteils zu bemerken.

»Und da wir gerade von Meisterwerken sprechen«, sagte Freifrau Iolanthe, wobei sie den Auflauf gleichsam von der Bühnenmitte fegte, »ich bin zur Zeit damit beschäftigt, einem Besucher aus den Vereinigten Staaten Assisi zu zeigen. Genauer gesagt, einem Italo-Amerikaner mit dem außergewöhnlichen Namen D'Antonguolla. Der arme Kerl ist das erste Mal hier, und er schleckt das kulturelle Erbe auf wie Milch.«

»Ach ja?« sagte Rocco mit dem Ausdruck eines berühmten Chirurgen, der begrüßt, daß das Gespräch auf das Thema Operation gelenkt wird.

»Sogar in einem Land, das derart viele Meisterwerke besitzt wie Italien«, fuhr die Freifrau fort, »bleibt Assisi etwas Besonderes. Da fällt mir ein, *Commendatore,* ich wollte Sie schon wegen eines kleinen Problems anrufen, aber vielleicht erlauben Sie mir, Ihre heutige Anwesenheit hier auszunutzen?«

»Mit Vergnügen.«

Assunta meinte, ihr allein würde auffallen, daß sich die Linien um Roccos Mund kaum merklich zusammenzogen, was darauf hindeutete, daß es ihm widerstrebte, beim Essen über Berufliches reden zu müssen.

»Ein Glas Wein? Eigentlich sollte man zu *Steak and Kidney-pudding* Tee trinken, aber nicht einmal Alice gelingt in diesem Land ein anständiger Tee. Das Wasser ist schlechterdings nicht dazu geeignet. Ich trinke ohnehin lieber Wein, und selbst Alices Auflauf könnte nicht so chauvinistisch sein, sich über die Begleitung eines Sangiovese zu mokieren.«

»Perfekte intereuropäische Kooperation«, sagte Rocco. »*Salute!*«

»*Cheers!*« entgegnete die Freifrau und trank ihr Glas in einem Zug leer. »Also wirklich, ich werde im Alter noch völlig wunderlich, ich weiß schon nicht mehr, wovon ich gerade gesprochen habe.«

»*Signor* D'Antonguolla«, half Rocco ihr auf die Sprünge.

»Ach ja! Äußerst gescheiter Bursche, *Signor* D'Antonguolla. Hat mehr europäische Kultur im Kopf als einer von Alices gefüllten Kürbissen Hackfleisch. Und wie so viele dieser Burschen weiß er mehr über uns als wir selbst. Er läßt sich nicht von der Behauptung abbringen – und in dieser Hinsicht wäre ich Ihnen für Ihre Hilfe dankbar, *Commendatore* –, daß sich hier in Assisi eine berühmte Statue des Osiris befindet. Ich habe ihm schon hundertmal gesagt, daß ich davon noch nie gehört habe, doch er meint, irgendwo etwas darüber gelesen zu haben und daß sie hier sein müßte.«

»Osiris?« sagte Rocco. »Das ist der ägyptische Totengott, nicht wahr?«

»Genau der«, bestätigte die Freifrau und schaute so erfreut drein, als hätte er eine Figur aus einem ihrer Romane erkannt. »Nehmen Sie noch ein wenig Auflauf.«

»Nein danke – obwohl er köstlich ist. Nein, ich weiß nichts über eine Osiris-Statue hier. Eigentlich paßt er auch nicht ganz nach Assisi. Ich meine, wir haben hier eine ausgesprochen reiche christliche Kultur und einen größeren Bestand vorchristlicher Kultur, als die meisten wissen. Aber der ist römisch. Osiris ist ägyptisch. Ich kann mir wirklich nicht vorstellen, wie er überhaupt nach Italien gekommen sein sollte.«

»Die Genueser«, sagte die Fraufrei nebulös. »Die Schotten Italiens mit all den furchtbar komischen Witzen über Geiz, die ich ständig vergesse.«

»Tut mir leid, ich kann Ihnen da nicht ganz folgen.«

»Ach, das sollte bloß ein Beispiel dafür sein, wie eine Osiris-Statue nach Italien hätte gelangen können. Die Genueser – übrigens auch die Venezianer – haben die ganze Welt bereist, um Handel zu treiben und so weiter, nicht wahr? Und dabei haben sie alles geklaut, was ihnen in die Finger kam, und mit nach Hause genommen. Wie ein Haufen Kleptomaninnen in den Wechseljahren, die man auf einen Supermarkt losläßt.« Die Freifrau brach bei diesem Scherz in derbes Gelächter aus und verstummte darauf abrupt mit schockierter Miene. »Nicht sehr geschmackvoll, fürchte ich«, sagte sie. »Aber Sie verstehen, was ich damit sagen will?«

»Ja. Und es stimmt natürlich, zumindest theoretisch, daß in Italien eine solche Statue existieren könnte. Aber falls dem so wäre, hätten wir dann nicht davon gehört?«

»Die Geschichte geht mitunter seltsame Wege. Und immerhin hat *Signor* D'Antonguolla offensichtlich davon gehört.«

»Es sei denn, er bringt seine Götter durcheinander.«

»Hübsch gesagt. Ich werde ihm diesen Gedanken unterbreiten. So, ich denke, wir können jetzt den Narren einlassen, Alice.«

»Ja, meine Liebe«, sagte Alice, erhob sich und sammelte die Teller ein.

Assunta, die bereits darüber gestaunt hatte, wie jäh die Freifrau das Gesprächsthema wechselte, verlor angesichts der letzten Anweisung vollends die Übersicht. Nach seinem Gesichtsausdruck zu urteilen, erging es Rocco nicht anders.

»Englisch *fool,* der Narr, eine Art Obstmus«, erläuterte Freifrau Iolanthe, der ihrer beider Verblüffung offenbar nicht entgangen war, »aus gekochtem oder gedünstetem Obst, laut Definition des vorzüglichen *Chambers Dictionary,* vermischt mit Eiercreme und Zucker, jetzt in unserem Fall mit Stachelbeercreme. Eine weitere Spezialität von Alice.«

»Wie erklären Sie sich den Namen etymologisch?« fragte Rocco.

»Tja, ich glaube, überhaupt nicht«, erwiderte die Freifrau. »Vielleicht hängt er irgendwie mit dem englischen *trifle* zusammen – eine weitere Nachspeise bei uns, die ihr Italiener rätselhafterweise als *Zuppa inglese* bezeichnet. *To fool,* jemanden zum Narren halten, *to trifle,* mit jemandem sein Spiel treiben – letzteres leitet sich natürlich aus dem altfranzösischen *trufle* ab, was wiederum Betrug bedeutet. Und was in aller Welt soll ich dem armen Mann als nächstes zeigen?«

»Wie bitte?«

»Tut mir leid, das ist mein sprunghafter Verstand. Ich habe mich gerade gefragt, was ich *Signor* D'Antonguolla als nächstes zeigen soll. Ah, da kommt ja der Narr. Sollen wir mit ihm unser Spiel treiben?« Freifrau Iolanthe geriet ob dieses etwas kindischen Bonmots schier außer Rand und Band, und erst nach zahlreichen kräftigen Schlucken Sangiovese und furchtsamen Rückenschlägen von Alice legte sich der darauf folgende Hustenanfall wieder.

»Was würden Sie vorschlagen?« fuhr sie fort, als sie sich erholt hatte. »Natürlich haben wir die Stadt selbst schon so ziemlich abgegrast.«

»Um Ihnen, Freifrau Iolanthe, die Sie sich doch so gut in der italienischen Kultur und Geschichte auskennen, Sehenswürdigkeiten zu empfehlen, bedürfte es eines sehr eingebildeten Direktors des Amtes für Denkmalpflege.«

»Dieses Kompliment habe ich leider überhaupt nicht verdient. Ich bin alles andere als eine fleißige und systematische Studentin Italiens, sondern schnappe bloß hier und da ein paar Brosamen auf. Für jeden Tip, den Sie mir geben, bin ich überaus dankbar.«

Rocco dachte nach. »Nun, da wäre zum Beispiel die Räuberhöhle auf dem Monte Subasio, aber das wissen Sie ja so gut wie ich. Die ist ja praktisch Ihre Entdeckung.«

»Sie haben vollkommen recht! Und ob Sie's glauben oder nicht, daran habe ich noch gar nicht gedacht. *Signor* D'Antonguolla interessiert sich bestimmt für die Räuberhöhle. Aber wann ist sie geöffnet? Bei meinen bisherigen Besuchen war sie stets verschlossen. Da ich mich bislang vor allem für den Vorbau interessiert habe, spielte das keine so große Rolle, aber wenn wir eine regelrechte Besichtigung vorhaben . . .«

»Sie haben ganz recht – normalerweise ist sie verschlossen. Aber wenn ich mich nicht irre, ist sie heute abend geöffnet, weil dort eine Art Messe abgehalten wird, was nur einmal im Jahr der Fall ist. Wenn Sie mit *Signor* D'Antonguolla später hingehen, können Sie sich dort in aller Ruhe umschauen.«

»Das wäre allerdings prima. Wir könnten nach dem Abendessen raufgehen. Oder wäre das zu spät?«

»Oh nein, ich denke nicht. Ich glaube, die Messe findet um neun statt, wenn Sie gegen zehn hingehen, müßten Sie ungestört sein. Ich könnte telefonisch veranlassen, daß man die Kapelle für Sie offenhält, wenn Sie ganz sichergehen wollen.«

»Das wäre ungeheuer großzügig!« Die Freifrau klatschte in die Hände, als würde sie einen Dschinn herbeirufen. Jetzt könnten wir einen *Irish coffee* vertragen, Alice!«

Rocco sprach kenntnisreich über die Architektur der Kapelle. Offensichtlich wollte er Eindruck schinden. »Und wie Sie sehen werden, ist die Statue, die angeblich den Räuber Barnaba darstellt, außerordentlich interessant. Sie stammt sehr wahrscheinlich aus dem 14. Jahrhundert. Sie ist grob gearbeitet und ohne besonderen künstlerischen Wert, aber sie hat einen ganz eigenen herrlichen Charakter.«

»Was ist diese Räuberhöhle?« wollte Assunta wissen.

»Eine einsame kleine Kapelle«, erläuterte Rocco, »schwer zugänglich auf dem Gipfel des Monte Subasio gelegen. Ich habe auf Anregung von Freifrau Iolanthe dort einige Fresken restaurieren lassen.«

»Ah, da kommt ja der Kaffee«, sagte die Freifrau. »Also, wenn du so gut bist und mir den Whisky reichst, Alice, verpassen wir ihm eine irische Note. Bei solchen Gelegenheiten denke ich immer, daß die Italiener eines der treffendsten Bilder ihrer Sprache benutzen, wenn sie in diesem Zusammenhang von verbessertem Kaffee sprechen.«

Kapitel 30

Der Mann, der sich den steilen, unwegsamen Hang hinaufkämpfte, duckte sich tief gegen den Wind, der offenbar alles in seiner Macht Stehende unternahm, ihn vom Monte Subasio hinunterzufegen. Überdies war er von dem strömenden, stürmischen Regen völlig durchnäßt, aber er stieg verbissen weiter hinauf. Nur einmal hielt er inne, um Atem zu schöpfen und, sich an einem Gestrüpp festklammernd, den Weg zurückzublicken, den er gekommen war. Durch die windgepeitschten Regenschleier konnte er weit unten Assisi ausmachen, die Lichter von Perugia in der Ferne und die Rocca Maggiore, die bedrohlich in der Dunkelheit aufragte. Dann kletterte er weiter das kurze Stück hinauf, das noch zwischen ihm und der Kapelle lag.

Das Gebäude sah verlassen aus und wirkte fest verriegelt, wie um jeden Besucher abzuschrecken. Als er jedoch aus dem Regen in den Vorbau trat und die Klinke herunterdrückte, öffnete sich die Tür mit einem asthmatischen, quietschenden Geräusch, als hätte die Kapelle einmal tief und schmerzhaft Luft geholt. Der Mann trat ein, und der Strahl seiner Taschenlampe durchschnitt die pechschwarze Finsternis und erhellte ein halbes Dutzend alter, wackliger Kirchenbänke, einen steinernen Altar, einer Leichenbahre ähnlich, völlig leer, sowie einige Freskofragmente an den Wänden: ein einbeiniger Patriarch, ein Hund, der aussah, als versuche er, sich zu erinnern, zu welcher biblischen Szene er einmal gehört hatte.

Dann verharrte der Strahl auf einer Figur, die in einem Glaskasten an der Nordwand der Kapelle stand. Der Räuber Barnaba höchstpersönlich. Sie war eher nachlässig gearbeitet, aber es ging eine gewisse bäuerliche Kraft und Unerschütterlichkeit von ihr aus.

Der Mann rückte eine Kirchenbank heran und kletterte darauf. Es stellte sich heraus, daß der Glaskasten verschlossen war, aber dieses Hindernis erwies sich als keineswegs unüberwindlich; wenige Augenblicke später schwang die Tür auf.

Nachdem der Mann seine Taschenlampe sorgsam auf dem Altar ausbalanciert hatte, schlang er die Arme um das Mittelstück der Figur, und einen Augenblick lang schwankten die beiden Gestalten, als ob sie einen Ringkampf vollführten. Dann war das Gleichgewicht wiederhergestellt, und Barnaba wurde zu Boden gelassen.

Der Mann nahm ihn gründlich in Augenschein, dann stieg er erneut auf die Kirchenbank und tastete den Innenraum des Glaskastens ab. Hinter der Stelle, an der Barnaba gestanden hatte, war ein Vorhang, und als er ihn zur Seite zog, fiel das Licht der Taschenlampe auf eine zweite und völlig unterschiedliche Figur.

Auf den ersten Blick schien sie ganz aus Gold zu bestehen, aber in Wahrheit war das Gold lediglich der Hintergrund. Sie war von Kopf bis Fuß mit Edelsteinen besetzt, die im Schein der Taschenlampe glühten wie eine Supernova, die in einem Himmel aus purem Gold explodiert.

Ihre Kostbarkeit war jedoch nichts im Vergleich zu ihrer erstaunlichen und faszinierenden Erhabenheit. Angesichts dieser Figur bedurfte es keiner Erklärungen, um zu wissen, daß man sich im Angesicht von Osiris befand, dem Herrscher des Totenreichs. Der Mann war so von Ehrfurcht ergriffen, daß er nicht bemerkte, wie ein zweiter Mann die Kapelle betrat.

»*Ciao, Signor* D'Antonguolla. Ich habe Sie erwartet.«

Peroni dreht sich um und erblickte Rocco, der zwei Nazionali-Zigaretten für sie aus der Schachtel klopfte.

»Das mit D'Antonguolla war wirlich gut«, redete Rocco weiter. »Es hat mir einen ganz schönen Schrecken eingejagt, als die Freifrau so nebenbei Rudolfo Valentinos richtigen Namen fallen ließ, und ich begriff, daß du die ganze Zeit über hinter der Bühne die Fäden gezogen hast. Allerdings hatte die Einladung etwas Erzwungenes an sich, und im Grunde war ich irgendwie auf eine Überraschung gefaßt. Aber trotzdem«, fuhr Rocco mit einer großzügigen Handbewegung fort, »war ich erfreut zu erfahren, daß die Camorra dich nicht in ihren Klauen hat. Das einzig Bedauerliche daran war bloß, daß ich mich so daran gewöhnt hatte, das Ding da ganz für mich allein zu haben, und auf die Vorstellung, daß du nun mitmischen würdest, mußte ich mich erst einstellen. Du mußt aber zugeben, daß ich das bereitwillig getan habe.«

»Dir blieb ja kaum was anderes übrig.«

Die Linien um Roccos Mund verzogen sich zu einem schiefen Grinsen. »Ganz wie in der guten alten Zeit, nicht? Aber woher hast du gewußt, daß es um Osiris ging?«

»Ich stelle fest, daß du heute noch nicht in deinem Büro gewesen bist.«

Rocco blickte verblüfft drein. »Was hat denn das damit zu tun?«

»Ich habe deinem Büro vergangene Nacht einen kleinen Besuch abgestattet. Ein sehr gelungenes Stückchen Arbeit, wie ich hoffe, aber dir wären bestimmt irgendwelche Spuren aufgefallen. Ich habe zwanzig Minuten gebraucht, um die fehlende Seite von Ilarios *Chroniken* zu finden. Wie ich vermutet hatte, hast du sie von Lorenzo bekommen.«

Rocco nickte. »Das hat mich dazu bewogen, mit ihm zusammenzuarbeiten.«

»Der Text war ziemlich rätselhaft. Jacopa de Settesoli habe einen goldenen Gott mit Krummstab verborgen, hieß es. Aber da ich in Venedig stationiert bin, wußte ich von der Gruppe venezianischer Söldner, die zu Beginn des 13. Jahrhunderts in Ägypten die legendäre Osiris-Statue geraubt hatten, die seitdem spurlos verschwunden geblieben war. Zeitlich und auch sonst paßte alles so genau zusammen, daß ich zu dem Schluß gelangte, es müsse die hier sein.«

»Du warst schon immer ein verfluchter Glückspilz, Achille. Na gut, wenn ich schon mit jemandem teilen muß, dann noch am liebsten mit dir.«

»Wieso bist du dir so sicher, daß ich ein Geschäft machen will?«

»Weil ich dich kenne. So eine Chance kannst du gar nicht ausschlagen. Das muß der kostbarste Schatz der Welt sein.«

Die beiden Männer betrachteten ehrfürchtig den ägyptischen Herrscher des Totenreiches, der erhaben in der Dunkelheit der kleinen Kapelle schimmerte.

»Wenn wir sie auseinandernehmen und verkaufen«, fuhr Rocco fort, »könnten wir beide Multimilliardäre werden!«

»Du könntest das da auseinandernehmen?«

»Für soviel Geld könnte ich alles auseinandernehmen.«

Peroni schwieg einen Augenblick. »Wie soll das zugehen?«

»Ganz einfach. Zuerst verkaufen wir das weniger auffällige Zeug. Es würde keinerlei Aufsehen erregen, aber uns gut und gerne vier bis fünf Milliarden Lire einbringen. Bei unseren Kontakten dürfte das nicht schwierig sein. Dann ab nach Südamerika – oder so was in der Art, wo wir in aller Ruhe den Rest verscheuern.«

Peroni hatte sich tatsächlich noch nie bestechen lassen. Er hatte es in Erwägung gezogen, manchmal sehr ernsthaft, und am Ende stets abgelehnt. Aber er hatte dabei immer das unbehagliche Gefühl gehabt, daß letztlich irgendwo die große Versuchung mit einem Mona-Lisa-Lächeln seiner harrte. Und jetzt war es soweit.

»Und alles zurücklassen?« Seine Stimme klang wie aus weiter Ferne.

»Was zurücklassen?« Noch nie hatte Peroni so bitter ausgesprochene Worte von Rocco gehört. »Für mich«, fuhr er fort, »ist alles bloß ein boshaftes, halb durchgedrehtes Weib und ein langweiliger Job. Für Assunta ein fetter Gatte, der sie anödet, zwei habgierige halbwüchsige Kinder und ein unbezahlter 24-Stunden-Job als Haussklavin. Und für dich?«

Rocco mußte gar nicht alles auflisten. Ein Job, unterbezahlt und unterbewertet, anstrengend und häufig riskant, in einer Polizeitruppe, die von Politikern schikaniert wurde. Eine Mietwohnung in einem feuchten und zerfallenen *Palazzo* in der Nähe des venezianischen Obst- und Gemüsemarktes. Ein Gästebett bei der Familie seiner Schwester, wenn er es trotz des kaum zu bewältigenden Arbeitsanfalls hin und wieder schaffte, dorthin zu fahren. Was also hatte er zu verlieren?

»Nein«, hörte er sich sagen, noch immer wie aus weiter Ferne. »Ich werde nicht fortgehen.«

»Prinzipien, Achille?« Das Netz aus feinen Linien auf Roccos Gesicht bildete ein spöttisches Muster.

Aber Peroni mußte an etwas anderes denken, und eine Erinnerung aus längst vergangenen Tagen wurde in ihm wach. An einem ersten April, seinerzeit in Neapel, war es Rocco gelungen, ihm einen Zettel auf den Rücken zu heften, und Peroni war fast eine Stunde lang herumgelaufen, ohne dahinterzukommen, warum er soviel Heiterkeit erregte.

Rocco mußte dieselbe Erinnerung in den Sinn gekommen sein, denn er sagte: »Soll ich dir sagen, was diesmal auf dem Zettel steht?«

Peroni zuckte die Achseln, tat gleichgültig.

»Oder soll ich es für mich behalten?« Peroni wartete. »Nein, das wäre einfach zu schade. Siehst du diesen mächtigen goldenen Gott des Todes mit all seinen Edelsteinen?« Unwillkürlich sah Peroni Osiris an. »Soll ich dir was verraten? Er ist eine Fälschung.«

Obwohl er Rocco die Genugtuung nicht gönnte, war Peroni außerstande, seine Verblüffung zu verbergen. »Eine Fälschung?«

»Eine königliche, vielleicht sollte ich besser sagen eine göttliche Fälschung. Vermutlich die größte Fälschung der Geschichte.«

»Dann ist sie also gar nichts wert?«

»Oh, das würde ich nun nicht sagen. Es ist teilweise echtes Gold, und als Kunstwerk ist sie wahrscheinlich eine Menge wert. Doch der Unterschied zwischen diesem Wert und den Summen, über die wir vorhin gesprochen haben, ist ungefähr in Lichtjahren zu messen.«

»Aber was ist mit dem Original passiert?«

»Wer weiß? Aber wenn du meine Meinung hören willst, dann hat der venezianische Gesandte Morosini es geklaut und die Figur hier von einem Handwerksmeister aus Murano anfertigen lassen und sie gegen die echte ausgetauscht. Ich bin darauf reingefallen, also warum sollte der damalige Empfänger nicht darauf reingefallen sein? Das Ganze muß ein genial kalkuliertes Spiel gewesen sein. Die Figur war gar nicht darauf angelegt, einer genauen sachkundigen Untersuchung standzuhalten.«

Peroni dachte einen Augenblick nach. »Wenn es eine Fälschung ist«, sagte er, »warum hast du dir dann die Mühe gemacht, dieses ganze Theater mit mir zu veranstalten?«

Rocco hob die Hände, Handflächen nach oben, die urneapolitanische Was-willst-du-Geste? »Aus Spaß. Und ich war neugierig, wieviel Druck deine Integrität aushalten würde, ehe sie nachgibt.«

»Und als sie dann nicht nachgegeben hat?«

»Hab' ich mir auch keine großen Sorgen gemacht. Ich wußte ja, daß ich noch ein besseres Angebot in petto habe.«

Peroni schwante Schlimmes. »Was für ein Angebot?«

»Die Erlösung deiner Seele. Unserer drei Seelen. Mir war das vorher nicht richtig klar, aber seltsamerweise hat das Geld gar keine so wichtige Rolle gespielt. Es war mehr die Chance, wieder das zu werden, was ich einmal war, bevor mich die Ehrbarkeit eingeholt hat. Und für dich und mich und Assunta wartet diese Chance noch immer darauf, ergriffen zu werden. Wir könnten wieder die drei Musketiere sein, die ungebunden durch die Welt ziehen.«

Für einen kurzen Augenblick war das wirklich die größere Versuchung, aber gleichzeitig spürte Peroni, daß etwas daran falsch war, obwohl er nicht gleich zu sagen vermochte, was es war. Dann wußte er es. Das Ganze war kindischer Schwulst. »Wieder die drei Musketiere sein, die ungebunden durch die Welt ziehen.« Hohle Phrasen. Und als er das begriff, kam ihm auf einen Schlag so manches zu Bewußtsein, das ihm schon längst hätte klar sein müssen.

»Glaubst du denn wirklich«, sagte er, »daß unsere Beziehung wieder werden könnte, was sie mal war?«

»Warum nicht?« Zum erstenmal lag eine Spur von Unsicherheit in Roccos Stimme.

»Du könntest mich dazu bringen, dir eine ganze Menge zu verzeihen, Rocco«, sagte Peroni, »das hast du schon immer gekonnt. Aber nicht mal du wirst es schaffen, daß ich dir den Mord an deiner arg- und wehrlosen Geliebten verzeihe.«

»Geliebte?« Ein Anflug seines Lächelns war noch immer da.

»Raffaella Bonato. Letzten Freitag wollte sie mir von einem Schlüssel zur Werkstatt Florio-Levi erzählen, den sie verloren hatte, aber im letzten Moment überlegte sie es sich anders. Aus Loyalität zu dir, Rocco. Sie muß beschlossen haben, dir zuvor Gelegenheit zu geben, dich zu verteidigen. Sie wollte von dir wissen, ob du den Schlüssel aus ihrer Tasche genommen hattest. Und du hast dich verteidigt. Du hast sie Freitag abend überfahren.«

»Du übernimmst dich, Achille. Raffaella Bonato war lediglich eine Bekannte. Ich hätte keinen Schlüssel aus ihrer Tasche nehmen können.«

»Raffaella war deine Geliebte. Als ich sie das erste Mal traf, ist mir ein Teller aus dem Wolf Hotel in Gubbio aufgefallen, der in ihrem Büro hing, und als ich sie danach fragte, hat sie gesagt, sie wohne oft dort. Es kam mir komisch vor, daß jemand, der in Assisi lebt, Geld ausgibt, um oft in einem Hotel in einer ziemlich nah gelegenen Stadt zu wohnen. Das klang ganz nach einer Liebesaffäre, die sie, oder der Mann, oder beide geheimhalten wollten. Nachdem ich bei Freifrau Iolanthe Gelegenheit hatte, gründlich über alles nachzudenken, habe ich einige Erkundigungen eingezogen und herausgefunden, daß du regelmäßig mit Raffaella dort abgestiegen bist.«

Rocco schien die Situation mit Kennerblick genauestens zu prüfen, als hätte er einen einsturzgefährdeten Gewölbebogen vor sich, der abgestützt werden mußte. Die Linien in seinem Gesicht bewegten sich rätselhaft. »Wie bist du darauf gekommen?«

»Ich glaube, ich wußte schon lange, bevor es überhaupt etwas zu wissen gab, daß du es warst, Rocco. An unserem ersten Abend in Assisi, als ich *Signora* Guidi zur Werkstatt Florio-Levi gefolgt bin, wußte ich, daß jemand mich verfolgte, aber ich konnte niemanden entdecken. Du bist der einzige Mensch auf der Welt, der das mit mir hat machen können. Später dann, als die Polizei anfing, nach mir zu fahnden, begriff ich, daß jemand ihnen einen Tip gegeben haben mußte, und der konnte nur von dir kommen. Aber ich wußte noch immer nicht, worum es eigentlich ging, und ich hatte keinerlei Beweise.«

Rocco dachte erneut nach. »Na schön«, sagte er. »Was willst du jetzt machen?«

»Ich werde dich verhaften. Der Rest ist Sache des Untersuchungsrichters und des Gerichts.«

»Dann bist du also wirklich ein Bulle?«

»Ich bin das, was das Leben aus mir gemacht hat. Und zu diesem Leben gehörst auch du.«

»Was, wenn ich mich der Verhaftung widersetze?«

Fast wie durch Zauberei erschien eine Pistole in Peronis Hand.

»Gehen wir.«

Rocco machte ein paar Schritte auf den Eingang zu, dann blieb er stehen und wandte sich zu Peroni um. »Das letzte Duell«, sagte er. »Ich glaube, es hat an dem Morgen der vergangenen Woche angefangen, als wir uns in der Basilika begegnet sind. Ich weiß, daß du weißt, daß ich weiß, daß du weißt ... Und ein paar raffinierte Tricks. Aber ich glaube, das ist jetzt das Ende.« Er wollte sich wieder umdrehen, dann hielt er inne, offenbar unsicher. »Andererseits«, fuhr er fort, »weiß ich nicht so recht. Du kennst doch die Gangsterfilme, wo der Bulle dasteht, mit einer Pistole in der Hand, und der Schurke verwandelt sich auf einmal in eine Marionette. ›Hände hoch‹, ruft der Bulle, und der Schurke gehorcht. ›Setz dich in Bewegung‹, sagt der Bulle, und der Schurke marschiert los. Und das alles nur wegen dem Ding, das du da in der Hand hast. Weißt du, ich habe mich oft gefragt, wieso dieses Ding die Schurken schlagartig in Marionetten verwandelt. Na ja, ich weiß schon: ›Wenn du nicht tust, was ich dir sage, Bürschchen, bist du ein toter Mann.‹ Aber kannst du das wirklich? Vielleicht lassen die Bullen diese Dinger gar nicht so schnell losgehen. Vielleicht wollen sie sie gar nicht benutzen. Vielleicht haben sie sogar Angst davor. Weißt du was, Achille? Ich könnte mir denken, daß du nicht sonderlich scharf darauf bist abzudrücken.«

Leider Gottes hat er recht, dachte Peroni. Nur wenige Menschen machen sich das klar, aber sobald sie es tun, verliert die Pistole neun Zehntel ihrer Macht.

»Hast du je einen Menschen getötet, Achille?«

Ja, einmal - einen Terroristen in einer raucherfüllten Kirche in Verona. Danach konnte ich monatelang nicht schlafen. Zeig ihm nicht, wie recht er hat.

»Deine Hand ist ziemlich ruhig, aber dein Verstand ist es nicht.«

Rocco hatte unterdessen einen Schritt nach vorn gemacht.

»Du wirst dieses Ding nicht benutzen, oder, Achille?«

Ein weiterer Schritt. Schieß ihm ins Bein, Idiot. Eine Warnung, und dann schieß. Er öffnete den Mund, um die Warnung auszusprechen, aber aus irgendeinem Grund brachte er die Worte nicht heraus. Dann, zu spät, erinnerte er sich an Roccos hypnotische Fähigkeiten. Er hatte erlebt, wie sie auf andere Menschen wirkten, damals hatte er sie bewundert, hatte ihn darum beneidet. Jetzt wurden sie auf ihn angewandt.

»Du wirst es nicht benutzen. Du wirst es nicht benutzen.«

Vergiß die Warnung. Drück einfach ab!

»Du wirst es nicht benutzen ...«

Peroni versuchte, seinen rechten Zeigefinger zu krümmen, aber der bewegte sich nicht.

»Du wirst es nicht benutzen ...«

Rocco ist ein Mörder - schieß!

Unversehens machte Rocco einen Satz. Durch Peronis Kopf huschte das Bild eines springenden Tigers, und das erlöste ihn aus der hypnotischen Erstarrung. Doch zu spät. Roccos Körper prallte gegen den seinen.

Unter normalen Umständen wären sie einigermaßen ebenbürtige Gegner gewesen. Rocco war etwas schwerer, doch Peroni besser in Form. Die Umstände waren aber nicht normal. Peronis Hand war zwar versorgt worden, während er bei Freifrau Iolanthe gewesen war, aber sie war noch lange nicht voll funktionsfähig. Der Kampf war von kurzer Dauer. Trotz seiner jahrelangen Tätigkeit als Direktor des Amtes für Denkmalpflege hatte Rocco noch weniger als Peroni die Tricks vergessen, die sie auf den Straßen Neapels gelernt hatten. In Verbindung mit Peronis Behinderung verhalf ihm das zu einem raschen Sieg. Peroni spürte, wie er heftig nach hinten und unten gestoßen wurde, und er schlug hart auf den Kapellenboden.

Als er wieder einigermaßen bei Sinnen war, stand Rocco über ihm, die Pistole in der Hand.

»Du hattest schon immer etwas Zögerliches an dir, Achille. Also zu guter Letzt doch noch ein Trick. Es wird eine Zeitlang dauern, bis sie deine Leiche in einer der Schluchten hier in der Gegend finden. Mit ein bißchen Glück wird sie nie gefunden. Und falls doch – na ja, es weiß ja wohl jeder, wie Leichen nach einer Camorra-Hinrichtung aussehen. Und das wär's dann. *Ciao,* Achille.«

Peroni hatte nicht den geringsten Zweifel, daß Rocco schießen würde. Er hatte noch nie irgendwelche Skrupel gehabt, und in der vergangenen Woche hatte er bereits zweimal getötet. *San Gennaro,* flehte Peroni, *San Gennaro.*

Der Knall des Pistolenschusses dröhnte furchtbar durch die kleine Kapelle. Peroni wunderte sich, daß man noch Zeit hatte, den Knall zu hören, bevor das Bewußtsein zerbarst. Dann wunderte er sich, daß man sich wundern konnte. Dann öffnete er die Augen.

Der Anblick war unwirklich. Rocco stand noch immer über ihm, aber er schwankte leicht. Er hatte Peronis Existenz offenbar vergessen, und auf seinem häßlichen Gesicht malte sich blankes Entsetzen ab. Dann erklang ein hartes Scheppern, als die Pistole auf den Steinboden fiel, und im selben Augenblick kippte Rocco nach vorn. Als er stürzte, suchten Peronis Augen verzweifelt nach einer Erklärung, und als er sie gefunden hatte, wünschte er sich, die Dinge hätten einen anderen Verlauf genommen.

Aus der Dunkelheit neben der Tür trat Assunta, eine Pistole in der Hand, das Gesicht eine versteinerte Maske. Sie ging wie schlafwandlerisch auf Rocco zu, und als sie ihn erreicht hatte, sank sie auf die Knie und gab einen Laut von sich, der an ein waidwundes Tier erinnerte.

Dann sah Peroni, daß sich Roccos Lippen unhörbar bewegten. Er versuchte, Assunta etwas zu sagen. Peroni schob sich näher heran und vermochte gerade noch einen Satz zu verstehen, eher gehaucht als gesprochen.

»Wer hat gesagt, Frauen könnten nicht zielen?«

Roccos Mund verzog sich zu einem letzten Grinsen. Seine Augen wanderten suchend und verharrten bei Peroni.

»Du verfluchter Glücks. . .«

Der Tod schnitt den Satz ab, und die Linien in Roccos Gesicht kamen zur Ruhe.

Kapitel 31

Assunta war vollgepumpt mit Beruhigungsmitteln, aber das änderte nichts daran, daß sie sich der Anwesenheit zweier Männer vollkommen bewußt war. Der eine saß auf einem Stuhl vor der Tür. Ein *Carabiniere,* und seine Anwesenheit bedeutete, daß sie vorläufig festgenommen war.

Der andere war ihr Mann, Giorgio. Sie wußte, daß er neben ihr saß, über sie wachte und rührend besorgt auf ein Zeichen des Erkennens wartete. Doch aus Scham und Ekel vor sich selbst verbarg sie sich weiter in ihrer vorgegaukelten Ohnmacht.

Und obwohl sie versuchte, nicht daran zu denken, sah sie vor ihrem geistigen Auge immer und immer wieder die Ereignisse sich abspulen, die schließlich mit Roccos Tod endeten, als ob ein Filmprojektor verrückt spielte. Sie setzten stets an genau demselben Punkt an. Sie hatte am Tisch in dem Puppenstubeneßzimmer von Freifrau Iolanthe gesessen, eine Gabel von dem widerwärtigen Nierenauflauf halb zum Mund geführt und war der Unterhaltung mit staunender Neugier gefolgt, als sie plötzlich ein Satz, den die Freifrau aussprach, mit der Schärfe eines Hackmessers durchfuhr.

»Genauer gesagt, einem Italo-Amerikaner mit dem außergewöhnlichen Namen D'Antonguolla.«

Der Geburtsname von Rudolfo Valentino. Das konnte nur eins bedeuten: Unter dem Pseudonym D'Antonguolla sprach Achille durch die Freifrau.

Ihre erste Reaktion freudiger Erleichterung war sofort von Verwirrung gedämpft worden. Was ging hier vor? Falls Achille irgendeine Nachricht übermitteln wollte, und genauso hörte es sich an, für wen war sie dann gedacht? Hatte Rocco die Anspielung mitbekommen? Er konnte sie kaum überhört haben, trotzdem ließ er sich nichts anmerken. War ihm klar, daß sie sie mitbekommen hatte? Vielleicht nicht. Der Kult war eine Marotte der beiden Jungen gewesen (sie hatte ihn immer lächerlich gefunden und nie verstanden, was Frauen an Valentino fanden), und daher würde Rocco wohl kaum auf den Gedanken kommen, daß sie die Anspielung verstanden hatte. Sie hatte beschlossen, den Mund zu halten und herauszufinden, was sich hier abspielte.

Dann hatte das seltsame Gespräch über Osiris angefangen. Irgend etwas daran hatte nicht gestimmt, als ob der Gesprächsstoff zu eng gewebt war. Und schließlich die Erwähnung der Räuberhöhle und die Messe um neun. Es klang unwahrscheinlich, daß so spät abends an einem so abgelegenen Ort eine Messe abgehalten werden sollte. »Wenn Sie gegen zehn hingehen, müßten Sie ungestört sein.« Das hatte verdächtig nach einer Verabredung geklungen.

Assunta hatte sich entschieden, weiter nichts zu sagen und sich zu dieser Verabredung einzufinden, um herauszufinden, was es damit auf sich hatte.

Ihr Verdacht hatte neue Nahrung erhalten, als Rocco, der bis dahin kaum von ihrer Seite gewichen war, angekündigt hatte, daß er am Abend in einer dringenden dienstlichen Angelegenheit fort müsse.

Sie hatte sich erkundigt, wo die Räuberhöhle war, und von einem Taxi in die Nähe bringen lassen, so daß sie den Rest zu Fuß gehen konnte. Sie hatte den Fahrer angewiesen, auf sie zu warten. Dann war sie in der Dunkelheit und im strömenden Regen hinaufgeklettert, bis sie die kleine Kapelle sehen konnte. Zufrieden hatte sie festgestellt, daß ihr der verwilderte Wald, der die Kapelle umgab, gute Deckung bot und sie sich nach Belieben bewegen konnte, ohne entdeckt zu werden.

Gegen neun war Rocco erschienen, und sie hatte beobachtet, wie er in den Vorbau ging und die Tür im Innern entriegelte. Dann war er wieder aufgetaucht und zwischen den Bäumen auf der anderen Seite des Gebäudes verschwunden. Mittlerweile war ihre Neugier unbezähmbar geworden. Das Ganze erinnerte sie an die heimlichen, komplizierten Kabbeleien, die zwischen ihrem Bruder und Rocco in Neapel ständig im Gange gewesen waren. Aber was mochte dahinterstecken? Assunta hatte kaum gespürt, daß sie bis auf die Haut durchnäßt war, während sie in der Dunkelheit wartete.

Längere Zeit war gar nichts geschehen, dann war eine zweite Gestalt erschienen, in der Assunta ihren Bruder erkannte. Er kämpfte sich gegen Wind und Regen den steilen Hang hinauf und verschwand in der Kapelle.

Nach ein paar Minuten hatte sich etwas zwischen den Bäumen auf der anderen Seite gerührt, und Rocco war hervorgetreten, um Achille ins Innere zu folgen. Sie hatte einen Moment gewartet, dann huschte sie leise in den Vorbau. Die Tür war nicht zugezogen, und so hatte sie gut verstehen können, wie die beiden miteinander sprachen.

»... wenn ich schon mit jemandem teilen muß, dann noch am liebsten mit dir.«

Dann hatten sie von dem »kostbarsten Schatz der ganzen Welt« – Osiris? – geredet und davon, nach Südamerika zu fliehen, was sie freudig erregt hatte.

»... ein fetter Gatte, der sie anödet, zwei habgierige halbwüchsige Kinder und ein unbezahlter 24-Stunden-Job als Haussklavin ...«

Für eine Frau, die kurz davor stand, ihre Familie zu verlassen, hatte ihr das überraschend wehgetan.

»Soll ich dir was verraten? Es ist eine Fälschung.«

Typisch Rocco, die Luft aus einem Ballon zu lassen, den er eben erst selbst aufgeblasen hatte.

Das Gespräch war hin und her gegangen, und allmählich hatte sie sich seltsam entrückt gefühlt, doch dann sagte Achille etwas, das sie jäh mit Grauen erfüllt hatte.

»... nicht mal du wirst es schaffen, daß ich dir den Mord an deiner arg- und wehrlosen Geliebten verzeihe.« Während sie lauschte, war Entsetzen in ihr aufgestiegen und das Gefühl, daß man sie hintergangen hatte. Hilflos, schockiert und immer verstörter hatte sie weiter zugehört. Die Verhaftung. Die Pistole. Roccos Stimme, melodisch, sanft. Hypnotisch. Sie hatte sich an seine Fähigkeit auf diesem Gebiet erinnert und gewußt, daß er die Pistole bekommen würde.

Sie war durch die Tür in die Dunkelheit getreten und hatte gerade noch gesehen, wie Rocco vorschnellte und die Pistole an sich riß. Sie hatte nicht daran gezweifelt, daß er Achille töten würde.

Sie würde nie erfahren, ob es der Wunsch gewesen war, ihren Bruder zu retten, oder ihr eigenes Gefühl, verraten worden zu sein, doch beinahe ohne zu wissen, was sie tat, hatte sie in ihrer Handtasche nach der Pistole getastet, die sie auf Drängen Giorgios stets bei sich trug, weil die Zahl der Raubüberfälle und Vergewaltigungen im von Drogen geplagten Verona so beunruhigend angestiegen war.

Aus der Dunkelheit heraus hatte sie auf Rocco gezielt und abgedrückt.

Der Knall schien aus einer anderen Welt zu kommen, während sich die Szene in ihrem Kopf unbarmherzig abspulte, und als sie die Augen öffnete, um nicht das Bild von Roccos Tod sehen zu müssen, erblickte sie Georgios Gesicht, das zu ihr hinuntersah und in dem ein Schmerz lag, den sie ihm nie zugetraut hätte.

»Verzeih mir«, hörte sie sich selbst sagen.

»Da gibt es nichts zu verzeihen.«

Natürlich, diesen Teil der Geschichte kannte er nicht. Aber das machte keinen Unterschied. Wie sollte man nach einem solchen Treuebruch weiter zusammenleben, ob nun der andere davon wußte oder nicht?

Seltsam, daß sie erst so etwas hatte erleben müssen, um sich darüber klarzuwerden, wie sehr sie ihn doch liebte. Und ihre habgierigen halbwüchsigen Kinder. Selbst ihren unbezahlten Job als Haussklavin. Zu spät.

Es klopfte an der Tür, und der *Carabiniere*-Wachmann öffnete sie, um Achille einzulassen.

»*Ciao*«, sagte er. »Wie fühlst du dich?«

»Besser.«

Das Gesicht ihres Mannes hellte sich vor Freude auf.

»Gut«, sagte er, »weil wir alle sie brauchen - nicht wahr, Achille?«

»Ja.« Ungewöhnlich einsilbig. Doch sein Blick sagte mehr, verriet ihr, daß Giorgio niemals von ihr und Rocco erfahren würde, wenn sie es ihm nicht erzählte. Sie schaute ihn voll Dankbarkeit an.

»Wann darf sie abreisen?«

»Der Untersuchungsrichter wird wohl in den nächsten Tagen ihre vorläufige Freilassung verfügen«, entgegnete Peroni.

»Das ist ja großartig«, sagte Giorgio und fuhr an Assunta gewandt fort: »Du wirst dich gleich viel besser fühlen, wenn du wieder daheim bist, nicht wahr?«

Sie blickte von ihm zu ihrem Bruder und wieder zurück. Vielleicht war es doch noch nicht zu spät.

Kapitel 32

»Zucker oder Zitrone, *Commissario?*«

»Zitrone bitte.«

Trotz seiner Vorliebe für alles Britische haßte Peroni Tee und hätte ihn bestimmt abgelehnt, wenn er nicht von *Signora* Guidi kredenzt worden wäre.

»Wenn ich nur wüßte, wie ich meine Dankbarkeit zum Ausdruck bringen kann«, sagte sie, während sie ihm die Tasse reichte und mit ihren chinablauen Augen tief in seine blickte. Dabei sah ihr Gesicht aus wie das der Prinzessin, die dem heiligen Georg dankt, der sie vor dem Drachen gerettet hat.

»Ich habe nur meine Arbeit getan«, sagte Peroni, der automatisch in eine wenig überzeugende Perry-Mason-Pose verfiel. Der Blick, den sie ihm schenkte, ging ihm runter wie Öl.

»Auch ich wünschte, ich könnte unserer Dankbarkeit besser Ausdruck verleihen.« Leider schwamm in dem Öl eine Fliege, reizbarer kleiner Mann, ungefähr zehn Jahre älter als seine Frau, der ständig an ein hohes Gericht gewandt zu sprechen schien. »Dennoch«, fuhr er fort, »muß ich gestehen, daß ich ganz und gar nicht verstehe, was eigentlich passiert ist. Es kursieren die wildesten Geschichten über eine Statue und einen jungen Deutschen, der im 13. Jahrhundert ermordet wurde. Es wäre mir eine große Erleichterung, wenn Sie uns die Hintergründe erläutern könnten.«

»Oh, bitte erklären Sie uns alles, *Commissario*«, fiel seine Gattin charmant ein. »Ich bin wirklich ganz durcheinander.«

Peroni wollte sich bereits in die Brust werfen, wechselte dann jedoch zu sympathischer Bescheidenheit, die ihm wirksamer erschien. »Als Sie verhaftet wurden, *Signora*«, begann er, »hatte ich gleich den Eindruck, daß etwas nicht stimmte. Ich konnte mir einfach nicht vorstellen, daß Sie ...« Er bremste sich gerade noch. »Ich konnte mir nicht vorstellen, daß Sie es gewesen sein sollten.« Sie schlug die Augen in demütiger Zustimmung nieder. »Also machte ich mich auf die Suche nach etwas anderem, das zu Florio-Levis Tod geführt haben konnte. Ich fand heraus, daß er mit erstaunlicher Begeisterung und Gründlichkeit Forschungen über das mittelalterliche Assisi angestellt hatte. Insbesondere über das Leben einer Dame namens Jacopa de Settesoli – eine römische Adlige, die eng mit dem heiligen Franz befreundet war.

Ich beschloß, seinen Forschungen nachzugehen, um festzustellen, wohin sie geführt hatten. Sie führten mich, über eine Vielzahl von Wegen, zu einem bestimmten Datum – dem 25. Mai 1230. An diesem Tag wurde die untere der beiden Kirchen, aus denen die Basilika besteht, eröffnet und der Leichnam des heiligen Franz aus San Giorgio, wo er bis dahin geruht hatte, in die dortige Krypta überführt.

Aus ganz Europa strömten die Menschen herbei, und viele italienische Stadtstaaten schickten Gesandtschaften. Darunter Venedig. Die venezianische Gesandtschaft wurde von einem gewissen Bartolomeo Morosini angeführt; ihr gehörten unter anderem zwei Männer an, die in dieser Geschichte, so wie sie sich meiner Meinung nach zugetragen hat, eine bedeutende Rolle spielen. Der eine war ein junger Adliger namens Michele Aquila, der andere ein Deutscher, Corrado di Turingia, der offenbar der Geliebte des Gesandten Morosini war.«

Bei diesem Satz schlug *Signora* Guidi die Augen nieder, und ihr Gatte räusperte sich.

»Das sind die menschlichen Ingredienzien von Lorenzos Forschungen. Als sie alle zusammengeführt wurden, war das Ergebnis Mord.« Peroni legte eine effektvolle Pause ein; er war in seinem Element.

»An diesem Punkt kommt eine weitere Gestalt ins Spiel – ein Stadtausrufer von Assisi namens Ilario, der den Spitznamen *il rubicondo* trug. Er muß ein echtes Original gewesen sein – ein Möchtegerndichter und unverbesserliches Klatschmaul, Sie verstehen. Er verband diese beiden Seiten miteinander, indem er eine äußerst skurrile Versgeschichte über das damalige Assisi verfaßte. Das meiste davon ist mit Vorsicht zu genießen, aber nicht einmal Ilario konnte eine Leiche erfinden, und er sagt ganz eindeutig, daß Corrado, der Deutsche, im Turmzimmer der Kleineren Festung ermordet wurde. Dort war die venezianische Gesandtschaft untergebracht, und dort wurden Sie, *Signora,* letzte Woche verhaftet.

Es kam mir so vor, als wäre dieser Mord die Crux der ganzen Geschichte. Daß ich herausfinden müßte, wer den jungen Deutschen ermordet hatte – oder, genauer gesagt, warum er ermordet wurde –, um herausfinden zu können, wer 700 Jahre später Lorenzo Florio-Levi ermordet hatte.«

Er hielt inne, damit dieser *Colpo di teatro* seine volle Wirkung entfalten konnte.

»Die Erwähnung dieses Mordes fand sich in einer handschriftlichen Kopie der *Chroniken* des Ilario, die aus vorherigen mündlichen Überlieferungen zusammengesetzt und die einzige bekannte Kopie ist. Aber Lorenzo war vor mir dort gewesen, und eine Seite war entfernt worden. Mit höchster Wahrscheinlichkeit enthielt diese Seite irgendeinen Hinweis auf das, was die beiden Morde miteinander verband.

Kurz danach ging ich das Ganze mit einer Freundin durch, die hier in Assisi lebt, der englischen Schriftstellerin Freifrau Iolanthe Higgins – vielleicht haben Sie von ihr gehört? Nein, na ja, spielt auch keine Rolle. Jedenfalls war sie es, die mich auf den wichtigen Umstand hinwies, daß die Verbindung in jedem Fall eine Sache sein mußte und keine Person, weil nur Sachen sieben Jahrhunderte überdauern. Doch um was für eine Sache es sich handelte, blieb rätselhaft, und als ich das ihr gegenüber erwähnte, sagte sie noch etwas sehr Bedeutsames. Ein Rätsel, so meinte sie, ist etwas an sich Dunkles, das alles, was es umgibt, in Licht taucht.

Und es hatte beinahe den Anschein, als ob es tatsächlich ein wenig Licht gab – in meinem Kopf jedenfalls. Ich wußte, daß es um etwas sehr Wertvolles gehen mußte, denn es waren zwei Morde – drei, wenn man die Sekretärin der Werkstatt Florio-Levi einbezieht – deshalb begangen worden. Und ich wußte aufgrund der Nachforschungen, die Lorenzo angestellt hatte, daß Jacopa de Settesoli irgendwie darin verwickelt war.

Doch ich hatte soviel über ihr Leben herausgefunden, wie ich konnte, ohne auch nur irgend etwas über diese rätselhafte Sache in Erfahrung gebracht zu haben. Dann fiel mir ein, daß ich Brieffragmente von ihr gelesen hatte, Briefe, die sie an ihre beiden Söhne in Rom geschrieben hatte. Beide waren im Mai 1230 in Assisi gewesen, und ich fragte mich, ob ihre Lebenswege vielleicht etwas darüber verraten würden, um was für eine Sache es hier ging.

Ich folgte diesem Gedanken und entdeckte, daß der jüngere der beiden, Graziano, getötet wurde, als er mit einer Art Stoßtrupp einen Raubüberfall auf die Neue Kirche in Assisi unternehmen wollte. Das erschien mir wie ein großer Schritt nach vorn. Was immer es gewesen sein mochte, das von so großem Wert war, man hatte es in der Neuen Kirche versteckt. Graziano war bei dem Versuch gestorben, es in seine Hände zu bekommen. Lorenzo hatte das herausgefunden und war ebenfalls deswegen getötet worden. Aber als ich die Neue Kirche aufsuchte, brach mein ganzes Gedankengebäude zusammen, weil sie sich als ein Barockbau aus dem 17. Jahrhundert entpuppte. Im Jahre 1230 hatte sie noch gar nicht existiert.

Zufällig unternahm ich noch am selben Tag einen Helikopterrundflug über Assisi und die nähere Umgebung, und als ich aus dem Fenster schaute, entdeckte ich etwas, das alles aufklärte. Ich sah die Basilika des heiligen Franz, mit der Unter- und Oberkirche, und von oben betrachtet bestand kein Zweifel mehr. Jahrhundertelang muß die einzige vorstellbare neue Kirche von Assisi die Oberkirche gewesen sein – die mit Giottos Fresken.

Und dann fügte sich eins ins andere. Offensichtlich hatte Lorenzo, was die ›Neue‹ Kirche betraf, dieselbe Schlußfolgerung gezogen wie ich und festgestellt, daß *Commendatore* Palanca bereits mit seinen Mitarbeitern dort arbeitete, um das Gebäude und die kostbaren Fresken gegen Erdbebenschäden abzusichern.

Einerseits muß ihm das wie ein regelrechter Glücksfall vorgekommen sein – die Möglichkeit sachkundiger Hilfe und entsprechender Ausrüstung bei der Bergung der betreffenden Sache. Andererseits hieß das aber, den Gewinn zu teilen. Aber er hatte kaum eine andere Wahl – er hätte das Ding nie allein da rausbekommen. Also weihte er *Commendatore* Palanca in die Sache ein.«

Peroni hielt inne, und als er zu sprechen fortfuhr, klang seine Stimme tonlos. »Zufällig kannte ich Palanca seit vielen Jahren aus Neapel. Ich kann mir vorstellen, wie begeistert er gewesen sein muß. Er war schon immer darauf aus, reich zu werden. Und so arbeiteten die beiden nachts gemeinsam an dem Projekt. Das wird nicht sonderlich schwierig gewesen sein. Ein Großteil des Bodens war bereits geöffnet worden, und wenn einer der Mönche zufällig einen Blick hineingeworfen hätte, wäre es ihm wohl ganz natürlich vorgekommen, daß der Direktor des Amtes für Denkmalpflege bei einer so wichtigen Arbeit zusammen mit seinem jungen Assistenten ein paar Überstunden einlegt.

Während meines Rundfluges wurde mir das alles mehr oder weniger klar, doch zu diesem Zeitpunkt befand ich mich selbst in einer Lage, die es mir unmöglich machte, entsprechend zu handeln. Aus vielerlei Gründen waren mir sowohl die Polizei als auch die Camorra auf den Fersen, und ich begriff, daß meine einzige Chance darin bestand, unterzutauchen und mir an einem sicheren Ort letzte Klarheit zu verschaffen.

Dank der Gastfreundschaft von Freifrau Iolanthe war das kein Problem, und einige Erkundigungen, die ich von ihrem Haus aus anstellte, bestätigten meine Vermutungen - daß nämlich Palanca Lorenzo getötet hatte, um irgendeinen Gegenstand in seinen alleinigen Besitz zu bringen, und später Raffaella Bonato, weil sie zuviel wußte.

Also stattete ich dem Büro von *Commendatore* Palanca einen etwas unorthodoxen Besuch ab. Dort fand ich, wie ich bereits vorausgeahnt hatte, die fehlende Seite aus Ilarios *Chroniken,* aus der hervorging, daß es sich bei dem Gegenstand, der in der Neuen Kirche versteckt worden war, um eine wahrhaft unbezahlbare Statue des Osiris handelte.«

Schon seit geraumer Zeit erfüllte ein Geräusch wie von starkem Regen den Raum, aber da draußen heller Sonnenschein herrschte, ließ Peroni den Blick schweifen, um eine andere Erkärung zu finden. Er fand sie in den Fingern von *Avv.* Guidis rechter Hand, die unablässig auf die Lehne seines Ledersessels trommelten. Just in diesem Moment konnte er es offenbar nicht länger aushalten, und mit der für einen Anwalt typischen Gereiztheit brach es aus ihm hervor: »Und was soll das Ganze, *Commissario?* Was hatte diese Osiris-Statue überhaupt in Assisi zu suchen? Worauf läuft diese ganze Geschichte hinaus?«

»Darüber habe ich mir lange den Kopf zerbrochen«, erwiderte Peroni. »Schließlich half mir die Rätseldefinition meiner Freundin Freifrau Iolanthe, die Wahrheit zu entdecken. Die ganze Zeit über war ich davon ausgegangen, daß Osiris das Rätsel war, aber Osiris warf kein Licht auf seine Umgebung. Es mußte noch etwas geben, etwas sozusagen jenseits von Osiris, und seltsamerweise hatte ich dieses Etwas die ganze Zeit über im Hinterkopf. Sie übrigens auch, *Signora.*«

»Ich?« *Signora* Guidi sah so verängstigt aus, als hätte er ihr gerade eine entsicherte Handgranate gereicht.

»Bei unserem ersten Besuch in der Basilika«, erklärte Peroni, »erzählte uns Don Sereno in der Krypta von dem wahrhaft unschätzbaren Wert der Reliquien im Mittelalter. Als ich mich daran erinnerte, wurde mir alles klar. Das Rätsel, das alles, was es umgibt, in Licht tauchte, war kaum mehr als eine Handvoll Staub. Es waren die sterblichen Überreste des heiligen Franz.«

Kapitel 33

Als Peroni diese erzählerische Bombe platzen ließ, blickten *Avv.* Guidi und seine Frau einander an, wie lang verheiratete Paare automatisch Blicke tauschen, wenn ihnen etwas Ungewöhnliches begegnet. Peroni beobachtete sie und bemerkte plötzlich etwas, das ihn seit Beginn dieser klärenden Teepartie gestört hatte. Der Anwalt war ein harter, gerissener Mann, der seine Rechte ganz offensichtlich nicht nur vertrat, sondern auch offensiv einforderte, und dennoch schien ihn die Affäre seiner Frau mit Lorenzo ziemlich kalt zu lassen. Wenn das nicht völlig ausgeschlossen gewesen wäre, hätte Peroni sogar angenommen, daß er gar nichts davon wußte.

»Sie meinen, die Venezianer . . .« sagte der *Avvocato* und unterbrach Peronis verwirrte Spekulationen.

»Genau. Zwar besaßen sie bereits die sterblichen Überreste des heiligen Markus, und das schon eine ganze Zeit, und Gewöhnung, selbst die Gewöhnung an einen der vier Evangelisten, führt, wenn nicht zu Verachtung, so doch wenigstens zu einer gewissen Gleichgültigkeit. Und der heilige Franz genoß zum Zeitpunkt seines Todes vermutlich ein höheres Ansehen als irgendein anderer Heiliger in der gesamten Geschichte der Christenheit. Wenn sie seiner habhaft geworden wären, hätte das für die Venezianer eine Art immerwährenden Trumpf im internationalen und nationalen Poker bedeutet.«

»Und Osiris war das *Quid pro quo?*«

»Genau.«

»Aber wenn ich Sie recht verstanden habe, war die Statue doch eine Fälschung?«

»Eine der genialsten Fälschungen, die es je gegeben hat. Selbst *Commendatore* Palanca konnte das erst nach einer gründlichen Untersuchung feststellen.«

»Aber warum eine Fälschung? Was ist passiert?«

»Was genau passiert ist, werden wir nie erfahren, aber wir können es annähernd rekonstruieren. Ich vermute, daß der Schurke in dem Stück Ugo da Palazzo hieß, das damalige Oberhaupt der Bürger von Assisi. Er scheint der passende Typ gewesen zu sein, und zudem war er der einzige Mann in der entsprechenden Position.

Aus einem von Jacopas Briefen geht hervor, daß die venezianische Gesandtschaft sich schon einige Zeit vor der großen Zeremonie im Mai 1230 in Assisi aufgehalten hat. Ich könnte mir denken, daß sie gekommen waren, um Geheimverhandlungen mit Ugo zu führen. Der Leichnam des heiligen Franz sollte in der Nacht vom 24. auf den 25. Mai in der Kirche von San Giorgio aufgebahrt und am darauffolgenden Tage in die Basilika überführt werden. Die Venezianer bedurften der Unterstützung Ugos, um den Leichnam in dieser Nacht zu stehlen. Und der erklärte sich einverstanden – im Austausch gegen Osiris.

Die Operation lag in den Händen des Anführers Morosini, der so etwas wie der Kopf des venezianischen KGB war. Ob die Idee mit der Fälschung von der venezianischen Regierung stammte – was ihnen durchaus zuzutrauen wäre, vorausgesetzt, sie dachten, damit durchzukommen – oder ob es Morosinis Privatinitiative war, ist nicht mehr festzustellen. Sein plötzliches und rätselhaftes Verschwinden von der politischen Bühne Venedigs läßt eher letzteres vermuten, aber das ist und bleibt Spekulation. Vielleicht taucht das Original irgendwann einmal auf, und die Sache klärt sich dann.

Jedenfalls wurde die Fälschung angefertigt und von der Gesandtschaft nach Assisi gebracht. Wahrscheinlich war geplant, sie *Messer* Ugo zu übergeben, der in dem Durcheinander kurz vor dem 25. Mai wohl kaum Zeit gefunden haben würde, eine genaue fachmännische Untersuchung vorzunehmen – selbst wenn ihm der Gedanke an eine Fälschung überhaupt gekommen wäre. Anschließend hätte er den Venezianern beim Diebstahl des Leichnams helfen sollen, um dann, so behaupte ich mal, selbst so schnell wie möglich zu verschwinden. Aber es kam alles ganz anders.

Wir wissen, daß ein Jugendfreund von Jacopa, Michele Aquila, zu der Gesandtschaft gehörte. Er liebte sie, und so dürfen wir annehmen, daß er ihr von dem Plan erzählt hat und daß die beiden, und wahrscheinlich Jacopas Söhne, zu dem Schluß gelangten, der einfachste und wahrscheinlich unblutigste Weg, den Leichnam des heiligen Franz zu schützen, wäre der, die Osiris-Statue verschwinden zu lassen, was den Abschluß des Handels automatisch unmöglich gemacht hätte. Aber wie? Sie wurde in der Kleineren Festung, die ihnen uneinnehmbar erschienen sein muß, permanent bewacht.

Hier sind wir erneut auf Spekulationen angewiesen. Irgendwann zwischen der Ankunft der Gesandtschaft und dem vereinbarten Zeitpunkt für die Übergabe der Statue, die Morosini bis zum letzten Augenblick verzögert haben muß, damit Ugo möglichst wenig Zeit blieb, die Fälschung zu entdecken, waren Morosini selbst sowie der Rest der Gesandtschaft dienstlich in der Stadt unterwegs. Corrado der Deutsche wurde als Wache zurückgelassen. Michele wird Jacopa davon berichtet haben, und irgend jemand machte sich auf zur Kleineren Festung.«

»Aber wer?« Schneidend wie bei einem Kreuzverhör.

»Ich denke, Jacopas Söhne. In einem ihrer Briefe erwähnt sie den außergewöhnlichen Wagemut des älteren, Giovanni.«

»Sie wollen damit sagen, daß sie dort hinaufstiegen, den Deutschen umbrachten und die Statue verschwinden ließen?«

»So ungefähr.«

»Aber wie sind sie in den Turm gelangt? Er war doch sicherlich verschlossen?«

»Ich glaube, einer, Giovanni, ist durch das oberste Fenster eingestiegen.«

»Aber das ist unmöglich!« stotterte der Anwalt.

»Das habe ich zuerst auch gedacht, aber dann ist mir ein Filmausschnitt eingefallen, den ich mal gesehen habe, in dem ein Kletterer eine glatte, senkrecht-steile Felswand am Monte Cervino gemeistert hat, und mir wurde klar, daß die Kleinere Festung im Vergleich dazu ein Kinderspiel ist. Sie ist voller Ritzen und Spalten. Sie oder ich würden uns vielleicht nicht darum reißen, da hochzuklettern ...«, Peroni nahm flüchtig *Signora* Guidis Blick wahr, der ihm bedeutete, daß *er* das ihrer Meinung nach ganz bestimmt tun würde, »... aber ein junger Mann wie Giovanni hätte es mit einem Seil und einem Steigeisen schaffen können. Und es bleibt eine Tatsache, daß es jemand getan hat.«

»Und von dort zum Fundament der neuen Oberkirche?«

Peroni lächelte. »Ich denke nicht, daß außer Morosini jemand wußte, daß die Statue eine Fälschung war. Sie müssen alle geglaubt haben, sie sei von unschätzbarem Wert.«

»Exakt!« Das klang, als ob eine Mausefalle zuschnappte. »Sonst wäre doch niemand so verrückt gewesen, sie an einem Ort zu verstecken, an dem niemand sie je finden würde.«

Peroni lächelte noch immer. »*Ein* Mensch schon.«

»Wer?«

»Jacopa de Settesoli. Sie hatte die gleiche Einstellung zu Geld wie ihr alter Gefährte, der heilige Franz, der es – wenn Sie mir den Ausdruck verzeihen, *Signora* – für *merda* hielt. Sie muß gründlich darüber nachgegrübelt haben, wo sie die Statue sicher verstecken könnte, außerhalb der Reichweite menschlicher Habgier. Da fiel ihr die Basilika ein. Die Unterkirche war bereits fertig, die Oberkirche wuchs so schnell in die Höhe, wie Bruder Elias den Bau voranzutreiben vermochte. Noch ein Überfall – diesmal vermutlich bei Nacht, und Osiris war tief in den Fundamenten eingebettet. Die Idee muß Jacopas Sinn für Humor entsprochen haben. Ihr hatte der Bau eigentlich nie gefallen.«

»Das hört sich an, als würden Sie sie kennen.«

»Es gibt Momente, in denen ich fast das Gefühl habe, sie zu kennen. Jedenfalls ist das die Geschichte, so wie ich sie rekonstruiert habe.«

»Und sie ist ausgesprochen faszinierend, wie ich zugeben muß«, sagte der Anwalt. Er sah auf seine Uhr. »Ich muß Ihnen meinen Dank aussprechen, *Commissario,* daß Sie uns Ihre kostbare Zeit geschenkt haben.« Er stand auf und schüttelte Peronis Hand. »Meine Frau und ich müssen uns jetzt wirklich auf den Weg zurück nach Verona machen.«

»Nur noch einen Augenblick, Schatz«, unterbrach ihn seine Frau. »Ich möchte den *Commissario* noch etwas fragen.« Sie wandte sich an Peroni. »Die Polizei hat mir erzählt, daß *Commendatore* Palanca an jenem fürchterlichen Abend nach mir das Florio-Levi-Gebäude aufgesucht hat, daß er sich dort versteckt hielt, als ich ging ...«, sie erschauerte allerliebst bei dem Gedanken, »... und daß er dann den armen *Signor* Florio-Levi erschossen hat. Aber wie konnte er denn wissen, daß ich an dem Abend dorthin gehen würde? Er war doch nicht bloß zufälig da?«

Sie bewegt sich auf dünnem Eis, dachte Peroni. Laut sagte er, so vorsichtig wie möglich formulierend: »Das konnte ich klären, während ich bei Freifrau Iolanthe untergetaucht war. Erinnern Sie sich noch an den Kongreß über Geschichte des Mittelalters, an dem Sie letztes Jahr in Verona teilgenommen haben?«

»Ja natürlich. Da haben wir doch *Signor* Florio-Levi kennengelernt.«

Sie schien ihren Gatten gezielt darauf aufmerksam machen zu wollen.

»Auf diesem Kongreß war auch *Commendatore* Palanca. Er hat Sie dort gesehen.« Wie es ausdrücken, ohne daß dem gehörnten Anwalt ein Licht aufging? »Er hat Sie mit Florio-Levi gesehen, und als er Sie letzte Woche in der Basilika wiedersah, nahm er an, daß Sie sich erneut treffen würden. Er hat Sie erwartet.« Er verstummte und machte sich schon auf einen empörten Aufschrei ehelichen Zorns gefaßt.

»Ein sympathischer junger Mann«, bemerkte *Avv.* Guidi statt dessen. Bei dem Kongreß haben wir ein gemeinsames Interesse für Barbarossa festgestellt. Ja, wenn das nicht gewesen wäre, hätte sich diese ganze traurige Angelegenheit nicht ereignet.«

»Ich kann Ihnen nicht ganz folgen«, sagte Peroni völlig verblüfft.

»Meine Frau«, erklärte der Anwalt, »hat Florio-Levi besucht, um ihn um Material über Barbarossa für mich zu bitten.«

»Um Material . . .«

»Genau. Wußten Sie das nicht? Das war der Grund, warum sie letzte Woche die Werkstatt Florio-Levi aufgesucht hat.«

»Ja, selbstverständlich«, sagte Peroni. »Das hatte ich ganz vergessen.«

Signora Guidi reichte Peroni die Hand und schenkte ihm gleichzeitig ein kleines, äußerst verschwörerisches Lächeln. »Ich bin Ihnen sehr dankbar, *Commissario«,* sagte sie, »für alles.«

Nicht zum erstenmal fragte sich Peroni, ob eine Frau einem Mann einfach alles einzureden vermag, wenn sie es sich nur in den Kopf gesetzt hat.

Zwei Ehen gerettet, dachte Peroni, und zumindest Assuntas würde mit hoher Wahrscheinlichkeit die verbleibende Laufzeit ohne ernstlichen Zwischenfall überstehen. Bei *Signora* Guidi war er sich da nicht so sicher; für eine Frau, die gerade noch einmal davongekommen war, sah sie viel zu unternehmungslustig aus, und Peroni war sich ganz und gar nicht sicher, ob nicht eine unausgesprochene Einladung an ihn ergangen war, für das nächste Mal, wenn er nach Verona kam. Trotzdem: fürs erste zwei Ehen gerettet, vier menschliche Wesen aufs neue mit ihren jeweiligen Partnern vereint. Und Peroni selbst stand mal wieder allein da. Zwischen den Fronten.

Das Gefühl der Isolation brachte ihm seinen inneren Konflikt schärfer zu Bewußtsein als gewöhnlich. Jetzt wußte er ganz sicher, daß der *Commissario* niemals den *scugnizzo* und der *scugnizzo* niemals den *Commissario* verdrängen würde. Nie würde ein Zustand der Harmonie erreicht werden, so daß sie sich für immer aneinander reiben würden. Diese Zukunftsaussicht war unendlich niederschmetternd.

Er verließ das Hotel, wo er bei den Guidis zum Tee gewesen war, schlenderte zu dem kleinen Haus in der Via Pozzo della Mensa und verschaffte sich Einlaß.

Als er zwei Tage zuvor endlich reinen Tisch mit der Polizei gemacht hatte und mit ein paar Assistenten zu dem mittelalterlichen Haus gegangen war, in dem Jacopa einmal gelebt hatte, mußte er feststellen, daß *Cavaliere* Grassi und Rosalba sich abgesetzt hatten. Das erstaunte ihn nicht sonderlich. Er wußte aus Erfahrung, daß man selbst bei einem großangelegten Schlag gegen die Camorra nur selten die Männer an der Spitze erwischt. Doch bei dieser Art Kampf war es trotzdem ein Sieg; Grassi würde nie wieder ein Riesenhecht sein, der unerkannt im Trüben fischt. Er war endgültig weg vom Fenster. Und die Anhaltspunkte, die er geliefert hatte, führten zu einer Reihe von Verhaftungen - einschließlich der von Spaghetti, der tatsächlich an dem Tag, als er Peroni in Venedig über den Weg gelaufen war, Informationen über die Grassi-Camorra-Verbindung bei sich gehabt hatte.

Das Haus in der Via Pozzo della Mensa war bereits peinlich genau durchsucht worden, und Peronis Motive, noch einmal dorthin zurückzukehren, waren gemischter Natur. Vor allem bedurfte er einer Beschäftigung, doch er wußte auch, daß eine weitere Suche selten Zeitverschwendung war. Zumindest verschaffte sie einem mitunter eine neue Sichtweise.

Im Haus war es stockfinster. Bevor er das Licht anknipste, blieb er einen Moment stehen, um die Atmosphäre auf sich wirken zu lassen. Es schien ihm, als würde das alte Gemäuer allmählich wieder zu sich selbst zurückfinden, nachdem Rosalba seinen Charakter so verfälscht hatte. Er schaltete das Licht ein und ging die Treppe hinauf.

Er fing mit dem Raum an, in dem Grassi gewohnt hatte, wenn ihm nicht nach Gesellschaft gewesen war, dann ging er in Rosalbas

Zimmer, das noch immer so vehement an ihre geishaähnliche Sinnlichkeit erinnerte, daß Peroni ein schmerzlich-lustvoller Schauder überlief. Er setzte sich an ihren Toilettentisch neben dem mittelalterlichen Fenster, das tief in die Wand eingelassen war, und stellte sich vor, er könne ihr Gesicht in dem goldgerahmten Spiegel sehen.

Als er fortschaute, blieb sein Blick unwillkürlich am Fenstersims haften. Nein, nicht eigentlich am Fenstersims, sondern an etwas, das darunter lag und fast vollständig verdeckt wurde. Es war eine Unregelmäßigkeit in der Wand, die unter Rosalbas teurer Tapete verborgen war, und er hätte sie überhaupt nicht bemerkt, wenn er sich nicht an dem Toilettentisch niedergelassen hätte. Er griff nach einer Nagelschere und schnitt ein Stück aus der Tapete, nur um festzustellen, daß die Unregelmäßigkeit, eine kleine Wölbung, überputzt worden war. Er beschloß, einen kleinen Bagatellschaden in Kauf zu nehmen, und nachdem er irgendwo Hammer und Meißel gefunden hatte, fing er an, den Putz abzuschlagen.

Im Handumdrehen stellte sich heraus, daß die Wölbung eine kleine Nische barg – eines jener halbgeheimen Eckchen, an denen mittelalterliche Baumeister soviel Freude gehabt haben. Sie schien leer zu sein, doch war sie ziemlich tief, eine Art Miniaturwohnhöhle. Als Peroni hineinfaßte, berührte seine Hand ein Stück Papier.

Es war ein einzelnes Blatt, und als er es herausholte, bekam er plötzlich vor Aufregung einen trockenen Mund. Die Handschrift war eindeutig die von Jacopa de Settesoli.

Er räumte den Toilettentisch frei, legte das Blatt – alt, vergilbt und unglaublich brüchig – darauf und starrte es mit einer Mischung aus Ehrfurcht und Verwirrung an. Er würde niemals in der Lage sein, mittelalterliches Italienisch in einer nahezu archaischen Handschrift zu enträtseln.

Doch während er noch auf das Blatt starrte, schienen sich einige Worte deutlicher auszubilden. »*Senza di te ... il male ... superato ...*« Ohne Dich ... Das Böse ... Überwunden ... »Ohne Dich wäre das Böse nicht überwunden worden.« Das mußte ein Brief sein, wurde ihm klar, oder der Entwurf eines Briefes, den Jacopa an Michele Aquila geschrieben hatte, nachdem die Verschwörung zum Raub des Leichnams des heiligen Franz vereitelt worden war.

»Überwinde weiter.« Das war ziemlich klar.

Er übersprang einige Zeilen, ergänzte im Geiste, riet, stellte Verbindungen her und setzte auf diese Weise allmählich eine unbeholfene Übersetzung in modernes Italienisch zusammen.

»Du zweifelst an Dir. Äußerlich bist Du ein Mann, doch Du weißt, daß ein respektloser kleiner Junge in Dir steckt. Ich habe diesen kleinen Jungen immer erkannt, und ich habe ihn stets geliebt. Aber ich weiß, daß der Mann ihm mißtraut und ihn vielleicht sogar bisweilen fürchtet. In Wahrheit müssen beide ihre Rolle spielen, auch wenn sie einander befehden, auch wenn sie in diesem Leben niemals miteinander versöhnt werden.

Ich werde Dir nie wieder begegnen, aber es genügt, daß wir einander begegnet sind und uns mit einer Liebe geliebt haben, der die Zeit nichts anhaben kann, weil sie ihr nicht unterworfen ist. Erinnere Dich meiner. In meinem Herzen steht auf ewig Dein Name geschrieben ...«

Peroni starrte verblüfft auf die Seite, denn es schien ihm, als stünde dort sein eigener Name geschrieben. Dann wurde ihm klar, daß der Name nicht Achille, sondern Aquila lauten mußte; als er jedoch die sprunghafte, ungestüme Handschrift genauer betrachtete, verwandelte sich Aquila in Achille.

Er wollte die Seite aufheben, doch just, als er sie berührte, zerfiel sie zu einem nichtssagenden Häufchen aus feinstem gelbem Staub.

Nachwort

Commissario Achille Peroni, der Rudolfo Valentino der italienischen Polizei, wie ihn die Medien wegen seines guten Aussehens und seines Draufgängertums nennen, befindet sich in einer für ihn – und auch für uns – sehr ungewohnten Situation: auf einer Wallfahrt. Mit seiner Frömmigkeit ist es nicht weit her; seiner neapolitanischen Herkunft gemäß erschöpft sie sich in einer inbrünstigen Verehrung für den heiligen Januarius, der ihm in den vorangehenden Büchern das Leben und sogar die ewige Seligkeit gerettet hat (»Tod in Verona«, »Satan und das Dolce Vita«, DuMont's Kriminal-Bibliothek Nr. 1030 und Nr. 1039) und der ihm auch diesmal in einer schier ausweglosen Situation beistehen wird. Zwar besteht eine Wallfahrt zum heiligen Franziskus heutzutage nicht mehr aus einem tagelangen Fußmarsch nach Assisi mit Vorsängern, Vorbetern und einem Vortragekreuz, wie ihn seine Schwester beruhigt, aber unkomfortabel früh aufstehen muß er dafür schon.

An sich tut er noch, wie schon im vorigen Roman, in Venedig Dienst, aber seine langwierigen Ermittlungen gegen die neapolitanische Mafia, die Camorra, die soeben in Venedig Zweigstellen errichtet, haben eine plötzliche Unterbrechung erfahren. Ein eher harmloser Galopin der Ehrenwerten Gesellschaft hat ihn bei einer Verfolgungsjagd überraschend – und kommentwidrig – angeschossen, und so verbringt er nun einen Genesungsurlaub bei seiner Schwester Assunta in Verona.

Das erbauliche Unternehmen, zu dem sie ihren Bruder mühsam überredet hat, nimmt schon bald einen wenig heiligmäßigen Verlauf: Eine der Wallfahrerinnen wird verhaftet, weil sie gleich am ersten Abend in Assisi einen gewissen Lorenzo Florio-Levi ermordet haben soll. Er war Student der mittelalterlichen Geschichte, Erbe einer alteingeführten Buntglaswerkstatt in Assisi und der Liebhaber von *Signora* Guidi, die in Verona mit einem älteren erfolgreichen Anwalt verheiratet ist. Nur die Aussicht auf ungestörte Rendezvous mit ihrem jungen Freund hatte die *Signora* an dem frommen Unternehmen teilnehmen lassen, und alle Indizien sprechen gegen sie: Sie hat Lorenzo abends aufgesucht, sie haben sich später gestritten, und er wurde mit ihrer eigenen Pistole erschossen.

Zugleich aber war *Signora* Guidi mit weitem Abstand die einzige Frau, die Achille Peroni unter der wallfahrenden Weiblichkeit attraktiv gefunden hatte - so attraktiv, daß er ihr bei ihrem abendlichen Ausflug bis zur Werkstatt Florio-Levi gefolgt war. Achilles Liebensleben, das an sich seinem Rudolfo-Valentino-Image entsprechen sollte, gestaltet sich seit einiger Zeit recht problematisch: Schon in seinem letzten Fall hatte er sich in ein verschwundenes Mädchen verliebt, von dem er bis zum Schluß nur ein Paßfoto und Tonbandaufnahmen mit ihren eigenen Songs kannte, und nun erweist es sich, daß die einzige Frau, mit der man die Wallfahrt etwas attraktiver gestalten könnte, zwar außerehelichen Eskapaden nicht abgeneigt ist, aber schon einen Freund hat - bzw. hatte. Doch immerhin ist seine neapolitanische Ritterlichkeit gefordert, da er trotz der erdrückenden Beweise von der Unschuld Elisa Guidis überzeugt ist.

Wie wir aus den früheren Romanen um Achille Peroni wissen, ist er eine tief gespaltene Persönlichkeit. Assunta und Achille sind wie die Heldin in Peter Sarstedts *Inside your Head* als Straßenkinder in Neapel aufgewachsen, bis ein engagierter Priester sie behutsam resozialisierte. Zunächst bot Don Pietro Streunern wie den beiden nur Unterkunft und regelmäßige Mahlzeiten, um sie eines Tages vorsichtig an einen Beruf heranzuführen, der ihren Neigungen entsprach. Bei Achille war es die unbändige Lust, die Wahrheit herauszufinden, die ihn, entgegen allem, was ihm einst heilig gewesen war, ausgerechnet zur Polizei führte. Aber der Zwiespalt bleibt; immer wieder steht Peroni im Konflikt zwischen dem angesehenen *Commissario* und dem alten *scugnizzo,* dem neapolitanischen Straßenjungen. Im ersten Buch hatte er noch beim Anblick einer wertvollen Kunstsammlung überlegt, wie sie gestohlen und in die Schweiz geschafft werden könnte, und im folgenden war er kurzfristig einer venezianischen Untergrundorganisation und deren verlockenden Versprechungen erlegen, bis St. Januarius ihn und seine Seele rettete. Diesmal ist der neapolitanische *scugnizzo* lediglich für das rückhaltlose und draufgängerische Eintreten für Elisa Guidi verantwortlich, das den venezianischen *Commissario* Kopf und Kragen kosten kann: Ohne zu zögern nimmt Peroni unter Vorzeigen seines Polizeiausweises in Assisi Ermittlungen auf, wozu er soviel Recht hat wie zur Bärenjagd im Zoo.

Es gilt, ein anderes Motiv und andere potentielle Täter zu finden als Eifersucht und eine verschmähte Frau. Wie Peroni schnell herausfindet, hatte der Ermordete außer Frauen eine Leidenschaft: mittelalterliche Geschichte, und da vor allem die Periode, als Assisi nach Franziskus' Tod durch den Weltruhm des frischen Heiligen boomte und Kirchen zu seinen Ehren förmlich aus dem Boden gestampft wurden. Lorenzo ist seinen Forschungen mit einer Leidenschaft nachgegangen, wie sie für einen Studenten, der für seine Magisterarbeit recherchiert, nicht eben typisch ist - auf bestimmte Funde reagierte er eher wie auf den alles entscheidenden Schlüssel für einen Schatzfund, wie eine Zeugin es formuliert.

So muß Peroni versuchen, die Forschungsarbeiten des jungen Mediävisten zu rekonstruieren. Zu Hilfe kommt ihm dabei einer der vielen Sinne, die er als Neapolitaner jenseits der gewöhnlichen fünf hat, die Fähigkeit, fast wie auf einer Zeitreise die Geschichte sinnlich zu erfahren. Mit dem Betreten Assisis springt ihn die Vergangenheit förmlich an, geradezu körperlich spürt er an den alten Stätten aus Franziskus' Zeit das Böse, das hier wie überall auf der Welt einst neben dem Guten und Heiligen am Werk war.

Wo er auch nachforscht, stets begegnet Peroni einer ihn faszinierenden Frau, einer jungen Witwe - nur leider auf seiner Zeitreise. Während der *scugnizzo* die Möglichkeiten einer flüchtigen Affaire mit Elisa Guidi erwägt, verliebt sich Achilles besseres Selbst Hals über Kopf in eine muntere, intelligente, emanzipierte Jüngerin des heiligen Franz, die in seinem Leben eine ähnliche Rolle gespielt hat wie Luise Rinser bei Karl Rahner. Dazu ist sie noch bildschön, wie es selbst das unbeholfene Bildnis eines der kleineren Maler der Zeit verdeutlicht, und seine Schwester spürt schon bald an Achille alle Anzeichen, die er zu zeigen pflegt, wenn er einer Frau nachstellt.

Wieder einmal bringt der *scugnizzo* den *Commissario* in Schwierigkeiten: Seine völlig illegale Detektionsarbeit wird sehr schnell der offiziellen Polizei denunziert, die nun vor allem nach ihrem hochstapelnden angeblichen Kollegen fahndet, während die Mafia, gegen die er in Venedig ermittelt, ihn in Assisi vor die Alternative stellt, entweder ein korrupter Polizist mehr in Italien zu werden oder einer perfekten Mordanklage gegenüberzustehen. Aus dieser Doppelschlinge kann er seinen Kopf nur ziehen, wenn er, vor seiner offiziellen Verhaftung durch die Polizei oder seiner diskreten Ermordung durch die Camorra, eine rundum überzeugende Lösung des Mordfalls Lorenzo Florio-Levi und der Folgetaten liefern kann, zu der die zuständige Kriminalpolizei nicht imstande ist. Dies ist aber wiederum nur dann möglich, wenn er gleichzeitig das mittelalterliche Geheimnis löst, dem Lorenzo offensichtlich auf der Spur war. Achille Peroni wäre nicht der Rudolfo Valentino der italienischen Polizei, wenn ihm nicht beides gelänge. Daß er dafür recht betrunken und wegen seiner venezianischen Schußverletzung im Fieber delirierend zu einem weiteren illegalen Verhör nachts nach Rom fahren muß, kurzfristig völlig von der Bildfläche verschwindet und bei einer zigarrerauchenden und whiskytrinkenden geadelten englischen Verfasserin von Detektivromanen untertaucht, ist dem unausrottbaren *scugnizzo* in ihm zuzuschreiben. Und beim *showdown,* wenn er dem Schurken im Stück endlich gegenübersteht, sind die Karten so schlecht verteilt, daß Peroni nur noch auf seine Hinrichtung warten kann, wäre da nicht St. Januarius, der auch einen gottlosen neapolitanischen Katholiken nicht im Stich läßt ... Und so hat Achille Peroni wieder einmal sein Leben und seinen Ruf gerettet und einen spektakulären Fall gelöst. Seine schönste Belohnung aber ist ein Brief seiner über siebenhundert Jahre entfernten Geliebten, der aus der Zeitschleife, in der sie sich begegnet sind, direkt an ihn gerichtet zu sein scheint und der nach der Lektüre zu Staub zerfällt.

Timothy Holme (1928–1987) war sozusagen gelernter Italiener. Bei einem längeren Italienaufenthalt verliebte er sich in die Schwester seines Italienischlehrers, die selbst Lehrerin war, und heiratete sie. Bis zu seinem Tode lebte er in Verona und besuchte seine britische Heimat nur noch im Urlaub. Mit der Kreation seines neapolitanischen Helden, den die Dienstpflichten nach Norditalien verschlagen haben, konnte er alle Vorurteile, die Nordeuropäer – und Norditaliener – gegenüber dem *mezzogiorno* haben, mit leiser Selbstironie vor einen generell italienischen Hintergrund projizieren und zugleich die reiche Galerie der Romandetektive um eine humorvoll gezeichnete, glaubwürdige und liebenswerte Gestalt bereichern.

Volker Neuhaus

DUMONT's Kriminal-Bibliothek

»Knarrende Geheimtüren, verwirrende Mordserien, schaurige Familienlegenden und, nicht zu vergessen, beherzte Helden (und bemerkenswert viele Heldinnen) sind die Zutaten, die die Lektüre zu einem Lese- und Schmökervergnügen machen. Der besondere Reiz dieser Krimi-Serie liegt in der Präsentation von hierzulande meist noch unbekannten anglo-amerikanischen Autoren.«

Neue Presse/Hannover

Band 1001	Charlotte MacLeod	**»Schlaf in himmlischer Ruh'«**
Band 1002	John Dickson Carr	**Tod im Hexenwinkel**
Band 1003	Phoebe Atwood Taylor	**Kraft seines Wortes**
Band 1004	Mary Roberts Rinehart	**Die Wendeltreppe**
Band 1005	Hampton Stone	**Tod am Ententeich**
Band 1006	S. S. van Dine	**Der Mordfall Bischof**
Band 1007	Charlotte MacLeod	**»... freu dich des Lebens«**
Band 1008	Ellery Queen	**Der mysteriöse Zylinder**
Band 1011	Mary Roberts Rinehart	**Der große Fehler**
Band 1012	Charlotte MacLeod	**Die Familiengruft**
Band 1013	Josephine Tey	**Der singende Sand**
Band 1016	Anne Perry	**Der Würger von der Cater Street**
Band 1017	Ellery Queen	**Sherlock Holmes und Jack the Ripper**
Band 1018	John Dickson Carr	**Die schottische Selbstmord-Serie**
Band 1019	Charlotte MacLeod	**»Über Stock und Runenstein«**
Band 1020	Mary Roberts Rinehart	**Das Album**
Band 1021	Phoebe Atwood Taylor	**Wie ein Stich durchs Herz**
Band 1022	Charlotte MacLeod	**Der Rauchsalon**
Band 1023	Henry Fitzgerald Heard	**Anlage: Freiumschlag**
Band 1024	C. W. Grafton	**Das Wasser löscht das Feuer nicht**
Band 1025	Anne Perry	**Callander Square**
Band 1026	Josephine Tey	**Die verfolgte Unschuld**
Band 1027	John Dickson Carr	**Die Schädelburg**
Band 1028	Leslie Thomas	**Dangerous Davies, der letzte Detektiv**
Band 1029	S. S. van Dine	**Der Mordfall Greene**
Band 1030	Timothy Holme	**Tod in Verona**

Band 1031	Charlotte MacLeod	**»Der Kater läßt das Mausen nicht«**
Band 1033	Anne Perry	**Nachts am Paragon Walk**
Band 1034	John Dickson Carr	**Fünf tödliche Schachteln**
Band 1035	Charlotte MacLeod	**Madam Wilkins' Palazzo**
Band 1036	Josephine Tey	**Wie ein Hauch im Wind**
Band 1037	Charlotte MacLeod	**Der Spiegel aus Bilbao**
Band 1038	Patricia Moyes	**»... daß Mord nur noch ein Hirngespinst«**
Band 1039	Timothy Holme	**Satan und das Dolce Vita**
Band 1040	Ellery Queen	**Der Sarg des Griechen**
Band 1041	Charlotte MacLeod	**Kabeljau und Kaviar**
Band 1042	John Dickson Carr	**Der verschlossene Raum**
Band 1043	Robert Robinson	**Die toten Professoren**
Band 1044	Anne Perry	**Rutland Place**
Band 1045	Leslie Thomas	**Dangerous Davies ... Bis über beide Ohren**
Band 1046	Charlotte MacLeod	**»Stille Teiche gründen tief«**
Band 1047	Stanley Ellin	**Der Mann aus dem Nichts**
Band 1048	Timothy Holme	**Morde in Assisi**
Band 1049	Michael Innes	**Zuviel Licht im Dunkel**
Band 1050	Anne Perry	**Tod in Devil's Acre**
Band 1051	Phoebe Atwood Taylor	**Mit dem linken Bein**
Band 1052	Charlotte MacLeod	**Ein schlichter alter Mann**
Band 1053	Lee Martin	**Ein zu normaler Mord**
Band 1054	Timothy Holme	**Der See des plötzlichen Todes**
Band 1055	Lee Martin	**Das Komplott der Unbekannten**
Band 1056	Henry Fitzgerald Heard	**Das Geheimnis der Haarnadel**
Band 1057	Sarah Caudwell	**Adonis tot in Venedig!**
Band 1058	Phoebe Atwood Taylor	**Die leere Kiste**
Band 1059	Paul Kolhoff	**Winterfische**
Band 1060	**Mord als schöne Kunst betrachtet**	
Band 1061	Lee Martin	**Tod einer Diva**
Band 1062	S. S. van Dine	**Der Mordfall Canary**
Band 1063	Charlotte MacLeod	**Wenn der Wetterhahn kräht**
Band 1064	John Ball	**In der Hitze der Nacht**
Band 1065	Leslie Thomas	**Dangerous Davies ... Auf eigene Faust**
Band 1066	Charlotte MacLeod	**Eine Eule kommt selten allein**

Band 1030

Timothy Holme

Tod in Verona

Als der italienische Kriegsheld Piantaleone in Verona ermordet aufgefunden wird, deutet alles auf ein Attentat der Roten Brigaden hin, die sich in einem Brief auch zu der »Exekution des Volksfeindes« bekennen. Aber welches Interesse können die Terroristen an der Ermordung eines Greises haben? Inspektor Achille Peroni muß sehr schnell erkennen, daß er sich auf ein gefährliches Spiel eingelassen hat. Politische Intrigen, Geheimbünde, jahrhundertelange Feindschaften einflußreicher Familien ... Und einfach wird es dem Inspektor bei seinen Untersuchungen wirklich nicht gemacht – muß er als gebürtiger Neapolitaner doch gegen alle Vorurteile ankämpfen, welche die Norditaliener gegenüber Landsleuten aus dem Süden haben –, doch mit Scharfsinn und unbestechlicher Entschlossenheit deckt er die erstaunlichen Hintergründe des Mordes auf ...

Band 1039

Timothy Holme

Satan und das Dolce Vita

Achille Peroni, der Rudolfo Valentino der italienischen Polizei, erhält den Auftrag, sich um das Verschwinden einer jungen Frau zu kümmern, die in dem italienischen Badeort Jesolo als Sängerin gearbeitet hat. Es scheint sich lediglich um eine Routineangelegenheit zu handeln. Doch je intensiver Peroni sich mit dem Fall beschäftigt, desto mehr fasziniert ihn die geheimnisvolle schwarzhaarige Schönheit. Schon bald muß er feststellen, daß er mit seinen Untersuchungen in ein Wespennest gestoßen ist. Der Satanskult hat Einzug gehalten in die Häuser der vornehmen venezianischen Gesellschaft. Als Peroni selbst an einer schwarzen Messe teilnimmt, wird ihm ein teuflisches Angebot unterbreitet...